Como Hacer Un Actividad Sugar

Published : 2011-06-23
License : GPLv2+

Tabla de Contenidos

Actividades Sugar

1. Introducción

"Este libro constituye el relato de un viaje de placer. Si se tratase de registrar una solemne expedición científica, rezumaría esa gravedad, esa profundidad y esa impresionante incomprensibilidad que tan apropiadas resultan en las obras de ese tipo y que, al mismo tiempo, son tan atractivas." [1] Mark Twain. Prefacio de la novela "Guía para viajeros inocentes."

Este libro se propone enseñarte todo lo que necesitas para escribir tus propias Actividades para Sugar; entorno operativo desarrollado para el proyecto OLPC (una laptop por niño). No se requiere saber programar para leer este libro, sin embargo los programadores también encontrarán acá información útil. Animar a los no-programadores, incluyendo a los niños y a sus maestros a escribir sus propias Actividades para Sugar, es mi objetivo principal. Para eso, voy a incluir algunos detalles que otros libros omitirían y a la vez dejar afuera temas que otros libros incluirían. La "impresionante incomprensibilidad" será reducida al mínimo.

Si sólo quieres aprender a escribir programas para computadoras en general, Sugar trae varias Actividades que te ayudarán a lograrlo como Etoys, Turtle Art, Scratch o Pippy. Sin embargo, ninguna de estas es adecuada para la creación de Actividades, así que no las estudiaremos en este libro aunque sean excelentes formas de aprender a programar. Si tu decisión de tratar de escribir tu propia Actividad viene de haber jugado con estas herramientas, verás que estas te dejaron una buena base de conocimiento para entender el tema.

Si programaste antes, ya conoces la satisfacción de poder usar programas hechos por vos mismo que hacen exactamente lo que tú quieres que hagan. Crear una Actividad Sugar tiene otras satisfacciones adicionales, una Actividad útil puede ser traducida a una diversidad de idiomas, puede ser descargada centenares de veces por semana y puede ser usada por incontables estudiantes a lo ancho del mundo.

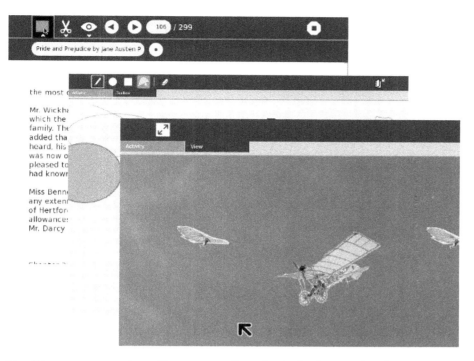

Un libro que pretendiera enseñar *todo* lo importante para escribir Actividades sería realmente muy largo y además redundante porque duplicaría los materiales que ya están disponibles por ahí. Por lo tanto, voy a tratar de escribir una especie de visita guiada sobre el Desarrollo de Actividades. Me refiero por ejemplo a que voy a enseñarte qué es Python y por qué es importante, pero no voy a enseñarte el lenguaje en sí mismo. Hay excelentes tutoriales en la red para esto y voy a ir agregando las referencias necesarias para que puedas usarlos.

Hay bastantes ejemplos de código en el libro, pero no hay necesidad de que los copies "a mano" para probarlos. Todo el código está en un repositorio Git que puedes directamente descargar en tu computadora. Si nunca usaste Git, hay un capítulo que te explica que es y como debes usarlo.

Apenas recibí mi laptop XO empecé a escribir Actividades. Al principio, no tenía *nada* del material que resumo en el libro y tuve que pasar algunos momentos duros hasta saber cómo manejarme. A mi favor tenía mis casi 30 años de experiencia como programador profesional que hacen que realmente piense como un programador. Esto implica, enfrentar una tarea compleja y saber dividirla en partes manejables. Saber cómo deberían funcionar algunas cosas y en base a esto deducir como funcionan de hecho. También saber dónde y cómo buscar información o pedir ayuda, y por último lograr un punto de arranque del trabajo que, aunque no sea el ideal, sirva para alcanzar la meta.

Por haber atravesado ya estas etapas, creo que puedo ser un buen guía para la tarea de escribir Actividades Sugar y además, sobre el camino, espero también enseñarte a pensar como piensa un programador.

Es posible que de tiempo en tiempo agregue capítulos a este libro. Sugar es una gran plataforma para aplicaciones y este libro sólo puede aspirar a contarte lo que es posible hacer. Mi esperanza es que, en futuras versiones del libro, se incluyan capítulos *invitados* que versen sobre tópicos avanzados y que estén escritos por otros experientes desarrolladores de Actividades.

Formatos disponibles del libro

Este libro es parte del proyecto *FLOSS Manuals* y está entonces disponible para leerse desde el sitio web:

http://es.flossmanuals.net/ El original en inglés está en http//en.flossmanuals.net/

También puedes comprar una copia impresa y encuadernada del libro en *Lulu.com*:

http://stores.lulu.com/flossmanuals

En *Internet Archive* también está disponible una copia del libro inglés original como PDF a todo color así como versiones descargables gratuitamente en EPUB, MOBI, y DjVu.

http://www.archive.org/details/MakeYourOwnSugarActivities

La tienda *Amazon Kindle Store* tiene exactamente la misma versión MOBI que está en Internet Archive.

Si prefieres leer este libro sobre un Kindle, te advierto que la pantalla angosta del Kindle no se adecua a mostrar correctamente los programas listados. Sugiero que te refieras al sitio de FLOSS Manuals para ver el código debidamente formateado. [2]

1. Extracto de la edición española de "Guía para viajeros inocentes" cedido a este manual por la colección chilena Viento Simún ISBN9788496964440. Traducción Susana Carral Martínez
2. Traducido Ana Cichero

2. ¿Qué es Sugar?

Sugar es la interfaz de usuario diseñada para la laptop XO. Se puede instalar en la mayoría de las PCs, incluyendo modelos antiguos que no pueden correr las versiones recientes de Windows. También se puede instalar en un dispositivo flash (Sugar on a Stick) y bootear la computadora desde ahí.

Cuando la laptop o computadora portátil XO salió a la luz, algunas personas cuestionaron la necesidad de una nueva interfaz de usuario. ¿No sería mejor para los niños aprender algo útil y parecido a lo que utilizarán al ser adultos? ¿Por qué no darles Microsoft Windows en lugar de otra interfaz?

Esta sería una pregunta razonable si la única meta fuera entrenar a los niños a usar computadoras. Sería todavía más razonable si pudiéramos estar seguros de que el software que utilizarán de adultos lucirá y funcionará como los Microsoft Windows de hoy. Pero estas suposiciones no son nada razonables.

El proyecto OLPC no se trata sólo de alfabetización digital. Se trata de enseñanza de lectura, escritura, aritmética, historia, ciencias, artes, programación de computadoras, composición de música y mucho más. No se espera que los niños utilicen las computadoras solamente para sus trabajos escolares, sino también que las utilicen en sus casas para investigar temas de su interés personal.

Esto es más ambicioso que simplemente disponer de computadoras en educación. Por eso era razonable replantearse el modo en que los niños deben trabajar con las computadoras. Sugar es el resultado de ese replanteo.

Sugar tiene las siguientes características únicas:

Diario (Journal)

El Diario o Journal es donde se pueden ver todos los trabajos. En vez de archivos y carpetas contiene una lista de entradas organizadas en orden decreciente por fecha y hora de última modificación. Es similar a los "Documentos recientes" de Windows, excepto que en lugar de contener solamente las últimas entradas, las contiene a todas. El Diario es una manera natural de guardar y retomar los trabajos en Sugar.

El Diario hace fácil organizar el trabajo. Guarda cualquier trabajo que se haga y guarda cualquier descarga hecha desde la web. Si alguna vez descargaste un archivo usando un browser y se guardó en un directorio distinto del habitual y perdiste un buen tiempo buscándolo o si ayudaste a tus padres en una situación similar, comprenderás inmediatamente la utilidad de El Diario.

El Diario almacena metadatos para cada entrada contenida en él. Los metadatos son datos sobre los datos. Cada entrada de diario tiene un título, una descripción, una lista de palabras claves (tags o etiquetas) y una captura de pantalla del último acceso a esa entrada.
Cada entrada tiene un código identificador (activity id) que refiere a la Actividad que la crea, también puede contener el tipo MIME (esto permite que entradas del Diario no creadas por ninguna Actividad puedan ser abiertas por una Actividad que soporte el tipo MIME declarado).

Además de la metadata genérica descrita en el párrafo anterior, una entrada del Diario puede contener metadata propia de la Actividad que los creó. Por ejemplo, la Actividad **Read** (Leer) utiliza metadata específica donde guarda la página que leías antes de cerrar la Actividad. La Actividad retomará esa misma página cuando vuelvas a abrirla.

Además de trabajos creados por Actividades, el Diario puede contener directamente Actividades. Si al visitar http://activities.sugarlabs.org con la Actividad **Browser**, se descarga una Actividad, esta quedará automáticamente guardada en el Diario y lista para usarse. Si ya no se quiere utilizar la Actividad es suficiente suprimirla en el Diario para que se elimine totalmente. No existen programas de desinstalación, ni cajas de diálogo que pregunten sobre eliminar tal o cual DLL. No quedan cabos sueltos ni ningún resto de una Actividad desinstalada.

Colaboración

La Colaboración es la segunda característica única de Sugar. Colaboración implica que las Actividades pueden ser usadas por más de una persona a la vez. Aunque no toda Actividad necesita esa característica y hay Actividades que no la aprovechan, toda Actividad de primera línea seguro incluye alguna forma de interacción en red con otros usuarios Sugar. Por ejemplo, los lectores de e-books pueden darle una copia del libro que están leyendo (con todas las notas que hayan agregado) a un amigo, o a la clase entera. La Actividad **Write** (Escribir) permite que varios estudiantes trabajen en el mismo documento de forma conjunta y **Distance** (Distancia) permite que dos estudiantes averigüen que tan lejos/cerca están uno de otro.

Hay distintas vistas del sistema y se seleccionan pulsando un botón (Teclas de Función F1-4)

- La vista Vecindario

- La vista Amigos

- El anillo de Actividades

- El Journal

Las dos primeras son para aprovechar la Colaboración.

La vista Vecindario muestra un ícono por cada persona en la red. Cada ícono se ve como una figura estática que superpone una "O" sobre una "X". Cada ícono tiene un nombre que el estudiante elige al configurar su máquina. Cada ícono se despliega en dos colores que también elige el estudiante. Además de los íconos de "XO", habrán íconos representando redes malla (mesh) e íconos representando puntos de WiFi. Finalmente habrán íconos representando Actividades cuyos dueños optaron por compartir.

Consideremos la Actividad **Chat** para entender como funciona. La forma usual para hacer un chat, requiere que todos los participantes arranquen un cliente de chat y visiten un mismo chat room en un mismo momento. En Sugar es distinto. Un estudiante inicia la Actividad Chat en su propia computadora e invita a otros de la red a participar; estos verán un ícono de Chat en su Vecindario y podrán aceptar. El acto de aceptar inicia la propia Actividad Chat y los conecta con los otros participantes.

La vista Amigos es similar a la vista Vecindario pero sólo contiene a las personas que estén etiquetadas como Amigos. La colaboración puede darse en tres niveles: directo con personas, con todo el vecindario o con todos los amigos. No es necesario solicitar la amistad, alcanza con darla. Es más como crear una lista de destinatarios para un mail.

Seguridad

Proteger las computadoras de usuarios maliciosos es siempre importante y cuando se trata de máquinas de estudiantes es más importante aún. También es más difícil, porque es impensable que los más jóvenes recuerden contraseñas y las mantengan en secreto. Como Sugar corre sobre Linux los llamados virus no son un problema pero las Actividades maliciosas si lo son. Una Actividad autorizada a tener acceso entero al Diario podría borrarlo completamente y alguien podría escribir una Actividad entretenida y de apariencia inofensiva que después de ser iniciada una cantidad aleatoria de veces, borre el trabajo del estudiante.

Una forma usual de prevenir que un programa haga cosas maliciosas es obligar a la ejecución en modo sandbox. Sandbox (arenero en inglés) es una forma de limitar las atribuciones de los programas. Con el tipo habitual de arenero se tienen programas no-confiables, que prácticamente no pueden hacer nada, o programas confiables que no tienen restricción alguna. Una aplicación se transforma en confiable cuando es validada por un tercero con una firma. La firma es una operación matemática que se mantiene válida sólo mientras no haya cambios en el programa.

Sugar usa un tipo de arenero un poco más sofisticado para sus Actividades. Ninguna Actividad Sugar necesita el sello de confiable y toda Actividad interactúa con el Journal de manera limitada y por vías indirectas. Cada Actividad tiene un directorio específico con permiso para escribir y tiene acceso de sólo lectura sobre el resto archivos y carpetas. De este modo las Actividades no pueden interferirse entre si. A pesar de esto las Actividades pueden resolver todo lo que necesiten hacer.

Resumen

Sugar es un entorno operativo diseñado para respaldar la educación de los niños. Organiza el trabajo del niño sin requerir archivos ni carpetas. Soporta la colaboración entre estudiantes y además provee de un modelo de seguridad robusto que previene que programas maliciosos dañen el trabajo de un estudiante.

No sería una sorpresa si algún otro entorno de escritorio empezara a adoptar alguna de estas características.

1. Traducido Ana Cichero Uruguay

3. ¿Qué es una Actividad Sugar?

Una Actividad Sugar es una aplicación independiente Sugar empaquetada en un bundle .XO.

Un bundle (paquete) .XO es una carpeta de archivos en formato Zip. Conteniendo:

- Un archivo llamado MANIFEST (manifiesto) que lista todo lo del bundle.

- Un archivo **activity.info** que contiene los atributos que describen la Actividad, parejas como nombre=valor. Los atributos incluyen además del nombre, el número de versión, un identificador y otras cosas que discutiremos en el momento de crear la Actividad.

- Un archivo de ícono (en formato SVG)

- Archivos que contienen todas las cadenas de texto que tu Actividad use traducidas en distintos idiomas.

- El código del programa de tu Actividad.

Una Actividad Sugar siempre incluye un código en Python que extiende una clase de Sugar llamada Activity. También puede incluir tramos de código escritos en otros lenguajes de programación, siempre y cuando Python pueda ligarlos entre si. Estos se conocen como **Python bindings** (ligaduras de Python). Incluso es posible escribir una Actividad Sugar sin utilizar Python en lo más mínimo, pero esto está fuera de nuestro alcance en este libro.

Son muy pocas las cosas que una Actividad pueda depender que esté incluida en cada versión de Sugar. Estas incluyen módulos como Evidence (PDF y otros visualizadores de documentos), Gecko (rendereado de páginas web) y las librerías PyGame y PyGTK de Python. Todo lo que la Actividad necesite para ejecutarse y no esté provisto por Sugar deberá ser empaquetado en un archivo bundle. Una pregunta frecuente en los correos es cómo hacer para que Sugar instale X al ejecutar mi Actividad. La respuesta es no hay forma, si necesitas X debes incluirlo en tu bundle. [1]

Se puede instalar una Actividad copiándola o descargándola al Journal (Diario). Se desinstala simplemente borrándola. No hay que crear instaladores, no hay que decidir donde instalar los archivos, no hay riesgos de que al instalar una Actividad interfiera o rompa otra instalada.

Una Actividad generalmente crea y lee objetos en el Journal (Diario).
Una Actividad de primera línea, seguramente también provea métodos
para ser compartida simultáneamente por varios usuarios.

2

1. NT En el caso de Java, la Actividad puede recurrir a instalar Java.xo
   como bundle de modo que esta instalación no se multiplique en cada
   actividad que use java.^⌃
2. NT: Traducido Ana Cichero^⌃

4. ¿Qué tengo que saber para hacer una Actividad Sugar?

Para escribir una Actividad Sugar debes saber algo de los temas que menciono en este capítulo.

No hay que ser experto en ninguno de los temas, pero es necesario mantener como referencias marcadores las páginas web de cada uno y darle una ojeada a los tutoriales mencionados. Esto te ayudará, también, a entender los ejemplos de código que iremos viendo.

Python

Python es el lenguaje más usado para escribir Actividades. Aunque se usen otros lenguajes, la mayoría de las Actividades usan algo de Python en ellas. Sugar incluye una API (Interfaz de Programación de Aplicaciones) para Python que simplifica la creación de las Actividades. Es bastante inusual, aunque posible, desarrollar una Actividad sin utilizar nada de Python (como en **Etoys**).

Todos los ejemplos de este libro están integralmente escritos en Python.

Existen lenguajes compilados y lenguajes interpretados. En el lenguaje compilado el código que uno escribe es traducido a lenguaje de máquina y esta traducción es la que realmente se ejecuta en el sistema operativo. En un lenguaje interpretado interviene otro programa, llamado intérprete, que va leyendo el código que se escribió y haciendo lo ahi indicado (esto está demasiado simplificado pero suficientemente aproximado a la verdad para este capítulo).

Python es un lenguaje interpretado. Todos los lenguajes, interpretados o compilados, tienen ventajas específicas. Las ventajas de Python para el desarrollo de Actividades son:

- Es portable. En otras palabras, permite que tu programa corra en distintos procesadores y distintos sistemas operativos sin tener que hacer una versión para cada uno. El programa compilado funciona según el sistema y el procesador para el cuál se haya compilado.
- Como el ejecutable es el propio código fuente, no es posible darle a alguien un programa en Python sin darle el código fuente. Hay entonces mucho material para estudiar y se puede aprender muchísimo sobre programar Actividades estudiando código escrito por otros.
- Es un lenguaje fácil de aprender para un programador principiante pero a la vez tiene las características que un experto necesita.
- Su uso está muy difundido. Google es uno de los usuarios más famosos de Python. Tanto lo usan, que lanzaron un proyecto llamado "Unladen Swallow" para que los programas en Python corran más rápido.

La gran ventaja del lenguaje compilado es que puede correr mucho mas rápido que el interpretado. Pero, en la práctica un programa Python puede tener una performance igual de buena que un programa escrito en lenguaje compilado. Para entender esto, hay que entender como está hecho un programa en Python.

Se conoce a Python como un lenguaje "glue" (pegamento en inglés). La idea es poder tener módulos escritos en otros lenguajes (generalmente C y C++) y "envolverlos" en Python. Python se usa para pegar (glue) estos módulos y así crear aplicaciones. En la mayoría de las aplicaciones, la mayor parte de las funciones del programa se hacen a través de estos módulos compilados. Es poco, entonces, el tiempo que la aplicación gasta en correr el código Python que es el que integra estos módulos en una sola unidad.

Además, no sólo las Actividades usan Python, la mayor parte del entorno Sugar está escrito en Python.

Si ya programaste en otros lenguajes, hay un buen tutorial para aprender Python en el propio sitio: http://docs.python.org/tutorial. [1]

Si estás recién empezando a escribir programas, tal vez sea mejor mirar *Invent Your Own Computer Games With Python*, que puede leerse gratis en http://inventwithpython.com/.

PyGTK

GTK+ (Gimp Tool Kit +) es un set de módulos para crear interfaces de usuario. Estos módulos incluyen botones, barras de desplazamiento, listas desplegables, etc. Es el utilizado por el escritorio de GNOME y por las aplicaciones que allí funcionan. Las actividades de Sugar usan un tema de GNOME que les da a estos controles hechos en GTK+ un aspecto único.

PyGTK es el set de librerías de Python que te permiten usar los módulos de GTK+ en programas Python. Para ver cómo se usa, hay un tutorial en el sitio de PyGTK: http://www.pygtk.org/tutorial.html.

PyGame

La alternativa al uso de PyGTK en tu Actividad es usar PyGame (game es juego en inglés). PyGame puede crear el tipo de imágenes llamada "sprite" y moverlas alrededor de la pantalla ("sprites" refiere a los duendes que hacían de personajes en videojuegos) . Como podía esperarse Pygame se usa principalmente para escribir juegos. Su uso en Actividades es menos frecuente que el de PyGTK.

El tutorial para aprender PyGame está en el sitio de PyGame: http://www.pygame.org/wiki/tutorials . En el sitio hay también un lote de proyectos que se pueden descargar y probar.

2

1. NT: Recursos en español acerca de python, pygame, pygtk (2011)

   https://sites.google.com/site/sugaractivities/

   http://iie.fing.edu.uy/cursos/course/view.php?id=173

   https://sites.google.com/site/flaviodanesse/programacion-p

   http://ceibaljam.org/drupal/?q=documentacion

   gstreamer: http://codigosdeejemplo.blogspot.com/

   ^

2. Traducido Ana Cichero Uruguay^

Programación

5. Instalar el entorno de desarrollo.
6. Crear tu primer Actividad Sugar
7. Un programa Python autónomo para leer Etexts
8. Heredar una Actividad desde sugar.activity.Activity
9. Empaquetar tu Actividad
10. Agregar detalles
11. Añadir tus fuentes al control de versiones
12. Internacionalizarse con Pootle
13. Distribuir tu Actividad
14. Depurar Actividades Sugar

5. Instalar el entorno de desarrollo.

Aunque desarrollar actividades para la XO en la propia XO no es la opción más práctica, no deja de ser posible. Es más fácil y aumenta la productividad de tu desarrollo, escribirlo y testearlo en una máquina que use un OS (sistema operativo) convencional. Esto te dará acceso a mejores herramientas y podrás, incluso, simular la colaboración entre dos computadoras-Sugar usando sólo tu máquina.

¿Instalar Linux o usar una máquina virtual?

Aunque Sugar corre sobre Linux, es posible correr una instancia completa de Sugar sobre una máquina virtual con Windows.

Una máquina virtual es una forma de utilizar un sistema operativo encima de otro. El sistema operativo virtual es engañado y cree ser el único que controla la computadora. Los gurús de la industria de la computación dicen que esto lo más nuevo que hay, pero los viejos como yo sabemos que IBM ya lo utilizaba en sus computadoras centrales en los años 70.

Esta forma de proceder fue, durante algún tiempo, la más recomendable. La versión de Linux que Sugar usa era lo suficientemente distinta de los Linux regulares que incluso los usuarios Linux corrían Sugar con una máquina virtual arriba de su Linux habitual.

La situación mejoró y ahora la mayoría de las distribuciones corrientes de Linux incluyen un entorno Sugar usable.

Si estás muy acostumbrado a Windows, podrías pensar que en vez de instalarte Linux, la opción más sencilla sería correr Sugar sobre una VM (Máquina Virtual). Pero en la práctica no lo es. Linux sobre una VM es Linux igual y tendrás que aprender algunas cosas sobre Linux si piensas en el desarrollo de Actividades Sugar. Además, correr un segundo OS en una VM requiere una máquina poderosa y unos cuantos gigabytes de memoria. Personalmente, hago mis desarrollos Sugar usando Linux sobre una IBM NetVista Pentium IV que me compré por poquito más que cien dólares -embarque incluido- y me resulta más que adecuada.

Instalar Linux no es ahora la prueba de fuego que alguna vez fue. Cualquiera puede lograrlo. El escritorio GNOME que Linux provee es tan similar a Windows que el usuario no siente la diferencia.

También está la opción de instalar Linux y agregarle un booteo dual para poder correr Linux y Windows en la misma computadora (no al mismo tiempo). Para esto se precisa dejar una partición del disco para el uso del Linux y luego elegir, sobre un menú que se verá al arranque de la computadora, cuál OS (sistema operativo) lanzar. Los mismos instaladores de Linux sirven para crear la partición y un par de gigabytes de espacio en disco es más que suficiente. La instalación de Linux comparte la computadora sin afectar en lo absoluto a la instalación Windows.

Sugar Labs ha trabajado para tener a Sugar incluido en todas las distribuciones de Linux. Si ya tenés una distro favorita, hay buenas chances de que en su última versión ya traiga Sugar incluido. Fedora, openSuse, Debian y Ubuntu incluyen Sugar. Si ya tenés un Linux instalado averigua si no tiene Sugar ya incluido. Si no, Fedora es el que usa la laptop XO, de modo que Fedora 10 o posterior sería la mejor opción. Se puede descargar un CD o DVD de instalación de Fedora desde: https://fedoraproject.org/get-fedora.

Es importante aclarar que todas las otras herramientas que recomiendo vienen incluidas en cualquier distribución de Linux y se instalan sin mayor esfuerzo que el de tildar unas casillas (check boxes en inglés). Estas mismas herramientas podrían funcionar en Windows pero instalarlas va a implicar mucho más trabajo que el habitual para programas Windows.

Si no deseas instalar y aprender nada de Linux, pero igual quieres desarrollar Actividades, te queda la opción de desarrollar un programa Python independiente que use PyGame o PyGTK y que haga lo que tu Actividad haría. Puedes darle tu programa a otra persona para que lo convierta en una Actividad Sugar. Este programa Python puede escribirse en Windows o en una Macintosh.

Si quieres desarrollar en una Macintosh, la opción más elegante es correr Sugar en una máquina virtual. Si te interesa hacer la prueba hay más detalles en este link: http://wiki.laptop.org/go/Developers/Setup. También es posible instalar usando un booteo dual con Linux Fedora sobre una Intel o Power PC Macintosh. Hay detalles de esto en el sitio web de Fedora.

Otra opción para los usuarios de Mac es utilizar como entorno de testeo a Sugar on a Stick. Para informarte acerca de esto: http://wiki.sugarlabs.org/go/Sugar_on_a_Stick.

¿Qué tal usar sugar-jhbuild?

Sugar-jhbuild es un script que descarga el código fuente de las últimas versiones de los módulos de Sugar y los compila en un subdirectorio de tu directorio Home (hogar en inglés). No instala Sugar en tu sistema. Lo que hace es correr Sugar desde el directorio donde se compiló. Por la forma en la que viene construido y como se ejecuta, no interfiere con los módulos que levantan el escritorio que normalmente utilizas. Si vas a desarrollar para Sugar mismo o para Actividades que requieran las características más recientes de Sugar, vas a necesitar sugar-jhbuild.

Correr este script es un poquito más difícil que instalar los paquetes de Sugar que vienen con tu distribución de Linux. Vas a necesitar primero instalar Git y Subversion, luego ejecutar un comando Git desde terminal y descargar el script sugar-jhbuild, en tercer lugar correr el script -que te presenta varias opciones para descargar e instalar paquetes distintos- y por último compilar todo. Puede tomarte un par de horas completar todos los pasos. Al terminar tendrás un entorno actualizado de testeo que puede funcionar como un **emulador de Sugar**. No hay necesidad de desinstalar el emulador, si existiera uno, emulador y jhbuild pueden coexistir.

Debes ejecutarlo con estos comandos:

```
cd sugar-jhbuild
./sugar-jhbuild run sugar-emulator
```

¿Me conviene usarlo? La respuesta corta es no. Una respuesta más larga probablemente sea **todavía no**.

Si deseas que tus Actividades alcancen el mayor número de usuarios no te conviene usar el Sugar más reciente. De hecho, si quieres un entorno de testeo que imite lo que la mayoría de las XO usan ahora, te conviene usar Fedora 10. Esto sucede porque, para las escuelas, es una difícil tarea actualizar los sistemas operativos de las XO y la mayoría de ellas quedarán corriendo Sugar.82, o incluso anterior, por bastante tiempo.

Por supuesto también es importante tener desarrolladores dispuestos a ampliar las fronteras de lo que Sugar puede hacer. Si después de desarrollar algunas Actividades, concluyes que tu eres uno de ese grupo, puedes aprender sobre sugar-jhbuild en este link::
http://wiki.sugarlabs.org/go/DevelopmentTeam/Jhbuild.

Estrictamente hablando, sugar-jhbuild es tan solo un script que descarga y compila Sugar. De forma correcta deberíamos decir: "Ejecuto la copia del **emulador de Sugar** que se construyó con sugar-jhbuild", pero la mayoría de los desarrolladores Sugar dicen: "Ejecuto sugar -jhbuild" y esta es la expresión que usaré en este libro.

Python

Todos los ejemplos de código los haremos en Python, así que debes tener Python instalado. Python viene con todas las distribuciones de Linux pero también se pueden descargar los instaladores para Windows o Macintosh en http://www.python.org/.

Eric

Los desarrolladores esperan que los lenguajes que usan sean soportados por un IDE (**Entorno de Desarrollo Integrado**, Integrated Development Enviroment en inglés). Python no es una excepción. Un **IDE** te ayuda a organizar el trabajo y además incorpora un editor de texto y un set de herramientas de programación y de debugging (depuración).

Hay dos IDE para Python que personalmente probé: Idle y Eric. Eric, es el más recomendable de los dos. Todas las distros de Linux deberían incluirlo. Parece que también funciona sobre Windows. Puedes informarte mejor en el sitio de Eric: http://eric-ide.python-projects.org/.

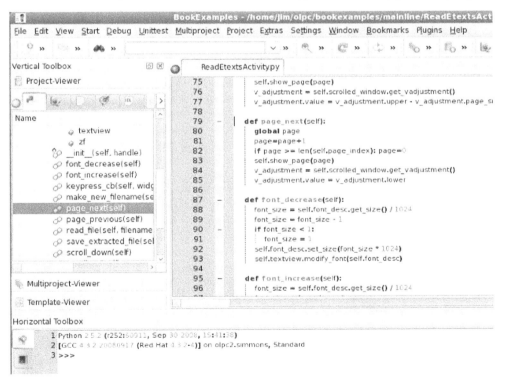

SPE (Stani's Python Editor)

Esta es un IDE que descubrí mientras escribía este libro. Viene con Fedora y además de ser un editor Python hace diagramas **UML** para tu código y los muestra en **PyDoc**. Este es SPE mostrando un diagrama UML para una de las Actividades comentadas en este libro:

Si sos un desarrollador muy experimentado puedes encontrar en SPE una alternativa útil, en cambio si estás comenzando, Eric será seguramente suficiente.

Otros IDE's

Hay también un IDE comercial de Python llamado Wingware, el cual tiene una versión que puedes usar sin costo. Puedes aprender más sobre él en http://www.wingware.com/.

Inkscape

Inkscape es una herramienta para crear imágnes en formato SVG. Sugar usa SVG para los íconos de las Actividades y otros gráficos. El ícono "XO" que caracteriza a cada niño en la vista vecindario es un SVG que puede ser modificado.

Inkscape se utiliza para crear el ícono de la Actividad.

Inkscape viene con toda distribución de Linux y puede instalarse también en Windows. Más información en este sitio: http://www.inkscape.org/.

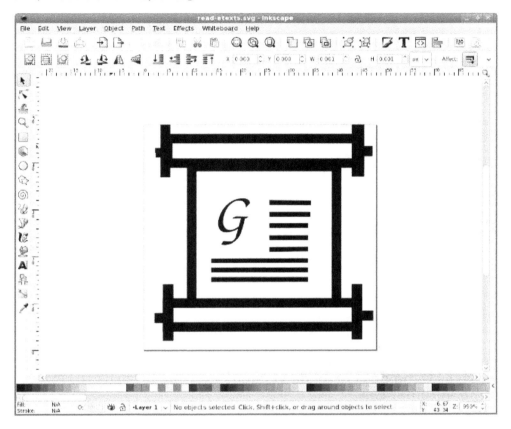

Git

Git es un controlador de versiones. Git guarda una versión del código de tu programa de forma que te sea fácil recuperarla. Cada vez que hagas un cambio debes pedirle a Git que guarde tu código en su repositorio. Si precisas recurrir a una versión anterior estará disponible. Mejor todavía, si surge un problema en tu código, Git lo compara con cualquier versión anterior y te muestra exactamente las líneas que cambiaste.

```
15   15  # along with this program; if not, write to the Free Software
16   16  # Foundation, Inc., 51 Franklin St, Fifth Floor, Boston, MA  02110-1301
17   17
     18  import os
18   19  import logging
19   20  from gettext import gettext as _
20   21  import re
...  ...
416  416          combotool.show()
417  417
418  418          self.pitchadj = gtk.Adjustment(0, -100, 100, 1, 10, 0)
419              self.pitchadj.connect("value_changed", self.pitch_adjusted_cb)
420  419          pitchbar = gtk.HScale(self.pitchadj)
421  420          pitchbar.set_draw_value(False)
422  421          pitchbar.set_update_policy(gtk.UPDATE_DISCONTINUOUS)
...  ...
427  427          pitchbar.show()
428  428
429  429          self.rateadj = gtk.Adjustment(0, -100, 100, 1, 10, 0)
430              self.rateadj.connect("value_changed", self.rate_adjusted_cb)
431  430          ratebar = gtk.HScale(self.rateadj)
432  431          ratebar.set_draw_value(False)
433  432          ratebar.set_update_policy(gtk.UPDATE_DISCONTINUOUS)
...  ...
453  453      def pitch_adjusted_cb(self, get):
454  454          speech.pitch = int(get.value)
455  455          speech.say(_("pitch adjusted"))
     456          f = open(os.path.join(self.activity.get_activity_root(), 'insta
```

Si hubieran dos personas trabajando sobre el mismo programa de forma independiente, un sistema de control de versiones combinaría sus cambios de forma automática.

Imagina que alguien te reporta un bug vergonzoso mientras estás trabajando en una versión nueva y más poderosa de una Actividad que recién lanzaste. Si usaste Git, no precisás pedirle a las personas que esperen hasta el lanzamiento de tu nueva versión, alcanza con crear una bifurcación de la versión anterior y trabajarla en paralelo con la versión que estás mejorando. De hecho Git, tratará a la versión vieja que estás arreglando y a la nueva como dos proyectos separados.

Puedes aprender más de Git en su sitio web: http://git-scm.com/.

Cuando estés pronto para usar un repositorio Git en tu proyecto puedes crear uno acá: http://git.sugarlabs.org/. Volveré al tema de cómo crear y cómo usar el repositorio un poco más adelante en este libro.

Hay un repositorio Git conteniendo todos los ejemplos de código de este libro. Después de que tengas Git instalado puedes copiar este repositorio a tu computadora con este comando:

```
git clone git://git.sugarlabs.org/\
myo-sugar-activities-examples/mainline.git
```

Este comando deber ser tipeado en una única línea. La retrobarra (\) al final de la primera línea se usa en Linux para continuar un comando largo en otro renglón. Está usada acá para lograr que el comando entre en el ancho de página en la versión impresa de este libro. Cuando escribas el comando puedes dejarla de lado y escribir **myo-sugar-activities-examples/mainline.git** inmediatamente después de **git.sugarlabs.org**/.

Esta convención para partir comandos largos en múltiples líneas será usada muchas veces a lo largo del libro. Vas a ver que el código del Git generalmente tiene líneas más largas que el de los ejemplos del libro. Por esta razón te recomiendo no tratar de copiar el código de estos ejemplos y usar en cambio el código que descargaste del repositorio Git.

GIMP

Gimp es uno de los programas más útiles y peor nombrados de la historia [1] . Se puede decir que es una versión abierta y libre del Adobe Photoshop. Para manipular imágenes distintas a las SVG necesitarás este programa.

Se puede usar GIMP para editar las capturas de pantalla.

Nunca vas a necesitar este programa para el desarrollo mismo de una Actividad, pero si será útil a la hora de organizar las capturas de pantalla que muestren tu Actividad en acción y de distribuirla. Nada vende tanto una Actividad a los usuarios potenciales como las buenas capturas de pantalla.

Emulación de Sugar

La mayoría de las distros Linux vienen con Sugar incluido. Incluso en Fedora se puede correr Sugar como una alternativa al entorno de escritorio. Al loggearte en el GDM, te aparece Sugar como una opción de escritorio junto con GNOME, KDE, Window Maker y otros manejadores de ventanas que hayas instalado.

Este no es el procedimiento estándar para testear Sugar. Lo normal es usar una herramienta llamada Xephyr y correr el entorno Sugar como una ventana en tu equipo. Xephyr corre una sesión-X dentro de una ventana y ahí adentro se ejecuta Sugar. De esta manera es sencillo obtener capturas de pantalla de Sugar, detener o reiniciar las sesiones de Sugar sin tener que reiniciar la máquina, también es sencillo correr varias copias simultáneas de Sugar para testear colaboración.

Volveremos a esto cuando sea el momento de probar tu primer Actividad.

2

1. NT: GIMP es acrónimo para GNU Image Manipulation Program^
2. Traducido Ana Cichero Uruguay^

6. Crear tu primer Actividad Sugar

Haz primero un programa autónomo en Python

El mejor consejo para el que se inicia en el desarrollo de Actividades es hacer una versión de la misma que funcione por su cuenta, independiente del entorno Sugar. Un código Python autónomo (standalone) es más fácil y menos engorroso de testear y de depurar. Esto quedará claro cuando te empieces a testear tu primer Actividad.

Cuántos más bugs encuentres antes de transformar el código autónomo en Actividad, mejor. De hecho, es una buena idea mantener la versión autónoma de tu programa incluso después de ya tener la versión Actividad bien encaminada. Yo usé una versión autónoma de **Read Etexts** cuando agregué la opción resaltador en el conversor texto-voz. Hacer esto me ahorró **muchísimo** tiempo porque estaba definiendo cosas sobre la marcha y la agilidad era un factor especialmente importante.

Nuestro primer ejemplo se basará sobre la Actividad Read Etexts tal y como la escribí.

Heredar la clase desde sugar.activity.Activity class

Ahora, convertiremos nuestro código Python autónomo en una Actividad sugar. Para esto, hay que entender el concepto de **herencia**. Decimos herencia, en la vida diaria, cuando obtenemos de los padres cosas para las que no trabajamos. Un rey que guía a su hijo a la ventana del castillo y dice "¡Un día esto será tuyo!", es herencia.

En el mundo de las computadoras los programas pueden tener padres y heredar cosas de ellos. En vez de heredar propiedades, heredan código. Hay una pieza de código Python llamada sugar.activity.Activity que es el mejor padre que una Activity puede querer tener, y nosotros somos los que vamos a convencerle de que adopte a nuestro programa. No significa que nuestro programa no tenga que trabajar nunca más, pero si, que va a trabajar mucho menos.

Empaquetar la Actividad

Ahora debemos empaquetar el código para convertirlo en algo que pueda correr dentro de Sugar y sea distribuido como archivo .xo. Esta etapa va implicar establecer MANIFEST, activity.info, setup.py y también diseñar en Inskcape un ícono compatible.

Agregar detalles

Cualquier Actividad va a heredar la barra de herramientas (toolbar) básica. En la mayoría de los casos esta no es suficiente y se necesita alguna toolbar a medida. Estas adecuaciones deben integrarse bien, de modo que las barras disparen acciones sobre la Actividad y a su vez reflejen en el estado de la barra lo que sucede fuera de ella.

Veremos, además del agregado de barras, algunas otras formas de poner a punto tu Actividad.

Poner el código del proyecto en el controlador de versiones

A esta altura en que ya tenemos una cantidad suficiente de código escrito, vale la pena protegerlo y compartirlo. Para esto precisamos crear un repositorio Git donde agregar nuestro código. Más adelante vamos a volver a las básicas sobre el uso de Git.

Internacionalizarse con Pootle

Con el código salvado en Git podemos reclamar la ayuda de nuestro primer colaborador: el sistema de traducción Pootle. Con un mínimo trabajo de armado podemos conseguir voluntarios para internacionalizar nuestra Actividad.

Distribuir la Actividad

Para esta tarea simplemente tomaremos nuestra Actividad y la agregaremos en http://activities.sugarlabs.org junto al código fuente de modo que pueda ser incluida en otras distribuciones de Linux.

Agregar colaboración

Ahora hay que agregar código para colaboración, por ejemplo para compartir los e-books con el Grupo y el Vecindario.

Agregar texto hablado

Lo siguiente es Texto hablado con resaltador de palabras. ¡Nuestro pequeño proyecto será todo un éxito![1]

[2]

1. NT: "Kindle-killer" en el original.⌃
2. Traducido Ana Cichero Uruguay⌃

7. Un programa Python autónomo para leer Etexts

El programa

Nuestro programa de ejemplo está basado en la primera Actividad que escribí, Read Etexts. Es un programa para leer e-books gratuitos.

La mejor y más antigua fuente de e-books gratuitos es un sitio web llamado Project Gutenberg (http://www.gutenberg.org/wiki/Main_Page). Ellos crean libros en formato de texto plano, en otras palabras, el tipo de archivo que podrías crear si escribieras un libro en Notepad y pulsaras la tecla Enter al final de cada línea. Ellos tienen miles de libros que no tienen derechos de autor, incluyendo algunos de los mejores jamás escritos. Antes de leer más, ve a ese sitio web y escoge un libro que te interese. Echa un vistazo a la lista "Top 100" para ver los libros y los autores más populares.

El programa que vamos a crear va a leer libros en formato de texto plano .

Existe un repositorio de Git que contiene todos los ejemplos de código de este libro. Una vez que hayas instalado Git puedes copiar el repositorio a tu computadora con este comando:

```
git clone git://git.sugarlabs.org/\
myo-sugar-activities-examples/mainline.git
```

El código para nuestro programa Python independiente se encuentra en el directorio **Make_Standalone_Python** en un archivo llamado **ReadEtexts.py**. Se ve así:

```
#! /usr/bin/env python
import sys
import os
import zipfile
import pygtk
import gtk
import getopt
import pango

page=0
PAGE_SIZE = 45

class ReadEtexts():

    def keypress_cb(self, widget, event):
        "Respond when the user presses one of the arrow keys"
```

```python
        keyname = gtk.gdk.keyval_name(event.keyval)
        if keyname == 'plus':
            self.font_increase()
            return True
        if keyname == 'minus':
            self.font_decrease()
            return True
        if keyname == 'Page_Up' :
            self.page_previous()
            return True
        if keyname == 'Page_Down':
            self.page_next()
            return True
        if keyname == 'Up' or keyname == 'KP_Up' \
                or keyname == 'KP_Left':
            self.scroll_up()
            return True
        if keyname == 'Down' or keyname == 'KP_Down' \
                or keyname == 'KP_Right':
            self.scroll_down()
            return True
        return False

    def page_previous(self):
        global page
        page=page-1
        if page < 0: page=0
        self.show_page(page)
        v_adjustment = \
            self.scrolled_window.get_vadjustment()
        v_adjustment.value = v_adjustment.upper - \
            v_adjustment.page_size

    def page_next(self):
        global page
        page=page+1
        if page >= len(self.page_index): page=0
        self.show_page(page)
        v_adjustment = \
            self.scrolled_window.get_vadjustment()
        v_adjustment.value = v_adjustment.lower

    def font_decrease(self):
        font_size = self.font_desc.get_size() / 1024
        font_size = font_size - 1
        if font_size < 1:
            font_size = 1
        self.font_desc.set_size(font_size * 1024)
        self.textview.modify_font(self.font_desc)

    def font_increase(self):
        font_size = self.font_desc.get_size() / 1024
        font_size = font_size + 1
        self.font_desc.set_size(font_size * 1024)
        self.textview.modify_font(self.font_desc)

    def scroll_down(self):
        v_adjustment = \
            self.scrolled_window.get_vadjustment()
```

```
        if v_adjustment.value == v_adjustment.upper - \
                v_adjustment.page_size:
            self.page_next()
            return
        if v_adjustment.value < v_adjustment.upper -\
            v_adjustment.page_size:
            new_value = v_adjustment.value + \
                v_adjustment.step_increment
            if new_value > v_adjustment.upper -\
                v_adjustment.page_size:
                new_value = v_adjustment.upper -\
                    v_adjustment.page_size
            v_adjustment.value = new_value

    def scroll_up(self):
        v_adjustment = \
            self.scrolled_window.get_vadjustment()
        if v_adjustment.value == v_adjustment.lower:
            self.page_previous()
            return
        if v_adjustment.value > v_adjustment.lower:
            new_value = v_adjustment.value - \
                v_adjustment.step_increment
            if new_value < v_adjustment.lower:
                new_value = v_adjustment.lower
            v_adjustment.value = new_value

    def show_page(self, page_number):
        global PAGE_SIZE, current_word
        position = self.page_index[page_number]
        self.etext_file.seek(position)
        linecount = 0
        label_text = '\n\n\n'
        textbuffer = self.textview.get_buffer()
        while linecount < PAGE_SIZE:
            line = self.etext_file.readline()
            label_text = label_text + unicode(line,
                'iso-8859-1')
            linecount = linecount + 1
        label_text = label_text + '\n\n\n'
        textbuffer.set_text(label_text)
        self.textview.set_buffer(textbuffer)

    def save_extracted_file(self, zipfile, filename):
        "Extract the file to a temp directory for viewing"
        filebytes = zipfile.read(filename)
        f = open("/tmp/" + filename, 'w')
        try:
            f.write(filebytes)
        finally:
            f.close

    def read_file(self, filename):
        "Read the Etext file"
        global PAGE_SIZE

        if zipfile.is_zipfile(filename):
            self.zf = zipfile.ZipFile(filename, 'r')
            self.book_files = self.zf.namelist()
```

```
            self.save_extracted_file(self.zf,
                self.book_files[0])
            currentFileName = "/tmp/" + self.book_files[0]
        else:
            currentFileName = filename

        self.etext_file = open(currentFileName,"r")
        self.page_index = [ 0 ]
        linecount = 0
        while self.etext_file:
            line = self.etext_file.readline()
            if not line:
                break
            linecount = linecount + 1
            if linecount >= PAGE_SIZE:
                position = self.etext_file.tell()
                self.page_index.append(position)
                linecount = 0
        if filename.endswith(".zip"):
            os.remove(currentFileName)

    def destroy_cb(self, widget, data=None):
        gtk.main_quit()

    def main(self, file_path):
        self.window = gtk.Window(gtk.WINDOW_TOPLEVEL)
        self.window.connect("destroy", self.destroy_cb)
        self.window.set_title("Read Etexts")
        self.window.set_size_request(640, 480)
        self.window.set_border_width(0)
        self.read_file(file_path)
        self.scrolled_window = gtk.ScrolledWindow(
            hadjustment=None, vadjustment=None)
        self.textview = gtk.TextView()
        self.textview.set_editable(False)
        self.textview.set_left_margin(50)
        self.textview.set_cursor_visible(False)
        self.textview.connect("key_press_event",
            self.keypress_cb)
        buffer = self.textview.get_buffer()
        self.font_desc = pango.FontDescription("sans 12")
        font_size = self.font_desc.get_size()
        self.textview.modify_font(self.font_desc)
        self.show_page(0)
        self.scrolled_window.add(self.textview)
        self.window.add(self.scrolled_window)
        self.textview.show()
        self.scrolled_window.show()
        v_adjustment = \
            self.scrolled_window.get_vadjustment()
        self.window.show()
        gtk.main()

if __name__ == "__main__":
    try:
        opts, args = getopt.getopt(sys.argv[1:], "")
        ReadEtexts().main(args[0])
    except getopt.error, msg:
        print msg
```

```
print "This program has no options"
sys.exit(2)
```

Ejecutar el programa

Para ejecutar el programa primero debes hacerlo ejecutable. Sólo tienes que hacer esto una vez:

```
chmod 755 ReadEtexts.py
```

Para este ejemplo he descargado el archivo de **Pride and Prejudice**. El programa trabaja con cualquiera de los formatos de texto plano, puede ser texto sin compresión o un archivo Zip. El archivo zip se llama 1342.zip, y podemos leer el libro ejecutando este archivo desde una terminal:

```
./ReadEtexts.py 1342.zip
```

Así es como se ve el programa en acción:

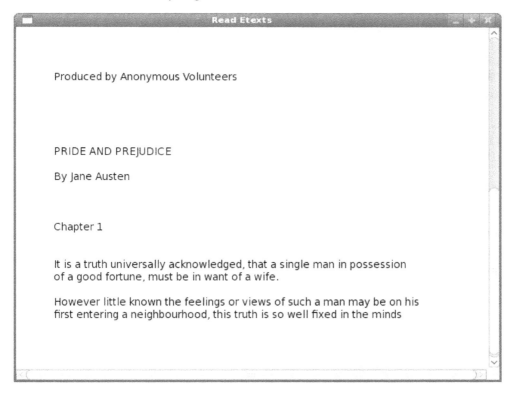

¿Cómo funciona el programa?

Este programa lee el archivo de texto que contiene el libro y lo divide en páginas de 45 líneas cada una. Tenemos que hacer esto, porque el componente gtk.TextView que usamos para ver el texto necesitaría una gran cantidad de memoria para desplazarse por todo el libro y bajaría el rendimiento. Una segunda razón es que queremos hacer la lectura del libro electrónico lo más parecida posible a la de un libro normal, y los libros normales tienen páginas. Si un profesor asigna la lectura de un libro podría decir leer las páginas 35 a 50 para mañana". Por último, queremos que este programa recuerde en qué página dejaste de leer y te lleve de vuelta a esa página la próxima vez que leas el libro. (El programa que tenemos aún no lo hace).

Para desplazarnos por el libro usamos **acceso aleatorio** para leer el archivo. Para entender lo que significa acceso aleatorio a un archivo, considera una cinta VHS y un DVD. Para llegar a una cierta escena en una cinta VHS tienes que pasar por todas las escenas que hay antes que ella, en orden. A pesar de que lo haces a gran velocidad, aún tienes que mirar todas para encontrar el lugar en que quieres empezar a ver. Este es el **acceso secuencial**. Por otro lado un DVD tiene paradas por capítulo y, posiblemente, un menú de capítulos. Usando el menú de capítulos puedes ver cualquier escena en la película de inmediato, y puedes saltar como quieras. Este es el acceso aleatorio o al azar, y el menú de capítulos es como un **índice**. Por supuesto, también puedes acceder al material en un DVD de forma secuencial .

Necesitamos acceso aleatorio para saltar a cualquier página que queramos, y necesitamos un índice para que sepamos dónde comienza cada página. Creamos el índice leyendo el archivo completo una línea a la vez. Cada 45 líneas creamos una nota con la cantidad de caracteres que se han introducido en el archivo y almacenamos esta información en una lista de Python. Después volvemos al principio del archivo y mostramos la primera página. Cuando el usuario del programa va a la página siguiente o anterior, averiguamos cuál será el nuevo número de página y buscamos esa página en el registro de la lista. Esto nos dice que la página comienza en el carácter 4200 del archivo. Nosotros usamos seek () en el archivo para ir a ese carácter y, a continuación, leemos 45 líneas partiendo de ese punto y las cargamos en TextView.

Cuando ejecutes este programa fíjate lo rápido que es. Los programas Python toman más tiempo para ejecutar una línea de código del que tomarían en un lenguaje compilado, pero eso no importa en este programa, ya que el trabajo pesado es realizado por TextView que fue creado en un lenguaje compilado. Las partes de Python no hacen demasiado, así que el programa no demora mucho tiempo en ejecutarlas.

Sugar utiliza mucho Python, no sólo para las Actividades, sino también para el entorno Sugar en sí mismo. Puedes leer en algún lado que usar tanto Python es un "desastre" para el rendimiento. No lo creas.

No hay lenguajes de programación lentos, sólo programadores lentos.

1

1. Traducido Santiago Zito Uruguay⌃

8. Heredar una Actividad desde sugar.activity.Activity

Python orientado a objetos

Python permite dos estilos de programación: **procedural** y **orientada a objetos**. La programación procedural es cuando se tienen datos de entrada, se procesan, y se produce una salida. Si quieres calcular todos los números primos menores a cien o convertir un archivo de Word a texto plano, probablemente uses el estilo procedural.

Los programas orientados a objetos están construidos a partir de unas unidades llamadas **objetos**. Un objeto se describe como una colección de campos o atributos que contienen datos y métodos para hacer cosas con datos. Además de ejecutar trabajo y guardar datos, los objetos pueden mandarse mensajes entre sí.

Considera un programa que procese palabras. No tiene sólo una entrada, algunos procesos y una salida. Puede recibir datos del teclado, de los botones del mouse, del movimiento del mouse, de la impresora, etc. Un procesador de palabras también puede editar varios documentos a la vez. Cualquier programa con una interfaz gráfica puede naturalmente ser programado mediante orientación a objetos.

Los objetos están descriptos por **clases**. Cuando creas un objeto, estás creando una instancia de una clase.

Hay otra cosa que una clase puede hacer, que es **heredar** métodos y atributos de otra clase. Cuando defines una clase, puedes decir que **extiende** otra clase, y al hacer eso tu clase tiene toda la funcionalidad de la otra clase más su propia funcionalidad. La clase extendida se vuelve su padre.

Todas las Actividades Sugar extienden una clase de Python llamada **sugar.activity.Activity**. Esta clase provee métodos que todas las Actividades precisan. Además de eso, hay métodos que puedes sobrescribir en tu clase, que la clase padre llamará cuando precise. Para el escritor principiante de Actividades tres métodos son importantes:

__init__()

Este método se llama cuando la actividad se inicia. Aquí es donde creas la interfaz para tu Actividad, incluyendo las barras de herramientas.

read_file(self, file_path)

Este método se llama cuando retomas una Actividad guardada en el Diario. Se llama luego de llamar al método **__init__().** El parámetro file_path contiene el nombre de una copia temporal del archivo en el Diario. Este archivo se elimina al finalizar el método, pero como Sugar funciona sobre Linux, si abres un archivo para leer, tu programa puede continuar leyéndolo aún después de ser eliminado, el archivo no se desaparece hasta que lo cierres.

write_file(self, file_path)

Este método es llamado cuando una Actividad actualiza la entrada en el Diario. Al igual que **read_file()** tu Actividad no trabaja directamente con el Diario. En su lugar abre el archivo nombrado en el **file_path** para salida y escribe en él. Ese archivo a su vez es copiado al Diario.

Hay tres motivos que pueden causar que **write_file()** se ejecute:

- Tu Actividad cierra

- Alguien presiona el botón **Keep** en la barra de herramientas de la Actividad

- Tu Actividad deja de ser la Actividad activa, o alguien la mueve a otra vista.

Además de actualizar el archivo en el Diario, los metodos **read_file()** y **write_file()** son usados para leer y actualizar los metadatos del archivo en el Diario.

Cuando convertimos nuestro programa de Python en una Actividad, sacamos mucho del código que escribimos y lo remplazaremos con código heredado de la clase sugar.activity.Activity.

Extendiendo la clase Actividad

Aquí hay una versión de nuestro programa que extiende la Actividad. Puede ser encontrada en el repositorio Git en el directorio **Inherit_From_sugar.activity.Activity** con el nombre **ReadEtextsActivity.py**:

```
import sys
import os
import zipfile
import pygtk
import gtk
import pango
from sugar.activity import activity
```

```
from sugar.graphics import style

page=0
PAGE_SIZE = 45

class ReadEtextsActivity(activity.Activity):
    def __init__(self, handle):
        "The entry point to the Activity"
        global page
        activity.Activity.__init__(self, handle)

        toolbox = activity.ActivityToolbox(self)
        activity_toolbar = toolbox.get_activity_toolbar()
        activity_toolbar.keep.props.visible = False
        activity_toolbar.share.props.visible = False
        self.set_toolbox(toolbox)

        toolbox.show()
        self.scrolled_window = gtk.ScrolledWindow()
        self.scrolled_window.set_policy(gtk.POLICY_NEVER,
            gtk.POLICY_AUTOMATIC)
        self.scrolled_window.props.shadow_type = \
            gtk.SHADOW_NONE

        self.textview = gtk.TextView()
        self.textview.set_editable(False)
        self.textview.set_cursor_visible(False)
        self.textview.set_left_margin(50)
        self.textview.connect("key_press_event",
            self.keypress_cb)

        self.scrolled_window.add(self.textview)
        self.set_canvas(self.scrolled_window)
        self.textview.show()
        self.scrolled_window.show()
        page = 0
        self.textview.grab_focus()
        self.font_desc = pango.FontDescription("sans %d" %
            style.zoom(10))
        self.textview.modify_font(self.font_desc)

    def keypress_cb(self, widget, event):
        "Respond when the user presses one of the arrow keys"
        keyname = gtk.gdk.keyval_name(event.keyval)
        print keyname
        if keyname == 'plus':
            self.font_increase()
            return True
        if keyname == 'minus':
            self.font_decrease()
            return True
        if keyname == 'Page_Up' :
            self.page_previous()
            return True
        if keyname == 'Page_Down':
            self.page_next()
            return True
        if keyname == 'Up' or keyname == 'KP_Up' \
                or keyname == 'KP_Left':
```

38

```
            self.scroll_up()
            return True
        if keyname == 'Down' or keyname == 'KP_Down' \
                or keyname == 'KP_Right':
            self.scroll_down()
            return True
        return False

    def page_previous(self):
        global page
        page=page-1
        if page < 0: page=0
        self.show_page(page)
        v_adjustment = \
            self.scrolled_window.get_vadjustment()
        v_adjustment.value = v_adjustment.upper -\
            v_adjustment.page_size

    def page_next(self):
        global page
        page=page+1
        if page >= len(self.page_index): page=0
        self.show_page(page)
        v_adjustment = \
            self.scrolled_window.get_vadjustment()
        v_adjustment.value = v_adjustment.lower

    def font_decrease(self):
        font_size = self.font_desc.get_size() / 1024
        font_size = font_size - 1
        if font_size < 1:
            font_size = 1
        self.font_desc.set_size(font_size * 1024)
        self.textview.modify_font(self.font_desc)

    def font_increase(self):
        font_size = self.font_desc.get_size() / 1024
        font_size = font_size + 1
        self.font_desc.set_size(font_size * 1024)
        self.textview.modify_font(self.font_desc)

    def scroll_down(self):
        v_adjustment = \
            self.scrolled_window.get_vadjustment()
        if v_adjustment.value == v_adjustment.upper - \
                v_adjustment.page_size:
            self.page_next()
            return
        if v_adjustment.value < v_adjustment.upper -\
            v_adjustment.page_size:
            new_value = v_adjustment.value +\
                v_adjustment.step_increment
            if new_value > v_adjustment.upper -\
                v_adjustment.page_size:
                new_value = v_adjustment.upper -\
                    v_adjustment.page_size
            v_adjustment.value = new_value

    def scroll_up(self):
```

```
        v_adjustment = \
            self.scrolled_window.get_vadjustment()
        if v_adjustment.value == v_adjustment.lower:
            self.page_previous()
            return
        if v_adjustment.value > v_adjustment.lower:
            new_value = v_adjustment.value - \
                v_adjustment.step_increment
            if new_value < v_adjustment.lower:
                new_value = v_adjustment.lower
            v_adjustment.value = new_value

    def show_page(self, page_number):
        global PAGE_SIZE, current_word
        position = self.page_index[page_number]
        self.etext_file.seek(position)
        linecount = 0
        label_text = '\n\n\n'
        textbuffer = self.textview.get_buffer()
        while linecount < PAGE_SIZE:
            line = self.etext_file.readline()
            label_text = label_text + unicode(line,
                'iso-8859-1')
            linecount = linecount + 1
        label_text = label_text + '\n\n\n'
        textbuffer.set_text(label_text)
        self.textview.set_buffer(textbuffer)

    def save_extracted_file(self, zipfile, filename):
        "Extract the file to a temp directory for viewing"
        filebytes = zipfile.read(filename)
        outfn = self.make_new_filename(filename)
        if (outfn == ''):
            return False
        f = open(os.path.join(self.get_activity_root(),
            'instance', outfn), 'w')
        try:
            f.write(filebytes)
        finally:
            f.close

    def read_file(self, filename):
        "Read the Etext file"
        global PAGE_SIZE

        if zipfile.is_zipfile(filename):
            self.zf = zipfile.ZipFile(filename, 'r')
            self.book_files = self.zf.namelist()
            self.save_extracted_file(self.zf,
                self.book_files[0])
            currentFileName = os.path.join(
                self.get_activity_root(),
                'instance', self.book_files[0])
        else:
            currentFileName = filename

        self.etext_file = open(currentFileName,"r")
        self.page_index = [ 0 ]
        linecount = 0
```

40

```
        while self.etext_file:
            line = self.etext_file.readline()
            if not line:
                break
            linecount = linecount + 1
            if linecount >= PAGE_SIZE:
                position = self.etext_file.tell()
                self.page_index.append(position)
                linecount = 0
        if filename.endswith(".zip"):
            os.remove(currentFileName)
        self.show_page(0)

    def make_new_filename(self, filename):
        partition_tuple = filename.rpartition('/')
        return partition_tuple[2]
```

Este programa tiene algunas diferencias con la versión independiente. Para empezar, se ha quitado la línea:

```
#! /usr/bin/env python
```

Ya no estamos ejecutando el programa directamente desde el intérprete de Python. Ahora Sugar lo está ejecutando como una Actividad. Casi todo lo que estaba dentro del método main() fue movido al método **__init__()** y se ha quitado **main()**.

Nota también que ha cambiado la declaración de la clase:

```
class ReadEtextsActivity(activity.Activity)
```

Esta línea nos dice que la clase ReadEtextsActivity extiende la clase **sugar.activity.Activity** y como resultado hereda el código de esa clase. Por lo tanto no necesitamos definir una función, ni en bucle principal de GTK, el código de la clase que extendemos hará todo eso.

Aunque ganamos mucho de esta herencia, también perdemos algo: una barra de título para la aplicación principal. En un ambiente grafico, un software llamado **gestor de ventanas** es responsable de ponerle bordes a las ventanas, permitir que cambien de tamaño, reducirlas a iconos, maximizarlas, etc. Sugar utiliza un gestor de ventanas llamado Matchbox que hace que cada ventana ocupe el espacio completo y no le pone borde, barra de título, ni ningún otro tipo de decoración de ventana. Como resultado, no podemos cerrar nuestra aplicación haciendo click en la "X". Para compensar esto tenemos que tener una barra de herramientas que contenga un botón para cerrar. Es así que cada Actividad tiene una barra de herramientas de Actividad que contiene algunos botones y controles estándar. Si te fijas en el código verás que estoy escondiendo algunos controles para los cuales no tenemos uso todavía.

El método **read_file()** no es llamado más desde el método main() y no parece ser llamado desde ningún lugar del programa. Sin embargo es llamado por parte del código que heredamos de la clase padre. Similarmente los métodos **__init__()** y **write_file()** (en caso de tenerlo) son llamados por la clase padre.

El lector especialmente observador podrá notar otro cambio. Nuestro programa original creaba un archivo temporal cuando necesitaba extraer algo de un archivo ZIP. Ponía ese archivo en un directorio llamado /tmp. Nuestra nueva Actividad todavía crea el archivo pero lo pone en un directorio diferente, uno especifico de la Actividad.

Toda escritura al sistema de archivos está restringido a subdirectorios de la dirección dada por **self.get_activity_root()**. Este método dará un directorio que pertenece sólo a tu Actividad. Contendrá tres subdirectorios con distintas políticas.

data

>   Este subdirectorio es usado para datos como los archivos de configuración. Los archivos guardados acá sobrevivirán reinicios y actualizaciones del OS.

tmp

>   Este directorio es similar al directorio /tmp, siendo respaldado por RAM. Puede ser tan pequeño como 1 MB. Este directorio es eliminado cuando la Actividad se cierra.

instance

>   Este directorio es similar al directorio **tmp**, siendo respaldado por el disco duro en vez de la RAM. Es único por instancia. Es usado para transferencias con el Diario. Este directorio es eliminado cuando la Actividad se cierra.

Hacer estos cambios al código no es suficiente para hacer que nuestro programa sea una Actividad. Tenemos que hacer un trabajo de empaquetamiento y configurarlo para que sea ejecutado por el emulador de Sugar. También necesitamos aprender cómo ejecutar el emulador de Sugar. ¡Esto viene a continuación!

Heredar una Actividad desde sugar.activity.Activity

Python orientado a objetos

Python permite dos estilos de programación: **procedural** y **orientada a objetos**. La programación procedural es cuando se tienen datos de entrada, se procesan, y se produce una salida. Si quieres calcular todos los números primos menores a cien o convertir un archivo de Word a texto plano, probablemente uses el estilo procedural.

Los programas orientados a objetos están construidos a partir de unas unidades llamadas **objetos**. Un objeto se describe como una colección de campos o atributos que contienen datos y métodos para hacer cosas con datos. Además de ejecutar trabajo y guardar datos, los objetos pueden mandarse mensajes entre sí.

Considera un programa que procese palabras. No tiene sólo una entrada, algunos procesos y una salida. Puede recibir datos del teclado, de los botones del mouse, del movimiento del mouse, de la impresora, etc. Un procesador de palabras también puede editar varios documentos a la vez. Cualquier programa con una interfaz gráfica puede naturalmente ser programado mediante orientación a objetos.

Los objetos están descriptos por **clases**. Cuando creas un objeto, estás creando una instancia de una clase.

Hay otra cosa que una clase puede hacer, que es **heredar** métodos y atributos de otra clase. Cuando defines una clase, puedes decir que **extiende** otra clase, y al hacer eso tu clase tiene toda la funcionalidad de la otra clase más su propia funcionalidad. La clase extendida se vuelve su padre.

Todas las Actividades Sugar extienden una clase de Python llamada **sugar.activity.Activity**. Esta clase provee métodos que todas las Actividades precisan. Además de eso, hay métodos que puedes sobrescribir en tu clase, que la clase padre llamará cuando precise. Para el escritor principiante de Actividades tres métodos son importantes:

__init__()

Este método se llama cuando la actividad se inicia. Aquí es donde creas la interfaz para tu Actividad, incluyendo las barras de herramientas.

read_file(self, file_path)

Este método se llama cuando retomas una Actividad guardada en el Diario. Se llama luego de llamar al método **__init__().** El parámetro file_path contiene el nombre de una copia temporal del archivo en el Diario. Este archivo se elimina al finalizar el método, pero como Sugar funciona sobre Linux, si abres un archivo para leer, tu programa puede continuar leyéndolo aún después de ser eliminado, el archivo no se desaparece hasta que lo cierres.

write_file(self, file_path)

Este método es llamado cuando una Actividad actualiza la entrada en el Diario. Al igual que **read_file()** tu Actividad no trabaja directamente con el Diario. En su lugar abre el archivo nombrado en el **file_path** para salida y escribe en él. Ese archivo a su vez es copiado al Diario.

Hay tres motivos que pueden causar que **write_file()** se ejecute:

- Tu Actividad cierra

- Alguien presiona el botón **Keep** en la barra de herramientas de la Actividad

- Tu Actividad deja de ser la Actividad activa, o alguien la mueve a otra vista.

Además de actualizar el archivo en el Diario, los metodos **read_file()** y **write_file()** son usados para leer y actualizar los metadatos del archivo en el Diario.

Cuando convertimos nuestro programa de Python en una Actividad, sacamos mucho del código que escribimos y lo remplazaremos con código heredado de la clase sugar.activity.Activity.

Extendiendo la clase Actividad

Aquí hay una versión de nuestro programa que extiende la Actividad. Puede ser encontrada en el repositorio Git en el directorio **Inherit_From_sugar.activity.Activity** con el nombre **ReadEtextsActivity.py**:

```
import sys
import os
import zipfile
import pygtk
import gtk
import pango
from sugar.activity import activity
```

```
from sugar.graphics import style

page=0
PAGE_SIZE = 45

class ReadEtextsActivity(activity.Activity):
    def __init__(self, handle):
        "The entry point to the Activity"
        global page
        activity.Activity.__init__(self, handle)

        toolbox = activity.ActivityToolbox(self)
        activity_toolbar = toolbox.get_activity_toolbar()
        activity_toolbar.keep.props.visible = False
        activity_toolbar.share.props.visible = False
        self.set_toolbox(toolbox)

        toolbox.show()
        self.scrolled_window = gtk.ScrolledWindow()
        self.scrolled_window.set_policy(gtk.POLICY_NEVER,
            gtk.POLICY_AUTOMATIC)
        self.scrolled_window.props.shadow_type = \
            gtk.SHADOW_NONE

        self.textview = gtk.TextView()
        self.textview.set_editable(False)
        self.textview.set_cursor_visible(False)
        self.textview.set_left_margin(50)
        self.textview.connect("key_press_event",
            self.keypress_cb)

        self.scrolled_window.add(self.textview)
        self.set_canvas(self.scrolled_window)
        self.textview.show()
        self.scrolled_window.show()
        page = 0
        self.textview.grab_focus()
        self.font_desc = pango.FontDescription("sans %d" %
            style.zoom(10))
        self.textview.modify_font(self.font_desc)

    def keypress_cb(self, widget, event):
        "Respond when the user presses one of the arrow keys"
        keyname = gtk.gdk.keyval_name(event.keyval)
        print keyname
        if keyname == 'plus':
            self.font_increase()
            return True
        if keyname == 'minus':
            self.font_decrease()
            return True
        if keyname == 'Page_Up' :
            self.page_previous()
            return True
        if keyname == 'Page_Down':
            self.page_next()
            return True
        if keyname == 'Up' or keyname == 'KP_Up' \
                or keyname == 'KP_Left':
```

```
            self.scroll_up()
            return True
        if keyname == 'Down' or keyname == 'KP_Down' \
                or keyname == 'KP_Right':
            self.scroll_down()
            return True
        return False

    def page_previous(self):
        global page
        page=page-1
        if page < 0: page=0
        self.show_page(page)
        v_adjustment = \
            self.scrolled_window.get_vadjustment()
        v_adjustment.value = v_adjustment.upper -\
            v_adjustment.page_size

    def page_next(self):
        global page
        page=page+1
        if page >= len(self.page_index): page=0
        self.show_page(page)
        v_adjustment = \
            self.scrolled_window.get_vadjustment()
        v_adjustment.value = v_adjustment.lower

    def font_decrease(self):
        font_size = self.font_desc.get_size() / 1024
        font_size = font_size - 1
        if font_size < 1:
            font_size = 1
        self.font_desc.set_size(font_size * 1024)
        self.textview.modify_font(self.font_desc)

    def font_increase(self):
        font_size = self.font_desc.get_size() / 1024
        font_size = font_size + 1
        self.font_desc.set_size(font_size * 1024)
        self.textview.modify_font(self.font_desc)

    def scroll_down(self):
        v_adjustment = \
            self.scrolled_window.get_vadjustment()
        if v_adjustment.value == v_adjustment.upper - \
                v_adjustment.page_size:
            self.page_next()
            return
        if v_adjustment.value < v_adjustment.upper -\
            v_adjustment.page_size:
            new_value = v_adjustment.value +\
                v_adjustment.step_increment
            if new_value > v_adjustment.upper -\
                v_adjustment.page_size:
                new_value = v_adjustment.upper -\
                    v_adjustment.page_size
            v_adjustment.value = new_value

    def scroll_up(self):
```

```
        v_adjustment = \
            self.scrolled_window.get_vadjustment()
        if v_adjustment.value == v_adjustment.lower:
            self.page_previous()
            return
        if v_adjustment.value > v_adjustment.lower:
            new_value = v_adjustment.value - \
                v_adjustment.step_increment
            if new_value < v_adjustment.lower:
                new_value = v_adjustment.lower
            v_adjustment.value = new_value

    def show_page(self, page_number):
        global PAGE_SIZE, current_word
        position = self.page_index[page_number]
        self.etext_file.seek(position)
        linecount = 0
        label_text = '\n\n\n'
        textbuffer = self.textview.get_buffer()
        while linecount < PAGE_SIZE:
            line = self.etext_file.readline()
            label_text = label_text + unicode(line,
                'iso-8859-1')
            linecount = linecount + 1
        label_text = label_text + '\n\n\n'
        textbuffer.set_text(label_text)
        self.textview.set_buffer(textbuffer)

    def save_extracted_file(self, zipfile, filename):
        "Extract the file to a temp directory for viewing"
        filebytes = zipfile.read(filename)
        outfn = self.make_new_filename(filename)
        if (outfn == ''):
            return False
        f = open(os.path.join(self.get_activity_root(),
            'instance',  outfn),  'w')
        try:
            f.write(filebytes)
        finally:
            f.close

    def read_file(self, filename):
        "Read the Etext file"
        global PAGE_SIZE

        if zipfile.is_zipfile(filename):
            self.zf = zipfile.ZipFile(filename, 'r')
            self.book_files = self.zf.namelist()
            self.save_extracted_file(self.zf,
                self.book_files[0])
            currentFileName = os.path.join(
                self.get_activity_root(),
                'instance', self.book_files[0])
        else:
            currentFileName = filename

        self.etext_file = open(currentFileName,"r")
        self.page_index = [ 0 ]
        linecount = 0
```

```
    while self.etext_file:
        line = self.etext_file.readline()
        if not line:
            break
        linecount = linecount + 1
        if linecount >= PAGE_SIZE:
            position = self.etext_file.tell()
            self.page_index.append(position)
            linecount = 0
    if filename.endswith(".zip"):
        os.remove(currentFileName)
    self.show_page(0)

def make_new_filename(self, filename):
    partition_tuple = filename.rpartition('/')
    return partition_tuple[2]
```

Este programa tiene algunas diferencias con la versión independiente. Para empezar, se ha quitado la línea:

```
#! /usr/bin/env python
```

Ya no estamos ejecutando el programa directamente desde el intérprete de Python. Ahora Sugar lo está ejecutando como una Actividad. Casi todo lo que estaba dentro del método main() fue movido al método **__init__()** y se ha quitado **main()**.

Nota también que ha cambiado la declaración de la clase:

```
class ReadEtextsActivity(activity.Activity)
```

Esta línea nos dice que la clase ReadEtextsActivity extiende la clase **sugar.activity.Activity** y como resultado hereda el código de esa clase. Por lo tanto no necesitamos definir una función, ni un bucle principal de GTK, el código de la clase que extendemos hará todo eso.

Aunque ganamos mucho de esta herencia, también perdemos algo: una barra de título para la aplicación principal. En un ambiente gráfico, un software llamado **gestor de ventanas** es responsable de ponerle bordes a las ventanas, permitir que cambien de tamaño, reducirlas a íconos, maximizarlas, etc. Sugar utiliza un gestor de ventanas llamado Matchbox que hace que cada ventana ocupe el espacio completo y no le pone borde, barra de título, ni ningún otro tipo de decoración de ventana. Como resultado, no podemos cerrar nuestra aplicación haciendo click en la "X". Para compensar esto tenemos que tener una barra de herramientas que contenga un botón para cerrar. Es así que cada Actividad tiene una barra de herramientas de Actividad que contiene algunos botones y controles estándar. Si te fijas en el código verás que estoy escondiendo algunos controles para los cuales no tenemos uso todavía.

El método **read_file()** no es llamado más desde el método main() y no parece ser llamado desde ningún lugar del programa. Sin embargo es llamado por parte del código que heredamos de la clase padre. Similarmente los métodos **__init__()** y **write_file()** (en caso de tenerlo) son llamados por la clase padre.

El lector especialmente observador podrá notar otro cambio. Nuestro programa original creaba un archivo temporal cuando necesitaba extraer algo de un archivo ZIP. Ponía ese archivo en un directorio llamado /tmp. Nuestra nueva Actividad todavía crea el archivo pero lo pone en un directorio diferente, uno específico de la Actividad.

Toda escritura al sistema de archivos está restringida a subdirectorios de la dirección dada por **self.get_activity_root()**. Este método dará un directorio que pertenece sólo a tu Actividad. Contendrá tres subdirectorios con distintas políticas.

data
> Este subdirectorio es usado para datos como los archivos de configuración. Los archivos guardados acá sobrevivirán reinicios y actualizaciones del OS.

tmp
> Este directorio es similar al directorio /tmp, siendo respaldado por RAM. Puede ser tan pequeño como 1 MB. Este directorio es eliminado cuando la Actividad se cierra.

instance
> Este directorio es similar al directorio **tmp**, siendo respaldado por el disco duro en vez de la RAM. Es único por instancia. Es usado para transferencias con el Diario. Este directorio es eliminado cuando la Actividad se cierra.

Hacer estos cambios al código no es suficiente para hacer que nuestro programa sea una Actividad. Tenemos que hacer un trabajo de empaquetamiento y configurarlo para que sea ejecutado por el emulador de Sugar. También necesitamos aprender cómo ejecutar el emulador de Sugar. ¡Esto viene a continuación!

1

---

1. Traducido Juan Michelini, Uruguay

9. Empaquetar tu Actividad

Agregar setup.py

Siempre debes agregar el programa en Python llamado **setup.py** en el mismo directorio donde está el programa con tu Actividad. Todo setup.py es exactamente igual a otro setup.py cualquiera. La copia que está en nuestro repositorio Git se ve así:

```
#!/usr/bin/env python
# Copyright (C) 2006, Red Hat, Inc.
#
# This program is free software; you can redistribute it
# and/or modify it under the terms of the GNU General
# Public License as published by the Free Software
# Foundation; either version 2 of the License, or (at
# your option) any later version.
#
# This program is distributed in the hope that it will
# be useful, but WITHOUT ANY WARRANTY; without even
# the implied warranty of MERCHANTABILITY or FITNESS
# FOR A PARTICULAR PURPOSE.  See the GNU General
# Public License for more details.
#
# You should have received a copy of the GNU General
# Public License along with this program; if not,
# write to the Free Software Foundation, Inc.,
# 51 Franklin St, Fifth Floor, Boston, MA
# 02110-1301  USA
from sugar.activity import bundlebuilder
bundlebuilder.start()
```

Asegúrate de copiar el texto íntegro que ves aquí encima, incluidos los comentarios.

Sugar usa al programa setup.py para diversos fines. Si ejecutas setup.py por línea de comandos verás las opciones que te propone y entenderás que hacen.

```
[jim@simmons bookexamples]$ ./setup.py
/usr/lib/python2.6/site-packages/sugar/util.py:25:
DeprecationWarning: the sha module is deprecated;
use the hashlib module instead
  import sha
Available commands:
build                 Build generated files
dev                   Setup for development
dist_xo               Create a xo bundle package
dist_source           Create a tar source package
fix_manifest          Add missing files to the manifest
genpot                Generate the gettext pot file
install               Install the activity in the system
```

```
(Type "./setup.py <command> --help" for help about a
particular command's options.
NT:
build              Build(construir) genera archivos
dev                Setup para development-desarrollo
dist_xo            Crea un paquete bundle xo
dist_source        Crea un paquete fuente tar
fix_manifest       Agrega los archivos que faltan en el manifest
genpot             Genera el archivo gettext pot
install            Instala la actividad en el sistema
```

Estaremos ejecutando alguno de estos comandos más tarde. No se preocupen por la advertencia **DeprecationWarning**. Este es un mensaje de Python para avisar que existe un procedimiento nuevo, que mejora el que estamos usando, pero el modo anterior siempre funciona. Es un error que viene del código mismo de Sugar y que será corregido en alguna versión posterior.

Crear activity.info

Ahora crearemos un directorio en el mismo lugar donde esté nuestro programa (.py) y lo llamaremos **activity**. Dentro de ese directorio vamos crear el archivo llamado **activity.info** y a escribir en él las líneas que vemos aquí abajo. En este ejemplo vemos las líneas correspondientes a mi primer Actividad.

```
[Activity]
name = Read ETexts II
service_name = net.flossmanuals.ReadEtextsActivity
icon = read-etexts
exec = sugar-activity ReadEtextsActivity.ReadEtextsActivity
show_launcher = no
activity_version = 1
mime_types = text/plain;application/zip
license = GPLv2+
```

Este archivo es el que dice a Sugar como ejecutar cada Actividad. Las propiedades requeridas para este archivo son:

name	Es el nombre de tu Actividad tal y como lo verá el usuario.
service_name	Es el nombre único con el que Sugar referirá a tu Actividad. Toda entrada al Journal que tu Actividad registre tendrá este nombre en su metadata, de modo que cuando alguien retome la entrada en el Journal, Sugar sabrá que programa creó la entrada y lo usará para abrirla.
icon	Es el nombre del ícono que creaste para tu Actividad. Como los íconos son siempre archivos .svg , el nombre del archivo en el ejemplo es simplemente read-etexts.svg.
exec	Esto informa a Sugar como lanzar tu Actividad.Le dice que cree una instancia de la clase **ReadEtextsActivity** que encontrará en **ReadEtextsActivity.py**
show_launcher	Hay dos formas comunes para lanzar una Actividad, cliquear sobre el ícono en la vista de Actividades o retomar la Actividad desde el Journal. No tiene sentido añadir un ícono al anillo de Actividades para una Actividad como la de este ejemplo. Ésta sólo puede ser retomada desde el Journal.
activity_version	Un entero que representa el número de versión de tu programa. La primer versión será 1, la siguiente 2 y de así en más.
mime_types	Generalmente al retomar una entrada del Diario, este lanza la Actividad que la creó. En el caso de entradas que no están creadas por una Actividad, como en e-books, es necesario indicar de otra forma al Diario cual Actividad utilizar. Un tipo MIME es el nombre de un tipo corriente de archivo, por ejemplo text/plain (texto plano) , text/html, application/zip y application/pdf. Con esta entrada estamos indicando al Diario que tipos maneja nuestro programa, en este ejemplo textos planos o empaquetados zip.
license	Ser dueño de una computadora no es como tener un automóvil. El dueño de un automóvil puede comercializarlo como quiera. Puede venderlo, alquilarlo, destruirlo o lo que sea. Con un programa de una computadora siempre existe una licencia que indica a la persona lo que está permitido hacer. La GPLv2+ es el estándar popular de licencias que puede ser usada para Actividades, y como este es mi programa, elijo GPLv2. Cuando estés pronto para comenzar a distribuir tus Actividades trendré más que decir sobre licencias.

Crear un ícono

Necesitamos crear un ícono llamado **read-etexts.svg** y guardarlo en el subdirectorio **activity**. Usaremos Inkscape para crear el ícono. Con el menú **New** (Nuevo) en Inkscape seleccionamos **icon_48×48**. Esto nos dará un área con buenas medidas para dibujar.

No hay que ser un experto para crear el ícono. De hecho, cuanto más simple sea el ícono mejor. Al dibujar el ícono recuerda el siguiente punteo:

- Tu ícono debe verse bien en muy distintos rangos de tamaño, desde muy muy chico a grande.

- Tiene que ser reconocible cuando es muy muy chico.

- Solo puedes usar dos colores uno para el trazo (stroke) y otro para el color de relleno (fill). No importa cuales elijas porque Sugar necesita reemplazar tus opciones, así que te conviene usar trazos negros y fondo blanco.

- Un color de relleno sólo aplica en un área donde el borde esté cerrado. Si dibujas una caja y uno de las esquinas queda abierta esta no podrá llenarse con color. Dibujar a mano alzada es sólo para talentosos. Circunferencias, rectángulos y arcos son sencillos de dibujar en Inkscape así que úsalos cuando puedas.

- Inkscape también dibuja cajas 3D usando dos puntos perspectivos. No los usen. Los íconos deben ser imágenes planas. El 3D luce mal en un ícono.

- Es realmente difícil tener una idea buena para el ícono Una vez me entusiasmé con una linda imagen de un mueble fichero para tarjetas de cartón como ícono para **Get Internet Archive Books**. Pero claro, nadie de menos de cuarenta años ha visto un fichero así y muy pocos entenderían entonces mi simbología.

Cuando termines de hacer tu ícono deberás modificarlo para que Sugar trabaje con él. Especialmente se debe explicitar que Sugar puede usar su propia pareja de colores para el trazo (stroke) y el relleno (fill). SVG es un formato basado en XML, que es sólo un texto con algunas etiquetas especiales. Esto significa que al terminar de editar la imagen en Inkscape la podemos cargar en Eric y editarla como archivo de texto.

No voy a poner el archivo SVG entero en este capítulo porque la mayor parte queda intacta, no hay que hacerle nada. La parte que debes modificar está casi al principio.

Antes:

```
<?xml version="1.0" encoding="UTF-8" standalone="no"?>
<!-- Created with Inkscape (http://www.inkscape.org/) -->
<svg
```

Después:

```
<?xml version="1.0" ?>
<!DOCTYPE svg  PUBLIC '-//W3C//DTD SVG 1.1//EN'
  'http://www.w3.org/Graphics/SVG/1.1/DTD/svg11.dtd' [
        <!ENTITY stroke_color "#000000">
        <!ENTITY fill_color "#FFFFFF">
]><svg
```

Ahora, en el cuerpo del documento habrán varias referencias a *fill* y a *stroke* como parte de un atributo llamado *style*. Cada línea o forma que dibujes tendrá un texto como este:

```
<rect
   style="fill:#ffffff;stroke:#000000;stroke-opacity:1"
   id="rect904"
   width="36.142857"
   height="32.142857"
   x="4.1428571"
   y="7.1428571" />
```

Deberás cambiar cada uno de esos textos para que se vean como este otro:

```
<rect
   style="fill:&fill_color;;stroke:&stroke_color;
;stroke-opacity:1"
   id="rect904"
   width="36.142857"
   height="32.142857"
   x="4.1428571"
   y="7.1428571" />
```

Importante. Notar que *&stroke_color;* y *&fill_color;* terminan ambas con punto-y-coma (;), y a la vez, punto-y-coma se usa para separar las propiedades de *style*. Esta es la causa de un error de principiante muy común que es quitar el punto-y-coma de separación porque dos punto-y-comas seguidos no se ven bien. No duden, ambos punto-y-comas (semicolons) en el mismo renglón son intencionales e indispensables. También, notarás que el valor para *style* debe estar todo *en una sola línea*. Acá -en el libro- lo partimos para que calzara en la diagramación de la hoja, no hagas esto en el archivo de tu ícono.

Armar el archivo MANIFEST

Recordemos que setup.py tiene una opción para actualizar el manifiesto. Hagamos la prueba:

```
./setup.py fix_manifest
/usr/lib/python2.6/site-packages/sugar/util.py:25:
DeprecationWarning: the sha module is deprecated;
use the hashlib module instead
  import sha
WARNING:root:Missing po/ dir, cannot build_locale
WARNING:root:Activity directory lacks a MANIFEST file.
```

Efectivamente, esto construye un archivo MANIFEST conteniendo todo lo que esté en el directorio y en subdirectorios. El directorio /po por el que protesta, es el directorio que se usa para traducir la Actividad a distintos idiomas. Podemos ignorarlo por el momento.

El archivo creado tendrá algún contenido extra, del que podemos librarnos usando Eric. El archivo corregido deberá verse simplemente así:

```
setup.py
ReadEtextsActivity.py
activity/read-etexts.svg
activity/activity.info
```

Instalar la Actividad

Solamente nos falta una cosa antes de poder probar nuestra Actividad en un emulador de Sugar. Nos falta instalarla. En este caso instalarla quiere decir crear un vínculo simbólico entre el directorio ~/Activities/ y nuestro código. El símbolo ~ refiere siempre al directorio "hogar" del usuario bajo el que estemos corriendo Sugar y un vínculo simbólico es sólo una forma de hacer que un archivo o carpeta parezca estar en más de un lugar sin haberlo copiado. Crearemos este vínculo simbólico (symbolic link) usando nuevamente setup.py:

```
./setup.py dev
```

Ejecutar nuestra Actividad

Finalmente podemos ejecutar nuestra Actividad en Sugar. Para esto es necesario saber usar un emulador de Sugar.

Fedora no proporciona una opción de menú para la creación del emulador, pero es fácil agregarlo directamente. El comando a escribir es sencillo:

```
sugar-emulator
```

Si tu resolución de pantalla fuera menor que la resolución que el emulador Sugar usa por defecto, éste se verá en modo pantalla completa. Esto no es conveniente para el testeo así que deberás especificar tu propia resolución:

```
sugar-emulator -i 800x600
```

Señalemos que esta opción está disponible sólo en Fedora 11 y posteriores.

Cuando ejecutas el emulador se despliega una ventana y el entorno Sugar arranca adentro de ella. Se ve algo así:

Al ejecutar el emulador puede pasar que algunas teclas no funcionen bien. Esto se debe a errores (bugs) en el software Xephyr que es quien crea la ventana donde corre Sugar. A veces es difícil identificar la distribución del teclado y algunas teclas se interpretan mal. Mis experiencias son con Fedora 11, las teclas de función no me anduvieron y para las flechas tuve que usar el teclado numérico. Logré recomponer las teclas de función incluyendo esta línea en *~/.sugar/debug*:

```
run setxkbmap <keymap name>
```

Esto necesita explicación adicional. Primero, el símbolo "~" refiere al directorio hogar. Segundo, cualquier archivo que en Linux comience con un punto será un archivo oculto, por lo tanto para verlo debemos usar la opción de mostrar archivos ocultos en el navegador de archivos de GNOME. Finalmente en el <keymap name> es un código de país con dos caracteres: us para Estados Unidos, fr para Francia, de para Alemania, etc.

Para probar esta Actividad vamos a necesitar tener un libro en el Journal, así que usaremos la Actividad **Browse** (Navegar) para visitar por ejemplo el Proyecto Gutenberg y descargar un libro a nuestro gusto. Lo importante es descargarlo en formato Zip porque Browse no puede descargar texto plano al Journal. Browse descarga el zip y lo abre como si fuera un sitio web para verlo. El archivo zip aparecerá como descargado en el Diario.

No vamos a poder abrir el archivo desde el Diario con doble clic porque nuestra programa no creó la entrada y hay muchas Actividades que soportan el tipo MIME zip. Para abrirlo necesitamos usar la opción **Start with** (empezar con) del menú de opciones como se ve acá:

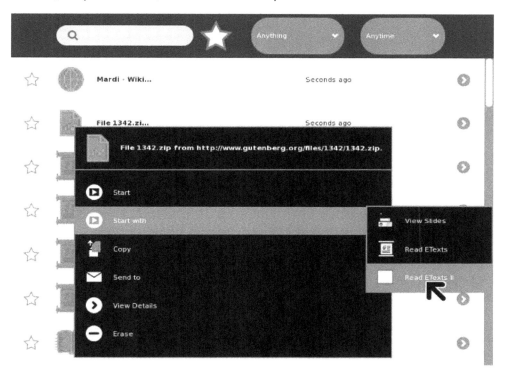

Esto es lo que vemos cuando abrimos la entrada del Diario.

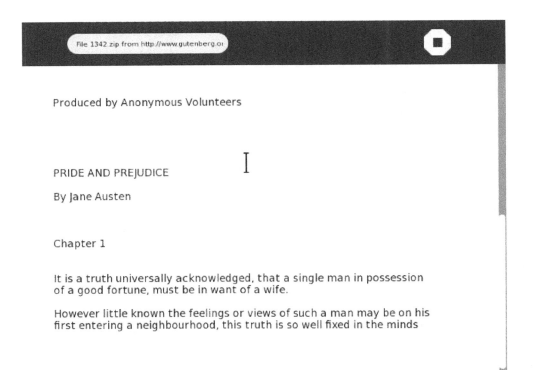

Técnicamente esta es la primer **iteración** de nuestra Actividad. Iteración es una palabra muy utilizada que básicamente refiere a cosas que se hacen más de una vez. En este libro hemos construido una Actividad haciendo un paso a la vez para mostrar los conceptos básicos para escribir Actividades, pero escribir un programa en partes, testearlas, obtener feedback y entonces seguir escribiendo es una forma muy productiva de crear software (al usar la palabra iteración el asunto suena bastante más formal de como es de verdad).

Aunque tu Actividad ya sea lo suficientemente buena como para que se la muestres a tu familia y amigos, debemos mejorarla antes un poco más para publicarla por ahí. Cómo refinar tu Actividad es lo que veremos a continuación.

1

1. Traducido Ana Cichero, Uruguay

10. Agregar detalles

Barras de herramientas

Que una Actividad necesita buenas barras de herramientas para ser de primera línea es una verdad universal. En este capítulo aprenderemos a hacerlas. Vamos a guardar las clases de las Toolbars en archivos separados del resto por si queremos que nuestra Actividad soporte tanto el estilo viejo como el nuevo. Si tenemos las clases correspondientes a las toolbars en dos archivos distintos el código puede decidir que archivo utilizar cuando se ejecuta. Por ahora este código soporta el estilo viejo que funciona en todas las versiones de Sugar. El estilo nuevo sólo se utiliza hasta ahora en Sugar on a Stick (SoAS).

Existe un archivo llamado **toolbar.py** en el fichero **Add_Refinements** del repositorio Git que se ve así:

```python
from gettext import gettext as _
import re

import pango
import gobject
import gtk

from sugar.graphics.toolbutton import ToolButton
from sugar.activity import activity

class ReadToolbar(gtk.Toolbar):
    __gtype_name__ = 'ReadToolbar'

    def __init__(self):
        gtk.Toolbar.__init__(self)

        self.back = ToolButton('go-previous')
        self.back.set_tooltip(_('Back'))
        self.back.props.sensitive = False
        self.insert(self.back, -1)
        self.back.show()

        self.forward = ToolButton('go-next')
        self.forward.set_tooltip(_('Forward'))
        self.forward.props.sensitive = False
        self.insert(self.forward, -1)
        self.forward.show()

        num_page_item = gtk.ToolItem()

        self.num_page_entry = gtk.Entry()
        self.num_page_entry.set_text('0')
        self.num_page_entry.set_alignment(1)
        self.num_page_entry.connect('insert-text',
            self.num_page_entry_insert_text_cb)
```

```python
        self.num_page_entry.set_width_chars(4)

        num_page_item.add(self.num_page_entry)
        self.num_page_entry.show()

        self.insert(num_page_item, -1)
        num_page_item.show()

        total_page_item = gtk.ToolItem()

        self.total_page_label = gtk.Label()

        label_attributes = pango.AttrList()
        label_attributes.insert(pango.AttrSize(
            14000, 0, -1))
        label_attributes.insert(pango.AttrForeground(
            65535, 65535, 65535, 0, -1))
        self.total_page_label.set_attributes(
            label_attributes)

        self.total_page_label.set_text(' / 0')
        total_page_item.add(self.total_page_label)
        self.total_page_label.show()

        self.insert(total_page_item, -1)
        total_page_item.show()

    def num_page_entry_insert_text_cb(self, entry, text,
        length, position):
        if not re.match('[0-9]', text):
            entry.emit_stop_by_name('insert-text')
            return True
        return False

    def update_nav_buttons(self):
        current_page = self.current_page
        self.back.props.sensitive = current_page > 0
        self.forward.props.sensitive = \
            current_page < self.total_pages - 1

        self.num_page_entry.props.text = str(
            current_page + 1)
        self.total_page_label.props.label = \
            ' / ' + str(self.total_pages)

    def set_total_pages(self, pages):
        self.total_pages = pages

    def set_current_page(self, page):
        self.current_page = page
        self.update_nav_buttons()

class ViewToolbar(gtk.Toolbar):
    __gtype_name__ = 'ViewToolbar'

    __gsignals__ = {
        'needs-update-size': (gobject.SIGNAL_RUN_FIRST,
                              gobject.TYPE_NONE,
```

```
                              ([])),
        'go-fullscreen': (gobject.SIGNAL_RUN_FIRST,
                          gobject.TYPE_NONE,
                          ([]))
    }

    def __init__(self):
        gtk.Toolbar.__init__(self)
        self.zoom_out = ToolButton('zoom-out')
        self.zoom_out.set_tooltip(_('Zoom out'))
        self.insert(self.zoom_out, -1)
        self.zoom_out.show()

        self.zoom_in = ToolButton('zoom-in')
        self.zoom_in.set_tooltip(_('Zoom in'))
        self.insert(self.zoom_in, -1)
        self.zoom_in.show()

        spacer = gtk.SeparatorToolItem()
        spacer.props.draw = False
        self.insert(spacer, -1)
        spacer.show()

        self.fullscreen = ToolButton('view-fullscreen')
        self.fullscreen.set_tooltip(_('Fullscreen'))
        self.fullscreen.connect('clicked',
            self.fullscreen_cb)
        self.insert(self.fullscreen, -1)
        self.fullscreen.show()

    def fullscreen_cb(self, button):
        self.emit('go-fullscreen')
```

**Otro archivo en el mismo fichero del repositorio Git se llama
ReadEtextsActivity2.py.** Se ve algo así:

```
import os
import zipfile
import gtk
import pango
from sugar.activity import activity
from sugar.graphics import style
from toolbar import ReadToolbar, ViewToolbar
from gettext import gettext as _

page=0
PAGE_SIZE = 45
TOOLBAR_READ = 2

class ReadEtextsActivity(activity.Activity):
    def __init__(self, handle):
        "The entry point to the Activity"
        global page
        activity.Activity.__init__(self, handle)

        toolbox = activity.ActivityToolbox(self)
        activity_toolbar = toolbox.get_activity_toolbar()
        activity_toolbar.keep.props.visible = False
        activity_toolbar.share.props.visible = False
```

```
self.edit_toolbar = activity.EditToolbar()
self.edit_toolbar.undo.props.visible = False
self.edit_toolbar.redo.props.visible = False
self.edit_toolbar.separator.props.visible = False
self.edit_toolbar.copy.set_sensitive(False)
self.edit_toolbar.copy.connect('clicked',
    self.edit_toolbar_copy_cb)
self.edit_toolbar.paste.props.visible = False
toolbox.add_toolbar(_('Edit'), self.edit_toolbar)
self.edit_toolbar.show()

self.read_toolbar = ReadToolbar()
toolbox.add_toolbar(_('Read'), self.read_toolbar)
self.read_toolbar.back.connect('clicked',
    self.go_back_cb)
self.read_toolbar.forward.connect('clicked',
    self.go_forward_cb)
self.read_toolbar.num_page_entry.connect('activate',
    self.num_page_entry_activate_cb)
self.read_toolbar.show()

self.view_toolbar = ViewToolbar()
toolbox.add_toolbar(_('View'), self.view_toolbar)
self.view_toolbar.connect('go-fullscreen',
        self.view_toolbar_go_fullscreen_cb)
self.view_toolbar.zoom_in.connect('clicked',
    self.zoom_in_cb)
self.view_toolbar.zoom_out.connect('clicked',
    self.zoom_out_cb)
self.view_toolbar.show()

self.set_toolbox(toolbox)
toolbox.show()
self.scrolled_window = gtk.ScrolledWindow()
self.scrolled_window.set_policy(gtk.POLICY_NEVER,
    gtk.POLICY_AUTOMATIC)
self.scrolled_window.props.shadow_type = \
    gtk.SHADOW_NONE

self.textview = gtk.TextView()
self.textview.set_editable(False)
self.textview.set_cursor_visible(False)
self.textview.set_left_margin(50)
self.textview.connect("key_press_event",
    self.keypress_cb)

self.scrolled_window.add(self.textview)
self.set_canvas(self.scrolled_window)
self.textview.show()
self.scrolled_window.show()
page = 0
self.clipboard = gtk.Clipboard(
    display=gtk.gdk.display_get_default(),
    selection="CLIPBOARD")
self.textview.grab_focus()
self.font_desc = pango.FontDescription("sans %d" %
    style.zoom(10))
self.textview.modify_font(self.font_desc)
```

```
        buffer = self.textview.get_buffer()
        self.markset_id = buffer.connect("mark-set",
            self.mark_set_cb)
        self.toolbox.set_current_toolbar(TOOLBAR_READ)

    def keypress_cb(self, widget, event):
        "Respond when the user presses one of the arrow keys"
        keyname = gtk.gdk.keyval_name(event.keyval)
        print keyname
        if keyname == 'plus':
            self.font_increase()
            return True
        if keyname == 'minus':
            self.font_decrease()
            return True
        if keyname == 'Page_Up' :
            self.page_previous()
            return True
        if keyname == 'Page_Down':
            self.page_next()
            return True
        if keyname == 'Up' or keyname == 'KP_Up' \
                or keyname == 'KP_Left':
            self.scroll_up()
            return True
        if keyname == 'Down' or keyname == 'KP_Down' \
                or keyname == 'KP_Right':
            self.scroll_down()
            return True
        return False

    def num_page_entry_activate_cb(self, entry):
        global page
        if entry.props.text:
            new_page = int(entry.props.text) - 1
        else:
            new_page = 0

        if new_page >= self.read_toolbar.total_pages:
            new_page = self.read_toolbar.total_pages - 1
        elif new_page < 0:
            new_page = 0

        self.read_toolbar.current_page = new_page
        self.read_toolbar.set_current_page(new_page)
        self.show_page(new_page)
        entry.props.text = str(new_page + 1)
        self.read_toolbar.update_nav_buttons()
        page = new_page

    def go_back_cb(self, button):
        self.page_previous()

    def go_forward_cb(self, button):
        self.page_next()

    def page_previous(self):
        global page
```

```
        page=page-1
        if page < 0: page=0
        self.read_toolbar.set_current_page(page)
        self.show_page(page)
        v_adjustment = \
            self.scrolled_window.get_vadjustment()
        v_adjustment.value = v_adjustment.upper -\
            v_adjustment.page_size

    def page_next(self):
        global page
        page=page+1
        if page >= len(self.page_index): page=0
        self.read_toolbar.set_current_page(page)
        self.show_page(page)
        v_adjustment = \
            self.scrolled_window.get_vadjustment()
        v_adjustment.value = v_adjustment.lower

    def zoom_in_cb(self,  button):
        self.font_increase()

    def zoom_out_cb(self,  button):
        self.font_decrease()

    def font_decrease(self):
        font_size = self.font_desc.get_size() / 1024
        font_size = font_size - 1
        if font_size < 1:
            font_size = 1
        self.font_desc.set_size(font_size * 1024)
        self.textview.modify_font(self.font_desc)

    def font_increase(self):
        font_size = self.font_desc.get_size() / 1024
        font_size = font_size + 1
        self.font_desc.set_size(font_size * 1024)
        self.textview.modify_font(self.font_desc)

    def mark_set_cb(self, textbuffer, iter, textmark):

        if textbuffer.get_has_selection():
            begin, end = textbuffer.get_selection_bounds()
            self.edit_toolbar.copy.set_sensitive(True)
        else:
            self.edit_toolbar.copy.set_sensitive(False)

    def edit_toolbar_copy_cb(self, button):
        textbuffer = self.textview.get_buffer()
        begin, end = textbuffer.get_selection_bounds()
        copy_text = textbuffer.get_text(begin, end)
        self.clipboard.set_text(copy_text)

    def view_toolbar_go_fullscreen_cb(self, view_toolbar):
        self.fullscreen()

    def scroll_down(self):
        v_adjustment = \
            self.scrolled_window.get_vadjustment()
```

```python
        if v_adjustment.value == v_adjustment.upper - \
                v_adjustment.page_size:
            self.page_next()
            return
        if v_adjustment.value < v_adjustment.upper - \
                v_adjustment.page_size:
            new_value = v_adjustment.value + \
                v_adjustment.step_increment
            if new_value > v_adjustment.upper - \
                v_adjustment.page_size:
                new_value = v_adjustment.upper - \
                    v_adjustment.page_size
            v_adjustment.value = new_value

    def scroll_up(self):
        v_adjustment = \
            self.scrolled_window.get_vadjustment()
        if v_adjustment.value == v_adjustment.lower:
            self.page_previous()
            return
        if v_adjustment.value > v_adjustment.lower:
            new_value = v_adjustment.value - \
                v_adjustment.step_increment
            if new_value < v_adjustment.lower:
                new_value = v_adjustment.lower
            v_adjustment.value = new_value

    def show_page(self, page_number):
        global PAGE_SIZE, current_word
        position = self.page_index[page_number]
        self.etext_file.seek(position)
        linecount = 0
        label_text = '\n\n\n'
        textbuffer = self.textview.get_buffer()
        while linecount < PAGE_SIZE:
            line = self.etext_file.readline()
            label_text = label_text + unicode(line,
                'iso-8859-1')
            linecount = linecount + 1
        label_text = label_text + '\n\n\n'
        textbuffer.set_text(label_text)
        self.textview.set_buffer(textbuffer)

    def save_extracted_file(self, zipfile, filename):
        "Extract the file to a temp directory for viewing"
        filebytes = zipfile.read(filename)
        outfn = self.make_new_filename(filename)
        if (outfn == ''):
            return False
        f = open(os.path.join(self.get_activity_root(),
            'tmp', outfn),  'w')
        try:
            f.write(filebytes)
        finally:
            f.close()

    def get_saved_page_number(self):
        global page
        title = self.metadata.get('title', '')
```

```python
        if title == '' or not title[len(title)- 1].isdigit():
            page = 0
        else:
            i = len(title) - 1
            newPage = ''
            while (title[i].isdigit() and i > 0):
                newPage = title[i] + newPage
                i = i - 1
            if title[i] == 'P':
                page = int(newPage) - 1
            else:
                # not a page number; maybe a volume number.
                page = 0

    def save_page_number(self):
        global page
        title = self.metadata.get('title', '')
        if title == '' or not title[len(title)-1].isdigit():
            title = title + ' P' +  str(page + 1)
        else:
            i = len(title) - 1
            while (title[i].isdigit() and i > 0):
                i = i - 1
            if title[i] == 'P':
                title = title[0:i] + 'P' + str(page + 1)
            else:
                title = title + ' P' + str(page + 1)
        self.metadata['title'] = title

    def read_file(self, filename):
        "Read the Etext file"
        global PAGE_SIZE,  page

        if zipfile.is_zipfile(filename):
            self.zf = zipfile.ZipFile(filename, 'r')
            self.book_files = self.zf.namelist()
            self.save_extracted_file(self.zf,
                self.book_files[0])
            currentFileName = os.path.join(
                self.get_activity_root(),
                'tmp', self.book_files[0])
        else:
            currentFileName = filename

        self.etext_file = open(currentFileName,"r")
        self.page_index = [ 0 ]
        pagecount = 0
        linecount = 0
        while self.etext_file:
            line = self.etext_file.readline()
            if not line:
                break
            linecount = linecount + 1
            if linecount >= PAGE_SIZE:
                position = self.etext_file.tell()
                self.page_index.append(position)
                linecount = 0
                pagecount = pagecount + 1
        if filename.endswith(".zip"):
```

```
        os.remove(currentFileName)
    self.get_saved_page_number()
    self.show_page(page)
    self.read_toolbar.set_total_pages(pagecount + 1)
    self.read_toolbar.set_current_page(page)

def make_new_filename(self, filename):
    partition_tuple = filename.rpartition('/')
    return partition_tuple[2]

def write_file(self, filename):
    "Save meta data for the file."
    self.metadata['activity'] = self.get_bundle_id()
    self.save_page_number()
```

Este es el **activity.info** para este ejemplo:

```
[Activity]
name = Read ETexts II
service_name = net.flossmanuals.ReadEtextsActivity
icon = read-etexts
exec = sugar-activity ReadEtextsActivity2.ReadEtextsActivity
show_launcher = no
activity_version = 1
mime_types = text/plain;application/zip
license = GPLv2+
```

La linea en **negrita** es la única que necesita cambiarse. Cuando corramos esta nueva versión esto es lo que veremos:

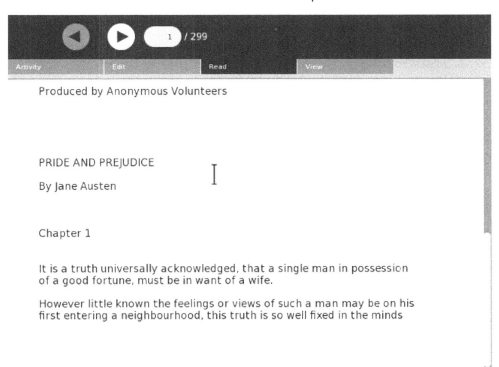

Hay varias cosas que vale la pena señalar en este código. Miremos primero este import:

```
from gettext import gettext as _
```

Usaremos el módulo Python gettext para que nuestra Actividad soporte traducciones a otras lenguas. Lo usaremos en sentencias como esta:

```
self.back.set_tooltip(_('Back'))
```

Por la forma en la que importamos gettext, el guión bajo actuará como esta función. El efecto de esta sentencia será buscar en los archivos especiales de traducciones la palabra o frase que concuerde con la clave 'Back" y la remplace por su traducción. Si no hubiera archivo de traducción para el lenguaje deseado simplemente usará la palabra 'Back". Más adelante exploraremos como armar estos archivos de traducción, por ahora es suficiente con asegurarnos de usar gettext para todas las palabras o frases que vayamos a mostrar al usuario de nuestra Actividad.

La segunda cosa que vale la pena destacar es que mientras nuestra Actividad tiene cuatro barras de herramientas, sólo tuvimos que crear dos de ellas. Las barras **Activity** y **Edit** son parte de la librería Sugar de Python. Podemos usar esas toolbars como están, esconder controles que no queremos o también ampliar estas barras agregando controles nuevos. En este ejemplo estamos escondiendo los controles **Keep** (Guardar) y **Share** (Compartir) de la barra Activity y **Undo** (Deshacer), **Redo** (Rehacer), and **Paste** (Pegar) de de la barra Edit. Estos controles no son necesarios actualmente en tanto no hay soporte para compartir o modificar libros. Observen también que Activity toolbar es parte de ActivityToolbox. No hay forma de darle a la Actividad una toolbox que no contenga a la Activity toolbar como primera opción.

Otra cosa para señalar es que la clase Actividad no sólo nos provee con una ventana. La ventana tiene una Vbox para contener nuestras barras de herramientas y el cuerpo de nuestra Actividad. Instalaremos el toolbox usando **set_toolbox**() y el cuerpo de la Actividad utilizando **set_canvas()**.

Las barras **Read** y **View** son código PyGtk común pero tienen un botón especial para las barras de Sugar que pueden tener un **tooltip** asociado, y además la barra **View** tiene código que nos permite ocultarla y la barra **ReadEtextsActivity2** tiene código para des-ocultarla. Esta es una función fácil de agregar a tus propias Actividades y muchos juegos y otro tipo de Actividades pueden beneficiarse con la mayor área de pantalla que se obtiene cuando ocultamos la barra.

Metadata y entradas al Journal.

Cada entrada del Diario representa un único archivo y su **metadata** (información que describe al archivo). Hay entradas estándar de metadata que estarán en cualquier entrada al Diario pero también puedes crear metadata a tu criterio.

A diferencia de ReadEtextsActivity, esta versión que analizaremos tiene un método *write_file()*

```
def write_file(self, filename):
    "Save meta data for the file."
    self.metadata['activity'] = self.get_bundle_id()
    self.save_page_number()
```

No teníamos un método *write_file ()* antes porque no necesitábamos escribir en el archivo que contiene al libro. Sin embargo, para la actualización de los metadatos de la entrada del Diario lo vamos a usar. En concreto, vamos a estar haciendo dos cosas:

- Guardar el número de página donde el usuario de nuestra Actividad suspendió la lectura para que pueda retomarla cuando vuelva a lanzar la Actividad.

- Decirle al Jounal que esa entrada pertenece a nuestra Actividad, de modo que en el futuro directamente use el ícono apropiado y lance la actividad al hacer clic en la entrada.

Para que la Actividad **Read** guarde el número de página usamos una propiedad personalizada de la metadata:

```
self.metadata['Read_current_page'] = \
    str(self._document.get_page_cache().get_current_page())
```

Para almacenar el número de página actual, **Read** crea una propiedad de metadata llamada Read_current_page. Es tan fácil crear metadata **customizada** (personalizada) que algunos podrán preguntarse porque no usamos esto para **Read Etexts**. De hecho en la primer versión de **Read Etexts** usaba una propiedad customizada, pero en Sugar 0.82 y anteriores había un bug y los metadatos así guardados no sobrevivían al apagado de la computadora. Esto resultaba en que la actividad podía recordar números de páginas solamente mientras el equipo estuviera funcionando. Actualmente hay algunas laptops XO que no pueden actualizarse a nada más nuevo que .82 y otras que aunque puedan no se actualizan porque esto implica un enorme trabajo para las escuelas.

Para esquivar este problema escribí este par de métodos:

```
def get_saved_page_number(self):
```

```
        global page
        title = self.metadata.get('title', '')
        if title == '' or not title[len(title)-1].isdigit():
            page = 0
        else:
            i = len(title) - 1
            newPage = ''
            while (title[i].isdigit() and i > 0):
                newPage = title[i] + newPage
                i = i - 1
            if title[i] == 'P':
                page = int(newPage) - 1
            else:
                # not a page number; maybe a volume number.
                page = 0

    def save_page_number(self):
        global page
        title = self.metadata.get('title', '')
        if title == '' or not title[len(title)-1].isdigit():
            title = title + ' P' +  str(page + 1)
        else:
            i = len(title) - 1
            while (title[i].isdigit() and i > 0):
                i = i - 1
            if title[i] == 'P':
                title = title[0:i] + 'P' + str(page + 1)
            else:
                title = title + ' P' + str(page + 1)
        self.metadata['title'] = title
```

save_page_number () usa la metadata del título actual y, o bien añade el número de página al final del título o actualiza el número de página que ya está ahí. Como **title** (título) es parte de la metadata estándar de toda entrada al Journal, el bug no afecta este método.

Estos ejemplos también muestran cómo leer la metadata.

```
        title = self.metadata.get('title', '')
```

Esta línea de código dice: "Obtener la propiedad de metadata llamada **title** y ponerla en la variable llamada **title**, si no existiera una propiedad **title** poner una cadena vacía en **title**.

Normalmente se guardará metadata en el *write_file ()* y se leerá en el método *read_file ()*.

En una Actividad corriente de las que crean algún tipo de archivo con *write_file()* esta línea sería innecesaria:

```
        self.metadata['activity'] = self.get_bundle_id()
```

Cualquier entrada al Diario creada por otra Actividad tendrá automáticamente seteada esta propiedad. En el caso de Pride and Prejudice nuestra Actividad no creó la entrada. Read Etexts puede leerla porque nuestra Actividad soporta su tipo MIME. Desafortunadamente, este tipo de MIME, application/zip, es utilizado por muchas Actividades. Me resultó muy frustrante querer abrir un libro en Read Etexts y abrirlo sin querer en EToys. Esta línea de código resuelve este problema. Tu solamente precisas usar **Start Using...** (Empezar a usar) la primera vez que leas un e-book. Después de ello, el libro usará el ícono de **Read Etexts** y puede retomarse con un simple clic.

Esto no afecta para nada el tipo MIME de la entrada en el Diario, así que si quieres abrir Pride and Prejudice con **Etoys,** todavía es posible.

Antes de dejar el tema de la metadata del Journal echemos un vistazo a la metadata estándar que toda Actividad tiene. Aquí vemos un código que crea una entrada al Diario y actualiza unas cuantas de las propiedades estándar.

```
def create_journal_entry(self,  tempfile):
    journal_entry = datastore.create()
    journal_title = self.selected_title
    if self.selected_volume != '':
        journal_title +=  ' ' + _('Volume') + ' ' + \
            self.selected_volume
    if self.selected_author != '':
        journal_title = journal_title  + ', by ' + \
            self.selected_author
    journal_entry.metadata['title'] = journal_title
    journal_entry.metadata['title_set_by_user'] = '1'
    journal_entry.metadata['keep'] = '0'
    format = \
        self._books_toolbar.format_combo.props.value
    if format == '.djvu':
        journal_entry.metadata['mime_type'] = \
            'image/vnd.djvu'
    if format == '.pdf' or format == '_bw.pdf':
        journal_entry.metadata['mime_type'] = \
            'application/pdf'
    journal_entry.metadata['buddies'] = ''
    journal_entry.metadata['preview'] = ''
    journal_entry.metadata['icon-color'] = \
        profile.get_color().to_string()
    textbuffer = self.textview.get_buffer()
    journal_entry.metadata['description'] = \
        textbuffer.get_text(textbuffer.get_start_iter(),
        textbuffer.get_end_iter())
    journal_entry.file_path = tempfile
    datastore.write(journal_entry)
    os.remove(tempfile)
    self._alert(_('Success'), self.selected_title + \
        _(' added to Journal.'))
```

Este código fue tomado de una Actividad que escribí y que descarga los e-books desde la web y crea para ellos entradas al Diario. Las entradas al diario contienen un título amigable y una descripción completa de cada libro.

Aunque la mayoría de las Actividades manejan al Diario exclusivamente con los métodos *read_file()* y *write_file()*, no hay por qué limitarse a esto. En un capítulo posterior voy a mostrar cómo crear y eliminar entradas al Journal, como listar su contenido y mucho más.

En este capítulo tratamos una gran cantidad de información técnica y hay más por venir, pero antes de llegar a ella tenemos que ver algunos temas importantes:

- Subir tu Actividad a un controlador de versiones. Esto te permite compartir tu código con el mundo entero y quizás lograr que otras personas decidan trabajar sobre él.

- Tener tu Actividad traducida a otros idiomas.

- Distribuir tu Actividad ya terminada. (O tu Actividad casi-terminada, pero útil igual).

1

1. Traducido Ana Cichero, Uruguay⌢

11. Añadir tus fuentes al control de versiones

¿Qué es el control de versiones?

"Si he visto más lejos es sólo por estar parado sobre los hombros de gigantes."

Isaac Newton, en una carta a Robert Hooke.

Escribir una Actividad es algo que normalmente no harías solo. Habitualmente tendrás colaboradores de una manera u otra. Cuando empecé a escribir Read Etexts (Leer Etextos) copié bastante del código de la Actividad **Leer** (Read). Cuando implementé la lectura sintetizada de texto, adapté una barra de herramientas de la Actividad **Hablar** (Speak). Cuando finalmente conseguí hacer funcionar la característica de compartir archivos, el autor de Image Viewer pensó que estaba buena para incorporarla a esa Actividad. Otro programador vio el trabajo que hice para la lectura sintetizada y pensó que podría hacerlo mejor. Tenía razón, y sus mejoras fueron combinadas con mi código. Cuando escribí Get Internet Archive Books alguien más tomó la interfaz que hice y realizó una Actividad más potente y versátil llamada Get Books. Al igual que Newton, todos se benefician del trabajo que los demás han hecho antes.

Aunque quisiera escribir Actividades sin ayuda, necesitaría colaboradores para traducirlas a otros idiomas.

Para posibilitar la colaboración necesitas tener un lugar donde todos puedan colocar sus fuentes y compartirlas. Este lugar se llama repositorio de código. No es suficiente con compartir la última versión de tu código. Lo que realmente quieres es compartir todas las versiones de tu código. Cada vez que hagas un cambio significativo a tu código querrás tener la nueva versión y la anterior disponibles. No solo querrás tener todas las versiones de tu código disponibles sino que querrás ser capaz de comparar cualquier par de versiones entre sí para ver qué cambió entre ellas. Esto es lo que hace el software de control de versiones.

Las tres herramientas de control de versiones más populares son **CVS**, **Subversion** y **Git**. Git es la más nueva y la que se usa en Sugar Labs. Si bien no todas las Actividades tienen su código en el repositorio Git de Sugar Labs (existen otros), no hay buenas razones para no hacerlo y sí tiene bastantes ventajas. Si quieres que tu Actividad sea traducida a otras lenguas, tendrás que usar el repositorio Git de Sugar Labs.

Git [1]

Git es un sistema de control de versiones **distribuido**. Esto quiere decir que hay copias de cada versión de tu código fuente en un repositorio central y además las mismas copias existen en la computadora de cada usuario. Esto significa que puedes actualizar tu repositorio local estando desconectado, y luego al estar conectado a la Internet, compartir todo de una vez.

Hay dos formas para interactuar con un repositorio Git: a través de comandos Git y a través del sitio web en http://git.sugarlabs.org/. Veamos primero el sitio web

Dirígete a http://git.sugarlabs.org/ y haz clic sobre el enlace **Projects** (Proyectos) en la parte superior derecha:

Encontrarás una lista de proyectos en el repositorio. Estarán ordenados del más reciente al más antiguo. También encontrarás el enlace **New Project** (Nuevo Proyecto), pero necesitarás abrir una cuenta para hacer eso y no estamos listos, todavía.

karma_English_Alphabet_Puzzle_Solving

A simple English Alphabet lesson

Categories: none

karma_Conozco-Uruguay

A simple lesson for learning the geography of Uruguay

Categories: none

karma_adding_up_to_10_svg

A simple game for learning how to add up to 10

Categories: none

supervisor

A privileged service which supervises activity run cycle, exposes startup progress, upgr
infrastructure.

Categories: service

Si eliges la opción **Search** (Buscar) en la esquina superior derecha de la página obtendrás un formulario de búsqueda. Úsalo para buscar "read etexts". Elíge ese proyecto cuando lo encuentres. Deberías ver algo así:

readetexts

Read Etexts is an alternative to the regular Read Activity which can read Project Gutenberg pla
stopgap until Read itself can use this format. Plain text files are by far the most popular Gutenb
thousands of free books in many languages.

In addition to the normal ebook reader functions this reader adds text to speech with karaoke st
needs speech-dispatcher installed, which is not currently part of the Sugar distribution but even

Activities 🔊

Esta página lista algunas de las actividades para el proyecto pero yo no
la encuentro particularmente útil. Para dar un mejor vistazo a tu
proyecto inicia haciendo clic en el nombre del repositorio al lado derecho
de la página. En este caso, el nombre del repositorio es **mainline**.

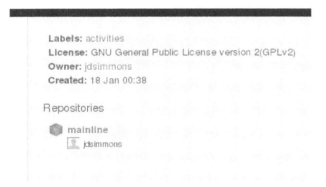

Verás algo parecido a esto en la parte superior de la página:

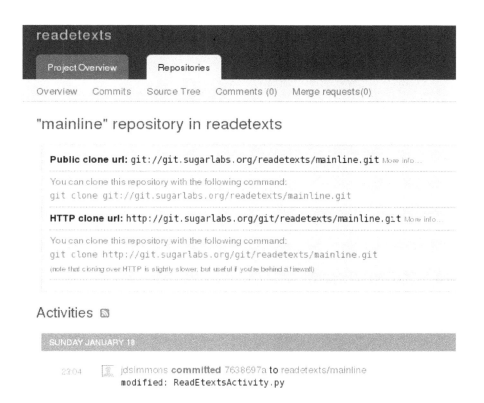

Esta página contiene informaciómn útil. Primero, echa un vistazo a la **Public clone url** [Url pública para clonación] y la **HTTP clone url** [Url para clonación HTTP]. Necesitas hacer clic en **More info** (Más info) para ver cualquiera de las dos. Si ejecutas cualquiera de estos comandos desde la consola, obtendrás una copia del repositorio git del proyecto en tu computador. Esta copia incluirá cada versión de cada fragmento de código en el proyecto. Vas a tener que modificarlo un poco antes de compartir tus cambios de vuelta en el repositorio principal, pero todo estará ahí.

La lista bajo **Activities** (Actividades) no es tan útil, pero si haces clic en **Source Tree** (Árbol de fuentes) verás algo realmente bueno:

Tree of mainline repository in readetexts

/ mainline

.gitignore	01 Sep 23:16	modified: .gitignore modified: MAN.
activity/	22 Nov 20:52	modified: ReadEtextsActivity.py mo
ausextract.py	30 May 21:52	modified: ReadEtextsActivity.py mo
gutextract.py	30 May 21:52	modified: ReadEtextsActivity.py mo
help.txt	22 Nov 20:52	modified: ReadEtextsActivity.py mo
locale/	06 Dec 23:39	new file: locale/kos/LC_MESSAGES/o
MANIFEST	22 Nov 23:31	modified: MANIFEST modified: local
NEWS	01 Mar 20:48	Initial import
pgconvert.py	29 Nov 22:34	modified: ReadEtextsActivity.py mo
po/	11 Nov 05:55	Commit from Sugar Labs: Translatio
ReadEtextsActivity.py	29 Nov 22:34	modified: ReadEtextsActivity.py mo
readsidebar.py	25 Jul 14:48	modified: ReadEtextsActivity.py mo
readtoolbar.py	06 Dec 23:39	new file: locale/kos/LC_MESSAGES/o
rtfconvert.py	22 Nov 23:26	modified: ReadEtextsActivity.py mo

Aquí hay una lista de cada archivo en el proyecto, su última fecha de actualización, y un comentario sobre qué fue modificado. Haz clic en el enlace para **ReadEtextsActivity.py** y verás esto:

Project Overview   Repositories

Overview   Commits   Source Tree   Comments (0)   Merge requests(0)

Blob of ReadEtextsActivity.py (raw blob data)

/ mainline / ReadEtextsActivity.py

```
 1  #! /usr/bin/env python
 2
 3  # Copyright (C) 2008, 2009 James D. Simmons
 4  #
 5  # This program is free software; you can redistribute it and/or modify
 6  # it under the terms of the GNU General Public License as published by
 7  # the Free Software Foundation; either version 2 of the License, or
 8  # (at your option) any later version.
 9  #
10  # This program is distributed in the hope that it will be useful,
11  # but WITHOUT ANY WARRANTY; without even the implied warranty of
12  # MERCHANTABILITY or FITNESS FOR A PARTICULAR PURPOSE.  See the
13  # GNU General Public License for more details.
14  #
15  # You should have received a copy of the GNU General Public License
16  # along with this program; if not, write to the Free Software
17  # Foundation, Inc., 51 Franklin St, Fifth Floor, Boston, MA  02110-1301
18  import os
19  import logging
20  import tempfile
21  import time
22  import zipfile
23  import pygtk
24  pygtk.require('2.0')
25  import gtk
26  import string
27  from sugar.graphics import style
28  from sugar import profile
```

Este es el código más reciente en ese archivo en formato embellecido. Las palabras clave de Python se muestran en colores, tienen números de línea, etc. Esta es una buena página para mirar el código en la pantalla pero no queda bien al imprimirlo y no sirve mucho para copiar fragmentos de código en ventanas del editor Eric. Para hacer estas cosas querrás hacer clic en **raw blob data** (data sin procesar) en la parte superior del listado:

```
#! /usr/bin/env python

# Copyright (C) 2008, 2009 James D. Simmons
#
# This program is free software; you can redistribute it and/or modify
# it under the terms of the GNU General Public License as published by
# the Free Software Foundation; either version 2 of the License, or
# (at your option) any later version.
#
# This program is distributed in the hope that it will be useful,
# but WITHOUT ANY WARRANTY; without even the implied warranty of
# MERCHANTABILITY or FITNESS FOR A PARTICULAR PURPOSE.  See the
# GNU General Public License for more details.
#
# You should have received a copy of the GNU General Public License
# along with this program; if not, write to the Free Software
# Foundation, Inc., 51 Franklin St, Fifth Floor, Boston, MA  02110-1301  USA
import os
import logging
import tempfile
import time
import zipfile
import pygtk
pygtk.require('2.0')
import gtk
import string
from sugar.graphics import style
from sugar import profile
from sugar.activity import activity
from sugar import network
from sugar.datastore import datastore
from sugar.graphics.alert import NotifyAlert
```

Aún no terminamos. Usa el botón **Back** (Atrás) para regresar al listado embellecido y haz clic en el enlace que dice **Commits** (Consignaciones). Este arrojará un listado de todo lo que ha cambiado cada vez que hemos consignado código en Git.

Habrás notado una combinación extraña de letras y números después de las palabras **James Simmons committed** [James Simmons consignó]. Esto es un tipo de número de versión. La práctica habitual en sistemas de control de versiones es darle a cada versión de código ingresada al sistema un número de versión, habitualmente uno consecutivo. Git es distribuído, con varias copias separadas del repositorio que pueden ser modificadas independientemente y luego combinadas. Esto hace imposible usar un número secuencial para identificar las versiones. En cambio, Git le da a cada versión un número aleatorio realmente grande. Este número se expresa en base 16, usando los símbolos 0-9 y a-f. Lo que ves en verde es tan solo una parte pequeña del número completo. El número es un enlace, y si haces clic en él verás esto:

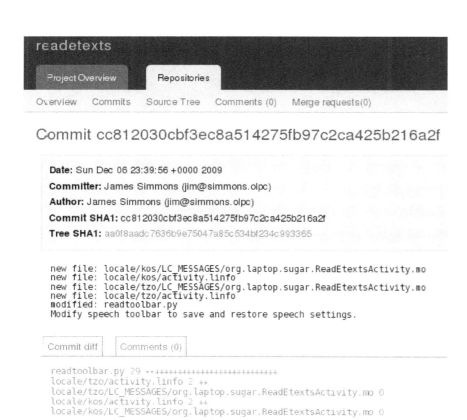

Al inicio de la página veremos el número de versión completo utilizado para esta consignación. Debajo de la caja gris vemos los comentarios completos que fueron usados para consignar los cambios. Debajo de esto hay una lista de los archivos que fueron modificados. Si miramos más abajo en la página, veremos esto:

```
15   15 # along with this program; if not, write to the Free Software
16   16 # Foundation, Inc., 51 Franklin St, Fifth Floor, Boston, MA  02110-1301
17   17
     18 import os
18   19 import logging
19   20 from gettext import gettext as _
20   21 import re
...  ...
416  416         combotool.show()
417  417
418  418         self.pitchadj = gtk.Adjustment(0, -100, 100, 1, 10, 0)
     419         self.pitchadj.connect("value_changed", self.pitch_adjusted_cb)
420  419         pitchbar = gtk.HScale(self.pitchadj)
421  420         pitchbar.set_draw_value(False)
422  421         pitchbar.set_update_policy(gtk.UPDATE_DISCONTINUOUS)
...  ...
427  427         pitchbar.show()
428  428
429  429         self.rateadj = gtk.Adjustment(0, -100, 100, 1, 10, 0)
     430         self.rateadj.connect("value_changed", self.rate_adjusted_cb)
431  430         ratebar = gtk.HScale(self.rateadj)
432  431         ratebar.set_draw_value(False)
433  432         ratebar.set_update_policy(gtk.UPDATE_DISCONTINUOUS)
...  ...
453  453     def pitch_adjusted_cb(self, get):
454  454         speech.pitch = int(get.value)
455  455         speech.say(_("pitch adjusted"))
     456         f = open(os.path.join(self.activity.get_activity_root(), 'insta
```

Este es un reporte **diff** el cual muestra las líneas que han cambiado entre esta versión y la anterior. Para cada cambio muestra algunas líneas antes y después para dar una mejor idea de lo que el cambio hace. Cada cambio muestra también los números de línea.

Un reporte como éste es una gran ayuda para programar. Algunas veces, cuando estás trabajando en una mejora a tu programa, algo que ha estado funcionando, misteriosamente deja de hacerlo. Cuando esto pasa, te preguntarás qué cambio habrá causado el problema. Un reporte diff puede ayudarte a encontrar el origen del problema.

A estas alturas estarás convencido de poner el código de tu proyecto en Git. Antes de poder hacer esto necesitamos crear una cuenta en este sitio web. No es más difícil que en otros sitios, pero necesitamos información importante que todavía no tenemos. Obtener esta información será nuestra próxima tarea.

Preparando las claves SSH

Para enviar tu código al repositorio de **Gitorious** necesitas un par de claves públicas/privadas SSH. SSH es una manera de enviar datos a través de la red en formato encriptado. (en otras palabras, utiliza un código secreto para que nadie más que la persona que recibe los datos puede leerlos). El encriptamiento de claves públicas/privadas es una forma de encrirptar datos que provee de una forma de garantizar que la persona que esta enviando los datos es quien dice ser.

En términos simples, funciona así: el software SSH genera dos números muy grandes que son usados para codificar y decodificar la información que transita por la red. El primer número, llamado la clave privada, es mantenido en secreto y sólo usado para codificar datos. El segundo número, llamado clave pública, es dado a quien sea que necesite decodificar estos datos. También es posible usar la clave pública para codificar un mensaje para ser enviado a ti y tu podrás decodificarlo con tu clave privada.

Git usa SSH como una firma electrónica para verificar que los cambios de código que supuestamente son tuyos, de hecho lo sean. Le daremos tu clave pública al repositorio Git. Sabrá entonces que cualquier cosa que pueda decodificar con esta clave habrá sido enviada por tí, porque solo tú tienes la clave privada correspondiente para codificarlo.

Estaremos usando una herramienta llamada **OpenSSH** para generar las claves públicas/privadas. Ésta está incluída con cada versión de Linux así que no necesitas verificar que haya sido instalada. Luego utiliza la utilidad **ssh-keygen** que viene con OpenSSH para generar las claves:

```
[jim@olpc2 ~]$ ssh-keygen
Generating public/private rsa key pair.
Enter file in which to save the key (/home/jim/.ssh/id_rsa):
```

Por defecto ssh-keygen genera una clave **RSA**, que es el tipo que requerimos. También por defecto pone lo archivos de claves en un directorio llamado **/tudirectorio/.ssh** y esto también lo queremos, de manera que NO ingreses nombre de archivo alguno cuando lo pida. Sólo oprime la tecla **Enter** para continuar.

```
[jim@olpc2 ~]$ ssh-keygen
Generating public/private rsa key pair.
Enter file in which to save the key (/home/jim/.ssh/id_rsa):
Created directory '/home/jim/.ssh'.
Enter passphrase (empty for no passphrase):
```

Ahora bien, SÍ queremos una **passphrase** (frase de paso) aquí. Esta frase de paso es como una contraseña que es usada con las claves públicas y privadas para efectuar la encriptación. Cuando la escribas no podrás ver las letras. Por ello se te pedirá escribirla dos veces y así confirmar que ambas veces la has escrito de la misma forma.

```
[jim@olpc2 ~]$ ssh-keygen
Generating public/private rsa key pair.
Enter file in which to save the key (/home/jim/.ssh/id_rsa):
Created directory '/home/jim/.ssh'.
Enter passphrase (empty for no passphrase):
Enter same passphrase again:
Your identification has been saved in /home/jim/.ssh/id_rsa.
Your public key has been saved in /home/jim/.ssh/id_rsa.pub.
The key fingerprint is:
d0:fe:c0:0c:1e:72:56:7a:19:cd:f3:85:c7:4c:9e:18
jim@olpc2.simmons
The key's randomart image is:
+--[ RSA 2048]----+
|         oo  E=.  |
|        + o+ .+=. |
|     . B +  o.oo  |
|      = O    .    |
|       . S        |
|          o       |
|           .      |
|                  |
|                  |
+-----------------+
```

Cuando selecciones la frase de paso o contraseña recuerda que debe ser algo que puedas escribir confiablemente sin verlo y será mas efectivo si no escojes una palabra que se encuentre en el diccionario, pues estas son fácilmente quebrantables. Cuando yo necesito generar una contraseña utilizo la herramienta que puedes encontrar en http://www.multicians.org/thvv/gpw.html. Esta herramienta genera una cantidad de palabras pronunciables sin sentido. Escoje una que te guste y utilízala.

Ahora echa una mirada dentro del directorio .ssh. Por convención, cada archivo o directorio que empieza con un punto es considerado oculto por Linux, así que no se mostrará en el gestor de archivos de GNOME a menos que uses la opción Mostrar Archivos Ocultos en el menú Ver. Cuando veas los contenidos de este directorio observarás dos archivos: **id_rsa** e **id_rsa.pub**. La clave pública estará en id_rsa.pub. Intenta abrir ese archivo con gedit (Abrir con editor de texto) y verás algo así:

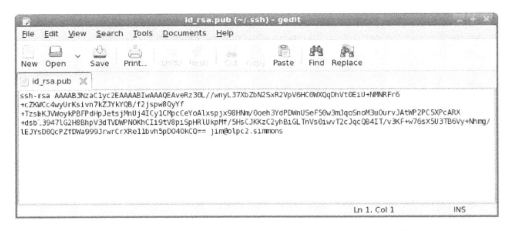

Al crear tu cuenta en git.sugarlabs.org habrá un casillero para colocar tu clave SSH pública. Para hacer eso elije **Select All** (Seleccionar Todo) del menú **Edit** (Editar) de gedit, luego **Copy** and **Paste** (Copia y pega) en el campo provisto en el formulario web.

Crear un proyecto nuevo

Voy a crear un proyecto nuevo en Git para los ejemplos de este libro. Necesito ingresar con mi nueva cuenta y hacer clic en el enlace **New Project** (Proyecto nuevo) que vimos anteriormente. Obtengo el siguiente formulario, que ya comencé a llenar:

Create a new project

Title

Make Your Own Sugar Activities Examples

Slug (for urls etc)

myo-sugar-activities-examples

Categories (space seperated)

activities

License

GNU General Public License v

El **Title** (Título) es usado en el sitio web; el **Slug** (Abreviatura) es una versión breve del título sin espacios, la cual será usada como nombre del repositorio Git. Las **Categories** (Categorías) son opcionales. La **License** (Licencia) es GPL v2 para mis proyectos. Puedes elegir entre las licencias ofrecidas en la lista para tus proyectos, y puedes cambiar la licencia posteriormente si quieres. También necesitarás ingresar una **Description** (Descripción) para tu proyecto.

Una vez que hayas hecho esto, podrás hacer clic en el entrada mainline para el proyecto (como hicimos con Read Etexts antes) y ver algo así:

El próximo paso es convertir nuestro proyecto en un repositorio local de Git, añadirle los archivos, y luego subirlos al repositorio en git.sugarlabs.org. Necesitamos hacer esto porque no es posible **clonar** un repositorio vacío, y nuestro repositorio remoto ahora se encuentra vacío. Para superar este problema enviaremos nuestro repositorio local hacia el nuevo repositorio remoto que acabamos de crear, luego clonaremos el repositorio remoto y borraremos nuestro proyecto y su repositorio Git. A partir de entonces haremos todo nuestro trabajo desde el repositorio clonado.

Este proceso puede recordarles la cita de Edward Albee, "Algunas veces una persona debe desviarse bastante de su rumbo para desandar correctamente una pequeña distancia".[2] Afortunadamente solo necesitamos hacerlo una vez por proyecto. Ingresa los comandos que aparecen **en negritas** después de cambiarte al directorio de tu proyecto:

```
git init
Initialized empty Git repository in
/home/jim/olpc/bookexamples/.git/
git add *.py
git add activity
git add MANIFEST
git add .gitignore
git commit -a -m "Create repository and load"
[master (root-commit) 727bfe8] Create repository and load
 9 files changed, 922 insertions(+), 0 deletions(-)
 create mode 100644 .gitignore
 create mode 100644 MANIFEST
 create mode 100755 ReadEtexts.py
 create mode 100644 ReadEtextsActivity.py
 create mode 100644 ReadEtextsActivity2.py
 create mode 100644 activity/activity.info
 create mode 100644 activity/read-etexts.svg
 create mode 100755 setup.py
 create mode 100644 toolbar.py
```

Lo que hice fue crear un repositorio Git local vacio con **git init**, luego
usé **git add** para añadir los archivos importantes a él. (De hecho **git
add** no añade nada por sí mismo, sólo le dice a Git que añada el archivo
en el siguiente **git commit**). Finalmente **git commit** con las opciones
mostradas colocará la última versión de estos archivos en mi nuevo
repositorio local.

Para subir este repositorio local a git.sugarlabs.org usamos los
comandos de la página web:

```
git remote add origin \
gitorious@git.sugarlabs.org:\
myo-sugar-activities-examples/mainline.git
git push origin master
Counting objects: 17, done.
Compressing objects: 100% (14/14), done.
Writing objects: 100% (15/15), 7.51 KiB, done.
Total 15 (delta 3), reused 0 (delta 0)
To gitorious@git.sugarlabs.org:myo-sugar-activities-examples/
mainline.git
   2cb3a1e..700789d  master -> master
=> Syncing Gitorious...
Heads up: head of  changed to
700789d3333a7257999d0a69bdcafb840e6adc09 on master
Notify cia.vc of 727bfe819d5b7b70f4f2b31d02f5562709284ac4  on
myo-sugar-activities-examples
Notify cia.vc of 700789d3333a7257999d0a69bdcafb840e6adc09  on
myo-sugar-activities-examples
[OK]
rm *
rm activity -rf
rm .git -rf
cd ~
rm Activity/ReadEtextsII
mkdir olpc
```

```
cd olpc
mkdir bookexamples
cd bookexamples
git clone \
git://git.sugarlabs.org/\
myo-sugar-activities-examples/mainline.git
Initialized empty Git repository in
/home/jim/olpc/bookexamples/mainline/.git/
remote: Counting objects: 18, done.
remote: Compressing objects: 100% (16/16), done.
remote: Total 18 (delta 3), reused 0 (delta 0)
Receiving objects: 100% (18/18), 8.53 KiB, done.
Resolving deltas: 100% (3/3), done.
```

Las líneas **en negritas** son comandos para ingresar, y todo lo demás son mensajes que Git envía a la consola. He dividido algunos de los comandos Git más largos con la barra invertida (\) para que luzcan mejor en una página impresa, así como algunas líneas largas que normalmente se mostrarían en una línea, por el mismo motivo. Probablemente no esté claro lo que estamos haciendo o por qué, así que vayamos paso a paso:

- El primer comando **git remote add origin** le dice al repositorio remoto de Git que le estaremos enviando cosas desde nuestro repositorio local.
- El segundo comando **git push origin master** envía realmente el repositorio Git local al remoto y sus contenidos se copiarán. Cuando ingreses este comando se te pedirá la frase de paso (contraseña) de la clave SSH que creaste en la sección anterior. Si lo deseas, GNOME puede recordar esta frase y luego la ingresarla automáticamente para cada comando Git. Seguirá así hasta que cierres la sesión o apagues la máquina.
- El siguiente paso es borrar nuestros archivos existentes y nuestro repositorio local de Git (el cual está contenido en el directorio oculto .git). **rm .git -rf** quiere decir "Borra el directorio .git y todo lo que encuentres en él". **rm** es un comando Unix, no un comando de Git. Si lo deseas puedes borrar los archivos existentes después de crear el repositorio clonado en el paso siguiente. Nota que el comando **rm Activity/ReadEtextsII**, el cual borra el enlace simbólico del proyecto viejo que creamos al ejecutar **./setup.py dev**. Necesitaremos ir al directorio clonado de nuestro proyecto y ejecutar esto nuevamente antes de poder probar nuestra Actividad otra vez.
- Ahora ejecutamos el comando **git clone** de la página web. Esto toma el repositorio Git remoto al cual acabamos de añadirle el archivo MANIFEST, y crea un nuevo repositorio local en el directorio **/tudirectorio/olpc/bookexamples/mainline**.

Finalmente tenemos un repositorio local que podemos usar. Bueno, no del todo. Podemos consignar nuestro código en él, pero no podemos subir nada de vuelta al repositorio remoto porque nuestro repositorio local no se encuentra correctamente configurado.

Lo que necesitamos hacer es editar el archivo **config** en el directorio **.git** de **/tudirectorio/olpc/bookexamples/mainline**. Podemos usar gedit para ello. Necesitamos cambiar la línea que comienza con **url=** para apuntar a la **Push url** (Url para subir) la cual se muestra en la página web de mainline. Cuando termines el archivo **config** lucirá algo así:

```
[ccre]
        repositoryformatversion = 0
        filemode = true
        bare = false
        logallrefupdates = true
[remote "origin"]
        url = gitorious@git.sugarlabs.org:
myo-sugar-activities-examples/mainline.git
        fetch = +refs/heads/*:refs/remotes/origin/*
[branch "master"]
        remote = origin
        merge = refs/heads/master
```

La línea **en negrita** es la única que se modifica. Está separada aquí para hacerla entrar en una página impresa. En tus propios archivos debe estar todo en una línea sin espacios entre los dos puntos (:) al final de la primera línea y el principio de la segunda línea.

De ahora en adelante quien quiera trabajar sobre tu proyecto puede obtener una copia local del repositorio Git haciendo esto desde el directorio donde quiere que vaya el repositorio:

```
git clone git://git.sugarlabs.org/\
myo-sugar-activities-examples/mainline.git
```

Necesitará cambiar su archivo **.git/config** igual como acabamos de hacer, y luego estará listo para empezar.

Uso habitual de Git

Aunque configurar los repositorios para comenzar es tedioso, el uso habitual no lo es. Hay tan solo algunos comandos con los que necesitarás trabajar. Cuando interrumpimos teníamos un repositorio en **/tudirectorio/olpc/bookexamples/mainline** con nuestros archivos en él. Necesitaremos añadir también cualquier archivo nuevo que creemos.

Usamos el comando **git add** para decirle a Git que queremos que guarde un archivo en particular. Esto no guarda nada, sólo le comunica a Git nuestras intenciones. El formato del comando es simplemente:

```
git add nombre_archivo_o_directorio
```

Hay archivos que **no** queremos añadir a Git, para empezar aquellos que terminan en **.pyc**. Si nunca les hacemos **git add** entonces nunca serán añadidos, pero Git constantemente nos preguntará por qué no los añadimos. Afortunadamente hay una forma de decirle a Git que realmente, absolutamente no queremos añadir esos archivos. Necesitamos crear un archivo llamado **.gitignore** usando gedit y colocar entradas así:

```
*.pyc
*.e4p
*.zip
.eric4project/
.ropeproject/
```

Estas entradas también ignorarán archivos de proyectos de Eric, archivos zip y archivos que contengan libros electrónicos[3] . Una vez que tenemos este archivo en el directorio de mainline, podemos añadirlo al repositorio:

```
git add .gitignore
git commit -a -m "Add .gitignore file"
```

De ahora en adelante Git no insistirá en añadir archivos .pyc u otros archivos no deseados que coincidan con los patrones de búsqueda. Si hay otros archivos que no queremos en el repositorio, podemos añadirlos a .gitignore sea con sus nombres completos o con patrones de búsqueda como *.pyc.

Además de añadir archivos a Git también los podemos eliminar:

```
git rm archivo
```

Nótese que esto sólo le dice a Git que de ahora en adelante no le hará seguimiento a este archivo, lo cual tomará efecto en la siguiente consignación (commit). Las versiones anterires del archivo seguirán en el repositorio.

Si deseas ver qué cambios serán aplicados en la próxima consignación, ejecuta esto:

```
git status
# On branch master
# Changed but not updated:
#   (use "git add <file>..." to update what will
#   be committed)
#
#       modified:   ReadEtextsActivity.py
#
no changes added to commit (use "git add" and/or
"git commit -a")
```

Finalmente, para colocar los últimos cambios en el repositorio, haz esto:

```
git commit -a -m "Change use of instance directory to tmp"
Created commit a687b27: Change use of instance
directory to tmp
 1 files changed, 2 insertions(+), 2 deletions(-)
```

Si omites la opción -m, un editor aparecerá y podrás escribir un comentario, luego grabar y salir. Desafortunadamente el editor por omisión es **vi**, un editor antiguo de modo texto que no es tan amigable como gedit.

Cuando hayamos hecho todos nuestros cambios podemos enviarlos al repositorio central usando **git push**:

```
git push
Counting objects: 5, done.
Compressing objects: 100% (3/3), done.
Writing objects: 100% (3/3), 322 bytes, done.
Total 3 (delta 2), reused 0 (delta 0)
To gitorious@git.sugarlabs.org:
myo-sugar-activities-examples/mainline.git
   700789d..a687b27  master -> master
=> Syncing Gitorious...
Heads up: head of  changed to
a637b27e2f034e5a17d2ca2fe9f2787c7f633e64 on master
Notify cia.vc of a687b27e2f034e5a17d2ca2fe9f2787c7f633e64
on myo-sugar-activities-examples
[OK]
```

Podemos obtener los últimos cambios de otros desarrolladores haciendo **git pull**:

```
git pull
remote: Counting objects: 17, done.
remote: Compressing objects: 100% (14/14), done.
remote: Total 15 (delta 3), reused 0 (delta 0)
Unpacking objects: 100% (15/15), done.
From gitorious@git.sugarlabs.org:
myo-sugar-activities-examples/mainline
   2cb3a1e..700789d  master      -> origin/master
Updating 2cb3a1e..700789d
Fast forward
 .gitignore              |    6 +
 MANIFEST                |  244 +-------------------------
---------
 ReadEtexts.py           |  182 ++++++++++++++++++++++++++
 ReadEtextsActivity.py   |  182 ++++++++++++++++++++++++++
 ReadEtextsActivity2.py  |  311 ++++++++++++++++++++++++++
+++++++++++++++++++
 activity/activity.info  |    9 ++
 activity/read-etexts.svg |   71 ++++++++++++
 setup.py                |   21 +++
 toolbar.py              |  136 +++++++++++++++++++
 9 files changed, 921 insertions(+), 241 deletions(-)
```

```
create mode 100644 .gitignore
create mode 100755 ReadEtexts.py
create mode 100644 ReadEtextsActivity.py
create mode 100644 ReadEtextsActivity2.py
create mode 100644 activity/activity.info
create mode 100644 activity/read-etexts.svg
create mode 100755 setup.py
create mode 100644 toolbar.py
```

.4

1. NT: En el texto en inglés Git Along Little Dogies - la traducción sería muévanse pequeños terneros, fuera. Git Along, Little Dogies es una balada tradicional de los vaqueros. ⌢
2. NT: En el texto en inglés: "Sometimes a person has to go a very long distance out of his way to come back a short distance correctly".⌢
3. NT: ebooks en el original⌢⌢
4. Traducido Sebastián Silva y Laura Vargas proyectomalla@somosazucar.org<
   .⌢

12. Internacionalizarse con Pootle

Introducción

El objetivo de Sugar Labs y One Laptop Per Child es educar a todos los niños del mundo, y no podemos hacer eso con Actividades que sólo están disponibles en un idioma. Es igualmente cierto que hacer versiones separadas de cada Actividad para cada idioma no va a funcionar, y esperar que los desarrolladores de Actividades hablen muchos idiomas no es realista. Necesitamos una manera para que los desarrolladores de Actividades se puedan concentrar en la creación de las Actividades y que los que pueden traducir hagan precisamente eso. Afortunadamente, esto es posible y la forma en que se hace es mediante el uso de gettext.

Obtener texto con gettext

Seguramente recuerdas que nuestro último ejemplo de código usó una importación extraña:

```
from gettext import gettext as _
```

La función "_()" se usa en sentencias como esta:

```
self.back.set_tooltip(_('Back'))
```

En aquel momento se explicó que esta función singular se utilizó para traducir la palabra "Back" (Volver) en otros idiomas, de modo que cuando alguien ve la descripción del botón "Back", verá el texto en su propio idioma. También se dijo que si no era posible traducir este texto, el usuario vería la palabra "Back", sin traducir. En este capítulo vamos a aprender más sobre cómo funciona esto y lo que tenemos que hacer para apoyar a los voluntarios que traducen las cadenas de texto a otros idiomas.

Lo primero que hay que aprender es la manera correcta de armar las cadenas de texto a traducir. Este es un problema cuando las cadenas de texto son frases reales que contienen información. Por ejemplo podemos escribir un mensaje de la siguiente manera:

```
message = _("User ") + username + \
    _(" has joined the chat room.")
```

Esto podría funcionar, pero las cosas serían demasiado complicadas para el traductor. Tiene dos cadenas separadas para traducir y no hay pista de que aparecerán juntas. Es mucho mejor hacer esto:

```
message = _("User %s has joined the chat room.") % \
    username
```

Si sabemos que ambas declaraciones producen la misma cadena resultante, es fácil ver por qué un traductor prefiere la segunda opción. Usa esta técnica siempre que necesites una frase que tenga alguna información que se deba insertar en ella. Tambiéne es bueno tratar de limitarse a un único código de formato (el %s) por frase. Si utilizas más de uno puedes causarle problemas al traductor.

Creando el pot

Asumiendo que cada cadena de texto que puede ser mostrada por nuestra Actividad se pasa a través "_()", el siguiente paso es çenerar un archivo pot. Puedes hacer esto ejecutando setup.py con una opción especial:

```
./setup.py genpot
```

Esto crea un directorio llamado **po** y pone un archivo ***ActivityName*.pot** en ese directorio. En el caso de nuestro ejemplo, el proyecto *ActivityName*, es **ReadEtextsII.** Este es el contenido de ese archivo:

```
# SOME DESCRIPTIVE TITLE.
# Copyright (C) YEAR THE PACKAGE'S COPYRIGHT HOLDER
# This file is distributed under the same license as the
# PACKAGE package.
# FIRST AUTHOR <EMAIL@ADDRESS>, YEAR.
#
#, fuzzy
msgid ""
msgstr ""
"Project-Id-Version: PACKAGE VERSION\n"
"Report-Msgid-Bugs-To: \n"
"POT-Creation-Date: 2010-01-06 18:31-0600\n"
"PO-Revision-Date: YEAR-MO-DA HO:MI+ZONE\n"
"Last-Translator: FULL NAME <EMAIL@ADDRESS>\n"
"Language-Team: LANGUAGE <LL@li.org>\n"
"MIME-Version: 1.0\n"
"Content-Type: text/plain; charset=CHARSET\n"
"Content-Transfer-Encoding: 8bit\n"

#: activity/activity.info:2
msgid "Read ETexts II"
msgstr ""

#: toolbar.py:34
msgid "Back"
```

```
msgstr ""

#: toolbar.py:40
msgid "Forward"
msgstr ""

#: toolbar.py:115
msgid "Zoom out"
msgstr ""

#: toolbar.py:120
msgid "Zoom in"
msgstr ""

#: toolbar.py:130
msgid "Fullscreen"
msgstr ""

#: ReadEtextsActivity2.py:34
msgid "Edit"
msgstr ""

#: ReadEtextsActivity2.py:38
msgid "Read"
msgstr ""

#: ReadEtextsActivity2.py:46
msgid "View"
msgstr ""
```

Este archivo contiene una entrada para cada cadena de texto en nuestra Actividad (msgid) y un lugar para poner una traducción de esa cadena (msgstr). Copias de este archivo se harán en el servidor Pootle para cada idioma que desee, y las entradas msgstr serán rellenadas por traductores voluntarios.

Subiendo a Pootle

Antes que eso puede suceder, necesitamos subir nuestro archivo POT en Pootle. Lo primero que tenemos que hacer es colocar el nuevo directorio er nuestro repositorio de Git y subirlo (*push*) a Gitorious. Debemos estar ya familiarizados con los comandos necesarios:

```
git add po
git commit -a -m "Add POT file"
git push
```

Luego necesitamos darle al usuario autoridad "pootle" para hacer "commit" en nuestro proyecto Git. Para hacerlo, hay que ir a git.sugarlabs.org, iniciar sesión, y encontrar la página del proyecto y haga clic en el enlace "*mainline*". En la nueva página deberás ver esto:

Project: Make Your Own Sugar Activities Book
Examples
Maintainer: jdsimmons
Created: 03 Jan 21:46

Clone repository

Request merge

Add committer

Committers

jdsimmons (owner)

Haz clic en el enlace **Add committer** y escribe el nombre **pootle** en el formulario al que te lleva. Cuando regreses a esta página **pootle** aparecerá listado bajo *Committers*.

El siguiente paso es ir al sitio web http://bugs.sugarlabs.org y registrarte para obtener un identificador de usuario. Con este usuario puedes abrir un "ticket" como este:

Create New Ticket

Properties

Summary: Add project "Make Your Own Sugar Activities Book Examples" to Pootle

Description: B *I* A ⌄ ▤ — ¶ ↵ ▣

```
User pootle is already a committer for this project in Git.
```

Type:	task ▾	Priority:	Unspecified by Maintainer ▾
Milestone:	Unspecified by Release Team ▾	Component:	localization ▾
Version:	Unspecified ▾	Severity:	Unspecified ▾
Keywords:		Cc:	
Distribution/OS:	Unspecified ▾	Bug Status:	New ▾
Assign to:	▾		

El campo **Component** debe ser ingresado como "*localization*" y el campo **Type** debe ser "*task*".

Lo creas o no, esto es todo lo que necesitas hacer para que tu actividad pueda ser traducida.

No prestes atención al hombre detrás de la cortina

Después de esto todavía debes hacer algunas cosas para obtener traducciones de Pootle en tu Actividad.

- Al agregar cadenas de texto (etiquetas, mensajes de error, etc) a tu Actividad, siempre utiliza la función **_()** con ellos para que puedan ser traducidos.
- Después de agregar nuevas cadenas ejecuta **./stup.py genpot** para recrear el archivo POT.
- Después de esto, hacer "**commit**" de los cambios y subirlos ("**push**") a Gitorious.
- De vez en cuando, y especialmente antes de liberar una nueva versión, hacer un **git pull**. Si hay archivos de **localization** añadidos a Gitorious esto permitirá que puedas obtenerlos.
- Después de conseguir estos archivos, debes ejecutar **./setup.py fix_manifest** para incluir los nuevos archivos obtenidos en el archivo **MANIFEST**. Después edita el archivo **MANIFEST** con gedit para eliminar cualquiera entrada no deseada (pueden ser los archivos de proyecto del editor Eric, etc.).

La traducción con Pootle creará un gran número de archivos en el proyecto, algunos en el directorio **po** y otros en un nuevo directorio llamado **locale**. Siempre y cuando estos aparezcan listados en el archivo MANIFEST, se incluirán en el archivo .xo que vas a utilizar para distribuir tu Actividad.

C'est Magnifique!

Esta es una captura de pantalla de la versión en francés de **Read Etexts** leyendo la novela de Julio Verne "**Le tour du monde en quatre-vingts jours**":

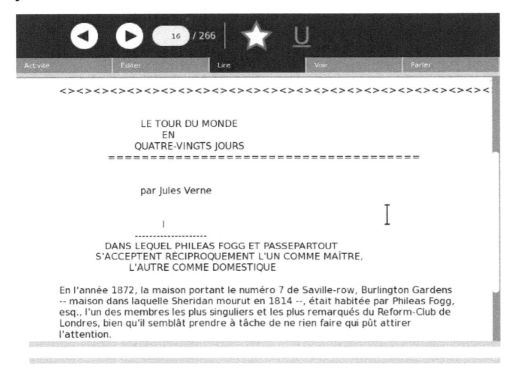

Hay razones para creer que el libro también está en francés.

1

---

1. Traducido Gonzalo Odiard, Argentina⌃

13. Distribuir tu Actividad

Elige una licencia

Antes de dar tu Actividad a cualquier persona, necesitas elegir bajo que licencia será distribuida. Comprar software es como comprar un libro. Hay ciertos derechos que tú tienes con un libro y que otras personas no tienen. Si tú compras un ejemplar de "El código Da Vinci" tienes el derecho a leerlo, a prestarlo, venderlo a una tienda de libros usados, o a quemarlo. Tú no tienes el derecho a hacer copias de él o hacer una película sobre él. Con el software pasa lo mismo, pero a veces es peor. Los acuerdos de licencia rutinariamente se aceptan haciendo clic en un botón, pero podrían no permitirte vender el software cuando hayas terminado con él, o incluso regalarlo. Si vendes tu computadora es posible que el software que compraste sólo es bueno para ese equipo, y sólo mientras seas tu el dueño de la computadora. (Tú puedes conseguir buenas ofertas en computadoras reacondicionadas sin ningún sistema operativo instalado por esa misma razón).

Si estás en el negocio de la venta de software, podrías tener que contratar a un abogado para redactar un acuerdo de licencia, pero si estás regalando el software hay varias licencias estándar que puedes elegir de forma gratuita. El más popular, por lejos, se llama la General Public License (en español, Licencia Pública General) o GPL. Al igual que las licencias que Microsoft utiliza, permite que las personas que reciben tu programa puedan hacer algunas cosas con ellos pero no otras. Lo más interesante no es lo que les permite hacer (que es prácticamente todo), sino lo que les prohibe hacer.

Si alguien distribuye un programa licenciado bajo la GPL, es también necesario poner el código fuente del programa a disposición de cualquiera que lo desee. Esa persona puede hacer lo que quiera con el código, con una restricción importante: si se distribuye un programa basado en el código ese, también debe licenciar aquel código usando la licencia GPL. Esto hace que sea imposible que alguien tome un trabajo con licencia GPL, lo mejore y lo venda a alguien sin darle el código fuente de la nueva versión.

Mientras que la licencia GPL no es la única licencia disponible para las Actividades que se distribuyen en http://activities.sugarlabs.org, todas las licencias exigen que alguien que recibe la Actividad también obtenga el código fuente completo de ella. Tu ya has cumplido con esta obligación al poner tu código fuente en Gitorious. Si has utilizado código de una Actividad existente con licencia GPL, debes licenciar tu propio código de la misma manera. Si has utilizado una gran cantidad de código de este libro (que también está bajo licencia GPL) puede ser necesario que uses la GPL también.

¿Debes preocuparte por las licencias? En realidad no. La única razón por la que querrías usar una licencia distinta de la GPL es si quisieras vender tu Actividad en lugar de regalarla. Considera lo que tendrías que hacer para que eso sea posible:

- Tendrías que usar algún otro lenguaje que no sea Python, para que puedas dar a alguien el programa, sin darle el código fuente.
- Tendrías que tener tu propio repositorio de código fuente no disponible al público en general y hacer arreglos para que los datos se respladen regularmente.
- Tendrías que tener tu propio sitio web para la distribución de la Actividad. El sitio web debería ser configurado para aceptar pagos de alguna manera.
- Tendrías que anunciar ese sitio web de alguna manera o nadie sabría que tu Actividad existe.
- Tendrías que tener un abogado para que elabore una licencia para tu Actividad.
- Tendrías que idear un mecanismo para impedir a tus clientes distribuir copias de tu Actividad.
- Tendrías que crear una actividad tan increíblemente inteligente que nadie más pueda hacer algo similar y regalarlo.
- Tendrías que lidiar con el hecho de que tus "clientes" serían los niños, sin dinero o tarjetas de crédito.

En resumen, activities.sugarlabs.org no es el iPhone App Store. Es un lugar donde los programadores comparten y construyen sobre el trabajo de otro y dan los resultados a los niños de forma gratuita. La GPL fomenta a que eso pase, y recomiendo que elijas esa como tu licencia.

Agrega la licencia como comentario en tu código Python

En la parte superior de cada archivo de código fuente Python de tu proyecto (excepto **setup.py**, que ya está comentado) pon comentarios como este:

```
# nombredelarchivo     descripción
#
# Copyright (C) 2011 Tu Nombre Aquí
#
# This program is free software; you can redistribute it
# and/or modify it under the terms of the GNU General
# Public License as published by the Free Software
# Foundation; either version 2 of the License, or
# (at your option) any later version.
#
# This program is distributed in the hope that it will
# be useful, but WITHOUT ANY WARRANTY; without even
# the implied warranty of MERCHANTABILITY or FITNESS FOR
# A PARTICULAR PURPOSE.  See the GNU General Public
# License for more details.
#
# You should have received a copy of the GNU General
# Public License along with this program; if not, write
# to the Free Software Foundation, Inc., 51 Franklin
# St, Fifth Floor, Boston, MA 02110-1301   USA
```

Si el código está basado en el código de otra persona, debes mencionarlo como una cortesía.

Crea un archivo .xo

Asegúrate de que el archivo activity.info tiene el número de versión que deseas dar a tu Actividad (en la actualidad debe ser un entero positivo) y ejecuta el siguiente comando:

```
./setup.py dist_xo
```

Esto creará una carpeta **dist** si no existe y pondrá un archivo llamado algo así como **ReadETextsII-1.xo** en ella. El "1" indica la versión 1 de la Actividad.

Si has hecho todo bien, este .xo debe estar listo para distribuir. Puedes copiarlo a una unidad de disco USB (pendrive) e instalarlo en una XO o en otra unidad de disco USB corriendo Sugar on a Stick. Probablemente deberías hacerlo antes de distribuirla por cualquier inconveniente. Me gusta vivir con las nuevas versiones de mis actividades durante aproximadamente una semana antes de ponerlas en activities.sugarlabs.org.

Ahora sería un buen momento para añadir **dist** a tu archivo **.gitignore**, y después, hacer un **commit** y ponerlo en **Gitorious**. Tú no quieres tener copias de tus archivos .xo en **Git**. Otra buena cosa para hacer en este momento sería asignar etiquetas a tu repositorio **Git** con el número de versión, para que puedas identificar que código va con que versión.

```
git tag -m "Version 1" v1 HEAD
git push --etiquetas
```

Agrega tu Actividad a ASLO

Cuando estés listo para enviar el archivo .xo a ASLO necesitarás crear una cuenta como se hace con otros sitios web. Cuando hayas entrado allí puedes encontrar un enlace a **Tools** (Herramientas) en la esquina superior derecha de la página. Has clic allí y verás un menú con una opción para: **Developer Hub** (Centro de Desarrolladores), en la que deberás hacer clic. Eso te llevará a la página donde puedes agregar nuevas Actividades. Lo primero que te piden a la hora de establecer una nueva Actividad es la licencia que vas a utilizar. Después de eso, no deberías tener problemas para dejar tu Actividad establecida.

Tienes que crear un ícono para la Actividad como un archivo .gif y crear capturas de pantalla de la Actividad en acción. Puedes hacer ambas cosas con GIMP (GNUImage Manipulation Program). Para el ícono todo lo que necesitas hacer es abrir el archivo .svg con el GIMP e ir a **Save as** (Guardar como) y elegir el formato .gif.

Para las capturas de pantalla usa el emulador de Sugar para mostrar tu Actividad en acción, a continuación, utiliza la opción de pantalla del submenú **Create** (Crear) del menú **File** (Archivo) con las siguientes opciones:

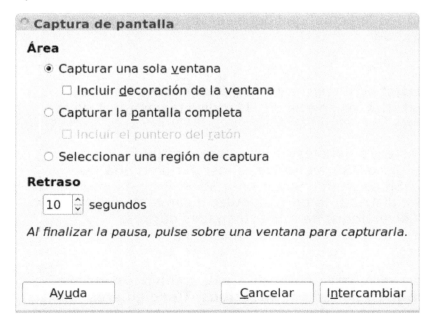

Esto le indica a GIMP que espere 10 segundos y luego tome una captura de pantalla de la ventana en la que hayas hecho clic con el ratón. Sabrás que los 10 segundos se terminan porque el puntero del ratón cambiará de forma a un signo de más (+). También le dice que no incluya la decoración de la ventana (esto es, la barra de título y el borde). Como las ventanas de SUGAR no tienen decoraciones, esto eliminará las decoraciones utilizadas por el emulador de Sugar y te dará una captura de pantalla que se ve exactamente como una Actividad corriendo en Sugar.

Cada Actividad necesita una captura de pantalla, pero puedes tener más si lo deseas. Las capturas ayudan a promocionar la Actividad y enseñan a aquellos que la utilizarán lo que la Actividad puede hacer. Por desgracia, ASLO no puede mostrar imágenes en una secuencia predecible, por lo que no es apropiada para mostrar los pasos a llevar a cabo.

Otra cosa que debes proporcionar es una página para tu actividad. Para **Read Etexts** es esta:

http://wiki.sugarlabs.org/go/Activities/Read_Etexts

Sí, un sitio web más para obtener una cuenta. Una vez hecho puedes especificar un vínculo a **/go/Activities/algun_nombre** y al hacer clic en ese enlace de la Wiki se va a crear una página para ti. El software utilizado para el wiki es **MediaWiki**, el mismo que utiliza la Wikipedia. Tu página no tiene por qué ser tan complicada como la mía, pero definitivamente debería proporcionar un enlace a tu código fuente en Gitorious.

1

1. Traducido Alan Aguiar, Uruguay

14. Depurar Actividades Sugar

Introducción

No importa que tan cuidadoso seas, es bastante probable que tu Actividad no vaya a funcionar perfectamente la primera vez que la pruebes. Depurar una Actividad Sugar es un poco diferente a la depuración de un programa independiente o autónomo. Cuando pruebas un programa independiente, tú solo debes ejecutar el programa en sí. Si hay errores de sintaxis en el código puedes encontrar los mensajes de error de inmediato en la consola, y si se está ejecutando en el IDE de Eric, la última línea de código será seleccionada en el editor para que puedas corregirla y seguir adelante.

Con Sugar es un poco diferente. Es el ambiente Sugar, no el de Eric, el que ejecuta el programa. Si hay errores de sintaxis en el código tú no puedes verlos de inmediato. En cambio, el ícono de Actividad intermitente que se ve cuando tu Actividad se inicia, sólo seguirá parpadeando durante varios minutos y luego simplemente desaparecerá y tu Actividad no se iniciará. La única manera de encontrar el error que causó el problema será utilizar la Actividad Registro. Si tu programa no tiene errores de sintaxis, pero tiene errores de lógica, tú no seras capaz de dar un paso a través de tu código con un depurador para encontrarlos. En su lugar, tendrás que utilizar algún tipo de registro para rastrear a través de él lo que está sucediendo en el código y de nuevo utilizar la Actividad Registro para ver los mensajes de seguimiento. Ahora sería un buen momento para repetir algunos consejos que di antes:

Haz una versión independiente de tu programa

Haga lo que haga tu Actividad, es casi seguro que el 80% de ella lo podría realizar un programa independiente, el cual es mucho menos tedioso para depurar. Si tú puedes pensar en una manera de hacer tu Actividad ejecutable, sea como una Actividad independiente o un programa Python autónomo, trata de hacerlo por todos los medios.

Usa PyLint, PyChecker, o PyFlakes

Una de las ventajas de un lenguaje compilado como C sobre un lenguaje interpretado como Python es que el compilador realiza una comprobación de sintaxis completa del código antes de convertirlo en lenguaje de máquina. Si hay errores de sintaxis el compilador te da mensajes de error informativos y se detiene la compilación. Hay una utilidad llamada **lint** que los programadores de C pueden utilizar para hacer controles más profundos que los que hace el compilador y encontrar cosas dudosas en el código.

Python no tiene un compilador, sino que tiene varias utilidades (como la utilididad **lint**) que se pueden ejecutar en el código antes de probarlo. Estas utilidades son **pyflakes**, **pychecker** y **pylint**. Cualquier distribución de Linux debe tener las tres disponibles.

PyFlakes

Aquí hay un ejemplo del uso de **PyFlakes**:

```
pyflakes minichat.py
minichat.py:25: 'COLOR_BUTTON_GREY' imported but unused
minichat.py:28: 'XoColor' imported but unused
minichat.py:29: 'Palette' imported but unused
minichat.py:29: 'CanvasInvoker' imported but unused
```

PyFlakes parece hacer el menor control de los tres, pero encuentra errores como estos de arriba que podrían pasar desapercibidos al ojo humano .

PyChecker

Aquí está **PyChecker** en acción:

```
pychecker ReadEtextsActivity.py
Processing ReadEtextsActivity...
/usr/lib/python2.5/site-packages/dbus/_dbus.py:251:
DeprecationWarning: The dbus_bindings module is not public
API and will go away soon.

Most uses of dbus_bindings are applications catching
the exception dbus.dbus_bindings.DBusException.
You should use dbus.DBusException instead (this is
compatible with all dbus-python versions since 0.40.2).

If you need additional public API, please contact
the maintainers via <dbus@lists.freedesktop.org>.

  import dbus.dbus_bindings as m

Warnings...
```

```
/usr/lib/python2.5/site-packages/sugar/activity/activity.py:847:
Parameter (ps) not used
/usr/lib/python2.5/site-packages/sugar/activity/activity.py:992:
Parameter (event) not used
/usr/lib/python2.5/site-packages/sugar/activity/activity.py:992:
Parameter (widget) not used
/usr/lib/python2.5/site-packages/sugar/activity/activity.py:996:
Parameter (widget) not used

/usr/lib/python2.5/site-packages/sugar/graphics/window.py:157:
No class attribute (_alert) found
/usr/lib/python2.5/site-packages/sugar/graphics/window.py:164:
Parameter (window) not used
/usr/lib/python2.5/site-packages/sugar/graphics/window.py:188:
Parameter (widget) not used
/usr/lib/python2.5/site-packages/sugar/graphics/window.py:200:
Parameter (event) not used
/usr/lib/python2.5/site-packages/sugar/graphics/window.py:200:
Parameter (widget) not used

ReacEtextsActivity.py:62: Parameter (widget) not used

4 errors suppressed, use -#/--limit to increase the number
of errors displayed
```

PyChecker no sólo comprueba tu código, también comprueba el código
que se importa, incluyendo el código de Sugar.

PyLint

Aquí está **PyLint**, la más completa de las tres:

```
pylint ReadEtextsActivity.py
No config file found, using default configuration
************ Module ReadEtextsActivity
C:177: Line too long (96/80)
C:  1: Missing docstring
C: 27: Operator not preceded by a space
page=0
    ^
C: 27: Invalid name "page" (should match
((([A-Z_][A-Z0-9_]*)|(__.*__))$)
C: 30:ReadEtextsActivity: Missing docstring
C:174:ReadEtextsActivity.read_file: Invalid name "zf" (should
match [a-z_][a-z0-9_]{2,30}$)
W: 30:ReadEtextsActivity: Method 'write_file' is abstract
in class 'Activity' but is not overridden
R: 30:ReadEtextsActivity: Too many ancestors (12/7)
W: 33:ReadEtextsActivity.__init__: Using the global statement
R: 62:ReadEtextsActivity.keypress_cb:
Too many return statements (7/6)
C: 88:ReadEtextsActivity.page_previous: Missing docstring
W: 89:ReadEtextsActivity.page_previous:
Using the global statement
C: 90:ReadEtextsActivity.page_previous:
Operator not preceded by a space
        page=page-1
```

```
                ^
C: 91:ReadEtextsActivity.page_previous:
Operator not preceded by a space
         if page < 0: page=0
                   ^
C: 91:ReadEtextsActivity.page_previous: More than one
statement on a single line
C: 96:ReadEtextsActivity.page_next: Missing docstring
W: 97:ReadEtextsActivity.page_next: Using the global
statement
C: 98:ReadEtextsActivity.page_next: Operator not preceded
by a space
         page=page+1
                   ^
C: 99:ReadEtextsActivity.page_next: More than one
statement on a single line
C:104:ReadEtextsActivity.font_decrease: Missing docstring
C:112:ReadEtextsActivity.font_increase: Missing docstring
C:118:ReadEtextsActivity.scroll_down: Missing docstring
C:130:ReadEtextsActivity.scroll_up: Missing docstring
C:142:ReadEtextsActivity.show_page: Missing docstring
W:143:ReadEtextsActivity.show_page: Using global for
'PAGE_SIZE' but no assigment is done
W:143:ReadEtextsActivity.show_page: Using global for
'current_word' but no assigment is done
W:157:ReadEtextsActivity.save_extracted_file: Redefining
name 'zipfile' from outer scope (line 21)
C:163:ReadEtextsActivity.save_extracted_file: Invalid
name "f" (should match [a-z_][a-z0-9_]{2,30}$)
W:171:ReadEtextsActivity.read_file: Using global
for 'PAGE_SIZE' but no assigment is done
C:177:ReadEtextsActivity.read_file: Invalid name
"currentFileName" (should match [a-z_][a-z0-9_]{2,30}$)
C:179:ReadEtextsActivity.read_file: Invalid name
"currentFileName" (should match [a-z_][a-z0-9_]{2,30}$)
C:197:ReadEtextsActivity.make_new_filename: Missing
docstring
R:197:ReadEtextsActivity.make_new_filename: Method could be
a function
R: 30:ReadEtextsActivity: Too many public methods (350/20)
W:174:ReadEtextsActivity.read_file: Attribute
'zf' defined outside __init__
W:181:ReadEtextsActivity.read_file: Attribute
'etext_file' defined outside __init__
W:175:ReadEtextsActivity.read_file: Attribute
'book_files' defined outside __init__
W:182:ReadEtextsActivity.read_file: Attribute
'page_index' defined outside __init__

... A bunch of tables appear here ...

Global evaluation
-----------------
Your code has been rated at 7.52/10 (previous run: 7.52/10)
```

Pylint es el más duro con tu código y tu ego. No sólo te informa acerca de los errores de sintaxis, te dice todos los errores que alguien podría encontrar en tu código. Esto incluye cuestiones de estilo que no van a afectar la forma como se ejecuta el código, sino que afectan el modo en que es legible por otros programadores.

La Actividad Registro

Al comenzar a probar tus Actividades, la Actividad Registro (Log) será como tu segunda casa. Ella muestra una lista de archivos de registro en el panel de la izquierda y al seleccionar uno de ellos mostrará el contenido del archivo en el panel derecho. Cada vez que ejecutes tu Actividad, un nuevo archivo de registro se crea para ella, para que puedas comparar el registro que se obtuvo en esta ocasión con lo que tienes de ejecuciones anteriores. La barra de herramientas **Edit** (Editar) es especialmente útil. Contiene un botón para mostrar el archivo de registro con "líneas ajustadas", es decir, justificadas (que no está activada por defecto, pero probablemente deberías hacerlo). Tiene otro botón para copiar selecciones del registro en el portapapeles, que será muy útil si deseas mostrar mensajes del registro a otros desarrolladores.

La barra de herramientas tiene un botón para borrar archivos de registro. Nunca he encontrado una razón para usarlo. Los archivos de registro se borran por sí solos al reiniciar la XO.

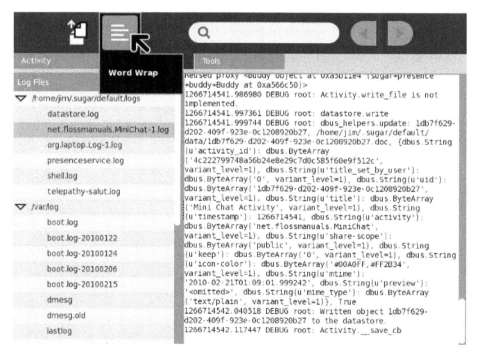

Esto es lo que la Actividad Registro muestra cuando detecta un error de sintaxis en el código:

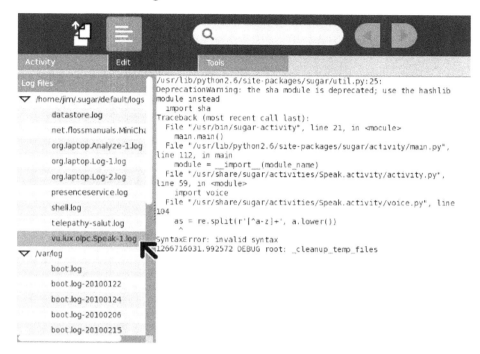

Logging (registro)

Sin lugar a dudas la técnica más antigua de depuración debe ser la declaración de un simple **print**. Si tú tienes un programa en ejecución que se porta mal por los errores de lógica y no puedes recorrer el código en un depurador para averiguar lo que está sucediendo, puedes poner declaraciones **print** en tu código. Por ejemplo, si no estás seguro si un método llega a ser ejecutado, puedes poner una declaración como esta como la primer línea del método:

```
def mi_metodo():
    print 'mi_metodo() inicia'
```

También puedes incluir datos en las declaraciones de **print**. Supongamos que necesitas saber cuántas veces se ejecuta un bucle. Tu puedes hacer esto:

```
while contador < TAMANIO_PAGINA:
    linea = self.archivo_texto.readline()
    texto_etiqueta = texto_etiqueta + unicode(linea, 'iso-8859
    contador = contador + 1
    print 'contador=', contador
```

La salida de estos **print** se puede ver en la Actividad Registro. Cuando hayas terminado de depurar el programa deberías eliminar estas declaraciones.

Un viejo libro de programación que leí una vez, aconsejaba dejar las declaraciones **print** en el programa terminado. Los autores consideran que el uso de estas declaraciones para la depuración y la posterior eliminación de errores se parece un poco a llevar un paracaídas cuando el avión está en tierra y quitárselo cuando está en el aire. Si el programa está afuera en el mundo y tiene problemas te gustaría tener esas declaraciones en el código para que puedan ayudar al usuario y a ti mismo a descubrir lo que está pasando. Por otro lado, las declaraciones de **print** no son gratuitas. Ellas se toman el tiempo para correr y llenan los archivos de registro de basura. Lo que necesitamos son **print** que uno pueda prender y apagar.

La forma en que se puede hacerlo es con **Python Standard Logging**. La forma utilizada por la mayoría de las Actividades se parece a esto:

```
self._logger = logging.getLogger('read-etexts-activity')
```

Estas declaraciones pueden ir en el método _init_ () de su actividad. Cada vez que quieras hacer un **print** puedes hacer en su lugar:

```
def _shared_cb(self, activity):
    self._logger.debug('Mi actividad fue compartida')
    self.iniciando = True
    self._sharing_setup()

    self._logger.debug('Esta es mi actividad: haciendo un tubo...'
    id = self.tubes_chan[telepathy.CHANNEL_TYPE_TUBES].\
        OfferDBusTube(SERVICE, {})

def _sharing_setup(self):
    if self._shared_activity is None:
        self._logger.error(
            'Failed compartir o unirse a la actividad')
        return
```

Ten en cuenta que hay dos tipos de registro aquí: de "depuración" y de "error" (**debug** y **error** respectivamente). Estos son niveles de error. Cada sentencia tiene uno, y controlan que declaraciones de control se ejecutan y cuales son ignoradas. Hay varios niveles de registro de errores, desde la severidad más baja a la más alta:

```
self._logger.debug("mensaje de depuracion")
self._logger.info("mensaje de informacion")
self._logger.warn("mensaje de advertencia")
self._logger.error("mensaje de errorr")
self._logger.critical("mensaje critico")
```

Cuando estableces el nivel de error en tu programa a uno de estos valores, se reciben mensajes con ese nivel y más alto. Tú puedes ajustar el nivel en el código del programa así:

```
self._logger.setLevel(logging.DEBUG)
```

También puedes establecer el nivel de registro fuera del código de tu programa con una variable de entorno. Por ejemplo, en la versión de Sugar 0.82 e inferiores, puedes empezar un emulador de Sugar de la siguiente manera:

```
SUGAR_LOGGER_LEVEL=debug sugar-emulator
```

Tu puedes hacer lo mismo en la versión 0.84 y posteriores, pero hay una manera más conveniente. Edita el archivo **~/.sugar/debug** y descomenta la línea que establece el **SUGAR_LOGGER_LEVEL**. Sea cual sea el valor que tiene **SUGAR_LOGGER_LEVEL** en **~/.sugar/debug** anulará el establecido por la variable de entorno, por lo tanto, hay que cambiar la configuración en el archivo o utilizar la variable de entorno, pero no hagas ambas.

La Actividad Analyze

Otra Actividad que utilizarás en algún momento es Analyze. Esta Actividad es más probable que la utilices para la depuración de Sugar en sí mismo que para depurar tu Actividad. Si por ejemplo, el entorno de prueba de la colaboración no parece estar funcionando, esta Actividad podría ayudarte a ti o a alguien más a encontrar por qué.

No tengo mucho que decir acerca de esta Actividad aquí, pero por lo menos tu debes saber que existe.

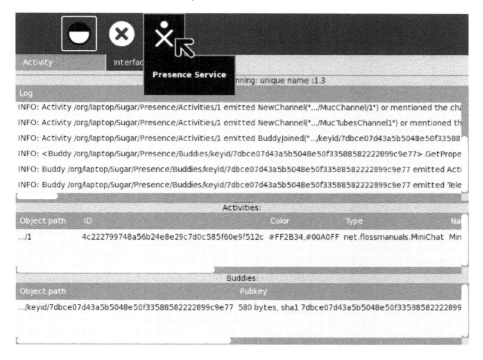

1. Traducido Alan Aguiar, Uruguay$\hat{-}$

Temas Avanzados

15. Hacer Actividades compartidas
16. Agregar texto hablado
17. Jugar con el Journal
18. Construir Actividades con Pygame
19. Hacer nuevas barras de herramientas

15. Hacer Actividades compartidas

Introducción

Una de las cualidades distintivas de Sugar es que varias Actividades tienen la capacidad de ser utilizadas por más de una persona al mismo tiempo. Más y más computadoras están siendo utilizadas como medio de comunicación.Los más recientes juegos de computadora no sólo ponen al jugador en contra de una máquina; sino que construyen un mundo en el que los jugadores compiten entre si. Websites como**Facebook**incrementan su popularidad porque dan a las personas la posibilidad de interactuar e incluso jugar juegos entre sí. Entonces, es natural que un software educativo apoye este tipo de interacciones.

Tengo una sobrina que es miembro entusiasta del sitio web "El Club del Pingüino"creado por Disney. Cuando le di Sugar on a Stick Blueberry como regalo de Navidad le mostré la vista Vecindario (Neighborhood en inglés) y le dije que Sugarpermitía que toda su computadora se comportara como el Club del Pingüino. Ellapensóque era una idea genial. Me gusta mencionarlo.

Ejecutar Sugar como más de un usuario

Antes de empezar a escribir unaporcióndecódigo es necesario pensar como se realizará la prueba de estas Actividades. En el caso de una Actividad compartida es razonable pensar que es necesario tener más de una computadora para realizar tests o pruebas sobre dicha Actividad, pero los diseñadores de Sugar tomaron en cuenta que las Actividades serían compartidas y desarrollaron medios por los cuales se pueden probar las Actividades compartidas utilizando sólo una computadora. Estosmétodoshan ido evolucionando, por lo que existen ligeras variaciones en como probar dependiendo de la versión de Sugar que se esté utilizando. La primera cosa que se debe saber es como correr múltiples instancias de Sugar como usuarios diferentes.

Fedora 10 (Sugar .82)

En Sugar .82 existe una manera práctica para ejecutarmúltiplescopias del emulador Sugar y tener cada instancia como un usuario diferente, sin tener que haber iniciado sesión en la máquina Linux con más de un usuario. En la línea de comando para cada usuario adicional que se quiera ejecutar es necesario añadir una variable de entorno SUGAR_PROFILE de la siguiente forma:

```
SUGAR_PROFILE=austen sugar-emulator
```

Cuando haces esto el emulador de Sugar creará un directorio llamado austen bajo ~/.sugar para almacenar información del perfil en dicho directorio, etc. Se te solicitará introducir un nombre y seleccionar un color para el ícono. Cada vez que arranques usando el SUGAR_PROFILE de austen, serás ese usuario. Si lanzas el emulador sin utilizar un SUGAR_PROFILE, serás el usuario regular que configuraste previamente.

Fedora 11 (Sugar .84)

A pesar de lo práctico de usar el SUGAR_PROFILE, los desarrolladores de Sugar decidieron que tenía limitaciones y por lo tanto dejó funcionar en la version .84 y posteriores. Con Sugar .84 y superiores es necesario crear un usuario Linux adicional y ejecutar el emulador Sugar como dos usuarios Linux independientes. En el entorno GNOME existe una opción **Usuarios y Grupos** (Users and Groups) en el submenú **Administración** (Administration) del menú **Sistema** (System) desde donde es posible configurar un segundo usuario. Antes se te solicitará que ingreses la contraseña de administrador que has creado cuando has configurado inicialmente el entorno Linux con el que trabajas.

Crear el segundo usuario es bastante simple, pero ¿cómo se consigue tener dos usuarios diferentes registrados al mismo tiempo? De hecho es bastante simple. Es necesario que abras una terminal e ingreses lo siguiente:

```
ssh -XY jausten@localhost
```

Vemos que "jausten" es el user_id del segundo usuario. Se hará una consulta para verificar la confiabilidad de la computadora "localhost". "localhost" significa que utilizarás los mecanismos de red para iniciar una nueva sesión dentro la misma computadora, entonces es seguro contestar que si (yes). Entonces se te pedirá introducir su contraseña (password), y desde ese momento todo lo que realices desde esa terminal pertenecerá al usuario con has iniciado la sesión. Puedes iniciar el emulador de Sugar desde esta terminal y la primera vez te pedirá un nombre y color del ícono.

sugar-jhbuild

Con sugar-jhbuild (la última version de Sugar) las cosas nuevamente cambian un poquitín. Debes usar el método de inicio de sesión como multiples usuarios Linux tal como se hace para le versión .84, pero no se te preguntará ningún nombre de usuario. En su lugar Sugar utilizará el nombre de usuario con el que está corriendo el sistema. No podrás cambiar el nombre de usuario, pero si podrás cambiar el color del ícono como siempre.

Necesitas una instalación independiente de sugar-jhbuild para cada usuario. Estas instalaciones adicionales serán bastante rápidas puesto que se instalaron todas las dependencias la primera vez.

Conectar con otros usuarios

Sugar utiliza un software llamado **Telepathy,** el cual implementa un protocolo de intercambio de mensajes instantáneo llamado **XMPP** (**Extended Messaging and Presence Protocol**). Este protocolo solía llamarse **Jabber**. En esencia Telepathy permite incrustar un cliente de mensajería instantánea dentro de tu Actividad (Activity). Puedes utilizar este recurso para enviar mensajes de usuario a usuario, ejecutar métodos remotamente e incluso para realizar transferencia de archivos.

De hecho existen dos formas para que los usuarios de Sugar puedan interactuar en una red:

Salut

Si dos computadoras están conectadas en el mismo segmento de una red, las mismas deberían ser capaces de encontrarse y compartir Actividades. Si tienes una red doméstica donde todo el mundo utiliza el mismo router puedes compartir con otros en esa red. A este tipo de conexión se lo suele llamar **Link-Local XMPP**. El software Telepathy que hace esto posible se conoce como **Salut**.

Las laptops XO cuentan con software y hardware especial que les permite soportar las redes Malla (**Mesh Networking)**, donde las XO que están próximas pueden automáticamente iniciar una red malla sin necesidad de un router. Para Sugar mientres estés conectado no importa el tipo de conexión tengas. Cableada o inalámbrica (llamada también por radio o wireless), Malla o no, todas ellas funcionan de la misma forma.

El servidor Jabber

Otra forma de conectarse a otros usuarios y sus Actividades es a través del uso de un servidor Jabber. La ventaja de usar un servidor Jabber es que es posible conectar y compartir Actividades con personas fuera de la red local. Estas personas incluso podrían estar al otro lado del mundo. Jabber permite que Actividades en diferentes redes se conecten entre si, aún cuando estas redes se encuentren protegidas por un muro de fuego (firewall en inglés - en el mundo informático el término muro de fuego se utiliza para referirse a un software de protección de intrusos sobre la red). La parte de Telepathy que trabaja con un Seridor Jabber se llama **Gabble**.

En general deberías usar Salut para testear tus aplicaciones si es posible. Esto simplifica el testeo y no utiliza los recursos de un Servidor Jabber.

Realmente no es importante si tu Actividad se conecta con otros usando Gabble o Salut. De hecho, la Actividad no tiene idea que está utilizando. Estos detalles se encuentran escondidos para la Actividad y es directa responsabilidad de Telepathy. Cualquier Actividad que trabaja con Salut trabajará también con Gabble y viceversa.

Para configurar el emulador-sugar para que utilice Salut ve al panel de control de Sugar:

En Sugar .82 esta opción de menú se llama **Panel de Control** (**Control Panel)**. En versiones más recientes se llama **My Settings** (Mis parámetros u opciones)

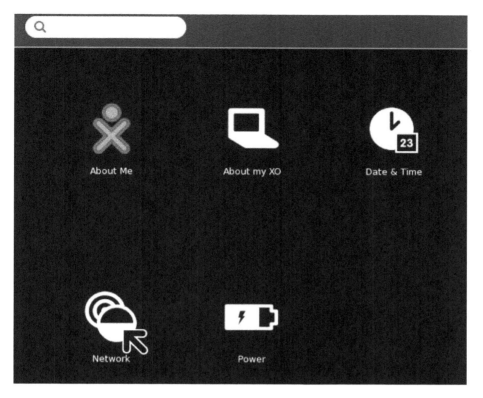

Haz clic en el ícono de la red (**Network)**.

Network

Wireless

Turn off the wireless radio to save battery life

☐ Radio

Discard network history if you have
trouble connecting to the network

[Discard network history]

Mesh

Server:

El campo Servidor en esta pantalla debe permanecer vacío para usar
Salut. Puedes usar la tecla de borrar (backspace) para borrar cualquier
entrada en este campo.

Debes seguir todos estos pasos para cada usuario Sugar que vaya a ser
parte del test de la Actividad compartida.

Si por alguna razon deseas testear tu Actividad utilizando un servidor
Jabber, en el Wiki de OLPC se mantiene una lista de servidores públicos
disponibles en http://wiki.laptop.org/go/Community_Jabber_Servers

Una vez que tienes configurado sea Salut o un Servidor Jabber en ambas
instancias de Sugar que ejecutes, debes ir a la vista de Vecindario
(Neighborhood) de ambas máquinas para ver si entre ellas fueron
capaces de detectarse, y quiza puedas intentar utilizar la actividad **Chat**
entre ellas. Si tienes todo esto funcionando estás listo para intentar
programar una Actividad compartida.

La Actividad MiniChat

Tal como tomamos la Actividad **Read Etexts** y la analizamos al detalle, vamos a hacer lo mismo con la Actividad **Chat** para crear una nueva Actividad a la que llamaremos **MiniChat**. La Actividad real Chat (Chat Activity) tiene ciertas características que no necesitamos para demostrar la mensajería de una Actividad compartida:

- Tiene la habilidad de cargar su código en Pippy para su visualización. Esta es una cualidad que supuestamente tienen todas las actividades de las XO, pero Chat es una de las pocas que lo implementan. Personalmente, si quiero ver el código de una Actividad prefiero ir directamente a git.sugarlabs.org donde tengo la posibilidad de ver tanto el código actual como versiones anteriores.

- Chat puede mantener una conexión de uno a uno con un cliente convencional **XMPP**. Esto puede ser útil para el Chat pero no necesariamente útil o deseable para la mayoría de las Actividades compartidas.

- Si incluyes una URL en un mensaje del Chat, la interfaz de usuario te permite hacer clic en la URL para hacer una entrada en el Diario (Journal) para dicha URL. Entonces puedes usar el Diario (Journal) para abrir la URL con la Actividad **Browse** (Navegar). (Esto es necesario porque las Actividades no pueden lanzarse unas a otras). Es genial, pero no es necesario para demostrar cómo se hace una Actividad compartida.

- La sesión de chat se guarda en el Diario (Journal). Cuando retomas el Chat desde el Diario (Journal) restaura los mensajes desde tu sesión previa en la interfaz de usuario. Nosotros ya sabemos como guardar cosas en el Diario y también como restaurar cosas desde el Diario, por lo tanto el MiniChat no hará esto.

El código resultante es aproximadamente la mitad de largo que el original. También hice algunos otros cambios:

- El campo de entrada está arriba de los mensajes del chat en lugar de abajo. Esto permite tomar capturas de pantalla parciales de la Actividad en acción más fácilmente.

- He eliminado la barra de herramientas (toolbar) del nuevo estilo y la cambié por una barra de herramientas del viejo estilo. Esto me permite testear la Actividad en Fedora 10 y 11 la cual no soporta las nuevas barras de herramientas (toolbars).

- Tomé la clase **TextChannelWrapper** y la puse en un archivo propio diferente. Hice esto porque la clase parecía útil para otros proyectos.

El código y todos los archivos requeridos para la Actividad **MiniChat** están en el directorio **MiniChat** del repositorio Git. Para ejecutarlo necesitas correr:

```
./setup.py dev
```

en el proyecto para dejarlo listo para el test. La **activity.info** se ve así:

```
[Activity]
name = Mini Chat
service_name = net.flossmanuals.MiniChat
icon = chat
exec = sugar-activity minichat.MiniChat
show_launcher = yes
activity_version = 1
license = GPLv2+
```

Este es el código para **textchannel.py**:

```python
import logging

from telepathy.client import Connection, Channel
from telepathy.interfaces import (
    CHANNEL_INTERFACE, CHANNEL_INTERFACE_GROUP,
    CHANNEL_TYPE_TEXT, CONN_INTERFACE_ALIASING)
from telepathy.constants import (
    CHANNEL_GROUP_FLAG_CHANNEL_SPECIFIC_HANDLES,
    CHANNEL_TEXT_MESSAGE_TYPE_NORMAL)

class TextChannelWrapper(object):
    """Wrap a telepathy Text Channel to make
    usage simpler."""
    def __init__(self, text_chan, conn):
        """Connect to the text channel"""
        self._activity_cb = None
        self._activity_close_cb = None
        self._text_chan = text_chan
        self._conn = conn
        self._logger = logging.getLogger(
            'minichat-activity.TextChannelWrapper')
        self._signal_matches = []
        m = self._text_chan[CHANNEL_INTERFACE].\
            connect_to_signal(
            'Closed', self._closed_cb)
        self._signal_matches.append(m)

    def send(self, text):
        """Send text over the Telepathy text channel."""
        # XXX Implement CHANNEL_TEXT_MESSAGE_TYPE_ACTION
        if self._text_chan is not None:
            self._text_chan[CHANNEL_TYPE_TEXT].Send(
                CHANNEL_TEXT_MESSAGE_TYPE_NORMAL, text)

    def close(self):
        """Close the text channel."""
        self._logger.debug('Closing text channel')
        try:
            self._text_chan[CHANNEL_INTERFACE].Close()
```

```python
        except:
            self._logger.debug('Channel disappeared!')
            self._closed_cb()

    def _closed_cb(self):
        """Clean up text channel."""
        self._logger.debug('Text channel closed.')
        for match in self._signal_matches:
            match.remove()
        self._signal_matches = []
        self._text_chan = None
        if self._activity_close_cb is not None:
            self._activity_close_cb()

    def set_received_callback(self, callback):
        """Connect the function callback to the signal.

        callback -- callback function taking buddy
        and text args
        """
        if self._text_chan is None:
            return
        self._activity_cb = callback
        m = self._text_chan[CHANNEL_TYPE_TEXT].\
            connect_to_signal(
            'Received', self._received_cb)
        self._signal_matches.append(m)

    def handle_pending_messages(self):
        """Get pending messages and show them as
        received."""
        for id, timestamp, sender, type, flags, text \
            in self._text_chan[
            CHANNEL_TYPE_TEXT].ListPendingMessages(
            False):
            self._received_cb(id, timestamp, sender,
                type, flags, text)

    def _received_cb(self, id, timestamp, sender,
        type, flags, text):
        """Handle received text from the text channel.

        Converts sender to a Buddy.
        Calls self._activity_cb which is a callback
        to the activity.
        """
        if self._activity_cb:
            buddy = self._get_buddy(sender)
            self._activity_cb(buddy, text)
            self._text_chan[
                CHANNEL_TYPE_TEXT].
                AcknowledgePendingMessages([id])
        else:
            self._logger.debug(
                'Throwing received message on the floor'
                ' since there is no callback connected. See '
                'set_received_callback')

    def set_closed_callback(self, callback):
```

```
        """Connect a callback for when the text channel
        is closed.

        callback -- callback function taking no args

        """
        self._activity_close_cb = callback

    def _get_buddy(self, cs_handle):
        """Get a Buddy from a (possibly channel-specific)
        handle."""
        # XXX This will be made redundant once Presence
        # Service provides buddy resolution
        from sugar.presence import presenceservice
        # Get the Presence Service
        pservice = presenceservice.get_instance()
        # Get the Telepathy Connection
        tp_name, tp_path = \
            pservice.get_preferred_connection()
        conn = Connection(tp_name, tp_path)
        group = self._text_chan[CHANNEL_INTERFACE_GROUP]
        my_csh = group.GetSelfHandle()
        if my_csh == cs_handle:
            handle = conn.GetSelfHandle()
        elif group.GetGroupFlags() & \
            CHANNEL_GROUP_FLAG_CHANNEL_SPECIFIC_HANDLES:
            handle = group.GetHandleOwners([cs_handle])[0]
        else:
            handle = cs_handle

            # XXX: deal with failure to get the handle owner
            assert handle != 0

        return pservice.get_buddy_by_telepathy_handle(
            tp_name, tp_path, handle)
```

Y aquí está el código para **minichat.py**:

```
from gettext import gettext as _
import hippo
import gtk
import pango
import logging
from sugar.activity.activity import (Activity,
    ActivityToolbox, SCOPE_PRIVATE)
from sugar.graphics.alert import NotifyAlert
from sugar.graphics.style import (Color, COLOR_BLACK,
    COLOR_WHITE, COLOR_BUTTON_GREY, FONT_BOLD,
    FONT_NORMAL)
from sugar.graphics.roundbox import CanvasRoundBox
from sugar.graphics.xocolor import XoColor
from sugar.graphics.palette import Palette, CanvasInvoker

from textchannel import TextChannelWrapper

logger = logging.getLogger('minichat-activity')

class MiniChat(Activity):
    def __init__(self, handle):
```

```
        Activity.__init__(self, handle)

        root = self.make_root()
        self.set_canvas(root)
        root.show_all()
        self.entry.grab_focus()

        toolbox = ActivityToolbox(self)
        activity_toolbar = toolbox.get_activity_toolbar()
        activity_toolbar.keep.props.visible = False
        self.set_toolbox(toolbox)
        toolbox.show()

        self.owner = self._pservice.get_owner()
        # Auto vs manual scrolling:
        self._scroll_auto = True
        self._scroll_value = 0.0
        # Track last message, to combine several
        # messages:
        self._last_msg = None
        self._last_msg_sender = None
        self.text_channel = None

        if self._shared_activity:
            # we are joining the activity
            self.connect('joined', self._joined_cb)
            if self.get_shared():
                # we have already joined
                self._joined_cb()
        else:
            # we are creating the activity
            if not self.metadata or self.metadata.get(
                'share-scope',
                SCOPE_PRIVATE) == SCOPE_PRIVATE:
                # if we are in private session
                self._alert(_('Off-line'),
                    _('Share, or invite someone.'))
            self.connect('shared', self._shared_cb)

    def _shared_cb(self, activity):
        logger.debug('Chat was shared')
        self._setup()

    def _setup(self):
        self.text_channel = TextChannelWrapper(
            self._shared_activity.telepathy_text_chan,
            self._shared_activity.telepathy_conn)
        self.text_channel.set_received_callback(
            self._received_cb)
        self._alert(_('On-line'), _('Connected'))
        self._shared_activity.connect('buddy-joined',
            self._buddy_joined_cb)
        self._shared_activity.connect('buddy-left',
            self._buddy_left_cb)
        self.entry.set_sensitive(True)
        self.entry.grab_focus()

    def _joined_cb(self, activity):
        """Joined a shared activity."""
```

```
        if not self._shared_activity:
            return
        logger.debug('Joined a shared chat')
        for buddy in \
            self._shared_activity.get_joined_buddies():
            self._buddy_already_exists(buddy)
        self._setup()

    def _received_cb(self, buddy, text):
        """Show message that was received."""
        if buddy:
                nick = buddy.props.nick
        else:
            nick = '???'
        logger.debug(
            'Received message from %s: %s', nick, text)
        self.add_text(buddy, text)

    def _alert(self, title, text=None):
        alert = NotifyAlert(timeout=5)
        alert.props.title = title
        alert.props.msg = text
        self.add_alert(alert)
        alert.connect('response', self._alert_cancel_cb)
        alert.show()

    def _alert_cancel_cb(self, alert, response_id):
        self.remove_alert(alert)

    def _buddy_joined_cb (self, activity, buddy):
        """Show a buddy who joined"""
        if buddy == self.owner:
            return
        if buddy:
            nick = buddy.props.nick
        else:
            nick = '???'
        self.add_text(buddy, buddy.props.nick+'
            '+_('joined the chat'),
            status_message=True)

    def _buddy_left_cb (self, activity, buddy):
        """Show a buddy who joined"""
        if buddy == self.owner:
            return
        if buddy:
            nick = buddy.props.nick
        else:
            nick = '???'
        self.add_text(buddy, buddy.props.nick+'
            '+_('left the chat'),
            status_message=True)

    def _buddy_already_exists(self, buddy):
        """Show a buddy already in the chat."""
        if buddy == self.owner:
            return
        if buddy:
            nick = buddy.props.nick
```

```
        else:
            nick = '???'
        self.add_text(buddy, buddy.props.nick+
            ' '+_('is here'),
            status_message=True)

    def make_root(self):
        conversation = hippo.CanvasBox(
            spacing=0,
            background_color=COLOR_WHITE.get_int())
        self.conversation = conversation

        entry = gtk.Entry()
        entry.modify_bg(gtk.STATE_INSENSITIVE,
            COLOR_WHITE.get_gdk_color())
        entry.modify_base(gtk.STATE_INSENSITIVE,
            COLOR_WHITE.get_gdk_color())
        entry.set_sensitive(False)
        entry.connect('activate',
            self.entry_activate_cb)
        self.entry = entry

        hbox = gtk.HBox()
        hbox.add(entry)

        sw = hippo.CanvasScrollbars()
        sw.set_policy(hippo.ORIENTATION_HORIZONTAL,
            hippo.SCROLLBAR_NEVER)
        sw.set_root(conversation)
        self.scrolled_window = sw

        vadj = self.scrolled_window.props.widget.\
            get_vadjustment()
        vadj.connect('changed', self.rescroll)
        vadj.connect('value-changed',
            self.scroll_value_changed_cb)

        canvas = hippo.Canvas()
        canvas.set_root(sw)

        box = gtk.VBox(homogeneous=False)
        box.pack_start(hbox, expand=False)
        box.pack_start(canvas)

        return box

    def rescroll(self, adj, scroll=None):
        """Scroll the chat window to the bottom"""
        if self._scroll_auto:
            adj.set_value(adj.upper-adj.page_size)
            self._scroll_value = adj.get_value()

    def scroll_value_changed_cb(self, adj, scroll=None):
        """Turn auto scrolling on or off.

        If the user scrolled up, turn it off.
        If the user scrolled to the bottom, turn it back on.
        """
        if adj.get_value() < self._scroll_value:
```

```
            self._scroll_auto = False
        elif adj.get_value() == adj.upper-adj.page_size:
            self._scroll_auto = True

    def add_text(self, buddy, text, status_message=False):
        """Display text on screen, with name and colors.

        buddy -- buddy object
        text -- string, what the buddy said
        status_message -- boolean
            False: show what buddy said
            True: show what buddy did

        hippo layout:
        .------------- rb ---------------.
        | +name_vbox+ +----msg_vbox----+ |
        | |         | |                | |
        | | nick:   | | +--msg_hbox--+ | |
        | |         | | | text       | | |
        | +---------+ | +------------+ | |
        |             |                | |
        |             | +--msg_hbox--+ | |
        |             | | text       | | |
        |             | +------------+ | |
        |             +----------------+ |
        `--------------------------------'
        """
        if buddy:
            nick = buddy.props.nick
            color = buddy.props.color
            try:
                color_stroke_html, color_fill_html = \
                    color.split(',')
            except ValueError:
                color_stroke_html, color_fill_html = (
                    '#000000', '#888888')
            # Select text color based on fill color:
            color_fill_rgba = Color(
                color_fill_html).get_rgba()
            color_fill_gray = (color_fill_rgba[0] +
                color_fill_rgba[1] +
                color_fill_rgba[2])/3
            color_stroke = Color(
                color_stroke_html).get_int()
            color_fill = Color(color_fill_html).get_int()
            if color_fill_gray < 0.5:
                text_color = COLOR_WHITE.get_int()
            else:
                text_color = COLOR_BLACK.get_int()
        else:
            nick = '???'
            # XXX: should be '' but leave for debugging
            color_stroke = COLOR_BLACK.get_int()
            color_fill = COLOR_WHITE.get_int()
            text_color = COLOR_BLACK.get_int()
            color = '#000000,#FFFFFF'

        # Check for Right-To-Left languages:
        if pango.find_base_dir(nick, -1) == \
```

```
        pango.DIRECTION_RTL:
        lang_rtl = True
    else:
        lang_rtl = False

    # Check if new message box or add text to previous:
    new_msg = True
    if self._last_msg_sender:
        if not status_message:
            if buddy == self._last_msg_sender:
                # Add text to previous message
                new_msg = False

    if not new_msg:
        rb = self._last_msg
        msg_vbox = rb.get_children()[1]
        msg_hbox = hippo.CanvasBox(
            orientation=hippo.ORIENTATION_HORIZONTAL)
        msg_vbox.append(msg_hbox)
    else:
        rb = CanvasRoundBox(
            background_color=color_fill,
            border_color=color_stroke,
            padding=4)
        rb.props.border_color = color_stroke
        self._last_msg = rb
        self._last_msg_sender = buddy
        if not status_message:
            name = hippo.CanvasText(text=nick+':   ',
                color=text_color,
                font_desc=FONT_BOLD.get_pango_desc())
            name_vbox = hippo.CanvasBox(
                orientation=hippo.ORIENTATION_VERTICAL)
            name_vbox.append(name)
            rb.append(name_vbox)
        msg_vbox = hippo.CanvasBox(
            orientation=hippo.ORIENTATION_VERTICAL)
        rb.append(msg_vbox)
        msg_hbox = hippo.CanvasBox(
            orientation=hippo.ORIENTATION_HORIZONTAL)
        msg_vbox.append(msg_hbox)

    if status_message:
        self._last_msg_sender = None

    if text:
        message = hippo.CanvasText(
            text=text,
            size_mode=hippo.CANVAS_SIZE_WRAP_WORD,
            color=text_color,
            font_desc=FONT_NORMAL.get_pango_desc(),
            xalign=hippo.ALIGNMENT_START)
        msg_hbox.append(message)

    # Order of boxes for RTL languages:
    if lang_rtl:
        msg_hbox.reverse()
        if new_msg:
            rb.reverse()
```

```
        if new_msg:
            box = hippo.CanvasBox(padding=2)
            box.append(rb)
            self.conversation.append(box)

    def entry_activate_cb(self, entry):
        text = entry.props.text
        logger.debug('Entry: %s' % text)
        if text:
            self.add_text(self.owner, text)
            entry.props.text = ''
            if self.text_channel:
                self.text_channel.send(text)
            else:
                logger.debug(
                    'Tried to send message but text '
                    'channel not connected.')
```

Y así es como se ve la Actividad en acción:

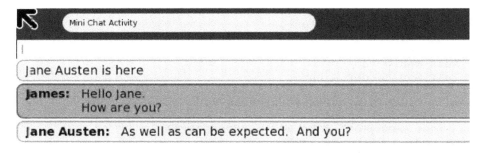

Intenta lanzar más de una copia del emulador Sugar, con esta Actividad instalada en cada uno. Si estás utilizando Fedora 10 y SUGAR_PROFILE la Actividad no necesita estar instalada más de una vez, pero si estás utilizando una versión posterior de Sugar que requiere id de Usuario (userid) de Linux independiente para cada instancia, necesitas mantener copias separadas del código para cada usuario. En tu propio proyecto usar un repositorio central Git en git.sugarlabs.org puede hacer esta tarea mucho más sencilla. Sólo tienes que postear una copia de los cambios que realices en el repositorio central y Git enviará (pull) una copia al segundo id de usuario (userid). El segundo id de usuario (userid) puede usar la URL pública del repositorio. No es necesario configurar SSH para otro usuario que el primero.

Puedes haber leído en algún lugar que es posible instalar una Actividad en una máquina y compartir esta Actividad con alguien más que no tenga esa Actividad instalada. En este caso la segunda máquina podría conseguir una copia de la Actividad desde la primer maquina e instalarla automáticamente. Probablemente también leíste que si dos usuarios de una Actividad compartida tienen diferentes versiones de la misma, entonces quien tenga la versión más reciente actualizará a la más antigua. Ninguna de estas afirmaciones es cierta hoy y no parece que lleguen a ser ciertas en un futuro cercano. Estas ideas se discuten en las listas de correo de vez en cuando, pero existen dificultades prácticas que es necesario vencer antes de que cualquiera de estas características pueda funcionar, la mayoría de estas dificultades tienen que ver con la seguridad. Por ahora ambos usuarios de una Actividad compartida deben tener la Actividad instalada. Por otro lado, dependiendo de cómo está escrita la Actividad, dos versiones diferentes de la misma podrían establecer comunicación una con otra. Si los mensajes que se intercambian están en el mismo formato no debería haber problemas de comunicacion entre diferentes versiones.

Una vez que tengas ambas instancias del emulador-sugar ejecutándose, puedes lanzar la Actividad MiniChat en una instancia e invitar al segundo usuario a unirse a la sesión de Chat. Puedes hacer ambas cosas desde la vista Vecindario (Neighborhood).

Las invitaciones se hacen de la siguiente manera:

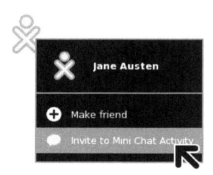

Aceptar a un amigo se ve así:

Después que hayas jugado con la Actividad MiniChat por unos momentos, hablaremos de los secretos del uso de Telepathy para crear una Actividad compartida.

Conocer a tus amigos (buddies)

Como hemos dicho anteriormente, XMPP es el Protocolo de Mensajería y Presencia Extendido (por sus siglas en inglés **Extended Messaging and Presence Protocol)**. **Presencia** es lo que parece; te permite saber quién está disponible para compartir una Actividad, así como también que otras Actividades compartidas por otros están disponibles. Existen dos formas de compartir una Actividad. La primera de ellas es cuando cambias el menú desplegable **Compartir con** (Share with) de la barra de herramientas principal, entonces debería quedar **Mi Vecindario** (My Neighborhood) en lugar de **Privado** (Private). Esto significa que cualquiera en la red puede compartir tu Actividad. Otra forma de compartir una Actividad es ir a la vista de Vecindario (Neighborhood) e invitar a alguien específico para compartirla. La persona a la que le llega la invitación no sabe realmente si la invitación fue hecha específicamente para ella o para todos los usuarios que están en la red en el Vecindario. El término técnico que se utiliza para referirse a las personas que comparten tu Actividad es **Buddies**. El lugar donde los Buddies se encuentran y colaboran se conoce como **MUC** o **Multi User Chatroom**. (Sala de Chat de múltiples usuarios)

El código usado por nuestra Actividad para invitar a los Buddies y para unirse como un Buddy a una Actividad iniciada por alguien más, esté en el método **__init__()**:

```
if self._shared_activity:
    # we are joining the activity
    self.connect('joined', self._joined_cb)
    if self.get_shared():
        # we have already joined
        self._joined_cb()
else:
    # we are creating the activity
    if not self.metadata or self.metadata.get(
        'share-scope',
        SCOPE_PRIVATE) == SCOPE_PRIVATE:
        # if we are in private session
```

```python
            self._alert(_('Off-line'),
                    _('Share, or invite someone.'))
            self.connect('shared', self._shared_cb)

    def _shared_cb(self, activity):
        logger.debug('Chat was shared')
        self._setup()

    def _joined_cb(self, activity):
        """Joined a shared activity."""
        if not self._shared_activity:
            return
        logger.debug('Joined a shared chat')
        for buddy in \
            self._shared_activity.get_joined_buddies():
            self._buddy_already_exists(buddy)
        self._setup()

    def _setup(self):
        self.text_channel = TextChannelWrapper(
            self._shared_activity.telepathy_text_chan,
            self._shared_activity.telepathy_conn)
        self.text_channel.set_received_callback(
            self._received_cb)
        self._alert(_('On-line'), _('Connected'))
        self._shared_activity.connect('buddy-joined',
            self._buddy_joined_cb)
        self._shared_activity.connect('buddy-left',
            self._buddy_left_cb)
        self.entry.set_sensitive(True)
        self.entry.grab_focus()
```

Existen dos formas de iniciar una Actividad: iniciando la Actividad o
uniéndose a una Actividad que alguien más inició. La primera línea
arriba en **negrita** determina si nos estamos uniendo o somos el primer
usuario de una Actividad. Entonces invocamos que se ejecute el método
_joined_cb() cuando el evento 'joined' ocurre. Este método obtiene una
lista de Buddies desde el objeto **_shared_activity** y crea mensajes en la
interfaz del usuario informando al usuario que esos Buddies ya se
encuentran en la sala de chat (chat room). Finalmente ejecuta el
método **_setup()**.

Si no nos estamos uniendo a una Actividad existente entonces
verificamos si estamos compartiendo la Actividad con alguien. Si no lo
estamos haciendo desplegamos un mensaje diciéndole al usuario que
invite a alguien al chat. También hacemos una solicitud cuando el
evento 'shared' sucede para que se ejecute el método **_shared_cb()**.
Este método simplemente invoca al método **_setup()**.

El método **_setup()** crea un objeto **TextChannelWrapper** (traducción aproximada: Envoltorio de Canal de Texto) utilizando el código en **textchannel.py**. También le dice al objeto _shared_activity que se requiere que se invoquen ciertos metodos cuando nuevos Buddies se unan a la Actividad y también cuando algunos Buddies abandonen la Actividad. Todo lo que necesitas saber sobre los Buddies lo puedes encontrar en el código que está arriba, excepto como enviarles mensajes a ellos. Para esto usaremos el **Text Channel** (Canal de Texto). No es necesario aprender del Canal de Texto en gran detalle porque la clase TextChannelWrapper hace todo lo que podrías necesitar hacer con el Canal de Texto y esconde los detalles de la implementación.

```
def entry_activate_cb(self, entry):
    text = entry.props.text
    logger.debug('Entry: %s' % text)
    if text:
        self.add_text(self.owner, text)
        entry.props.text = ''
        if self.text_channel:
            self.text_channel.send(text)
        else:
            logger.debug(
                'Tried to send message but text '
                'channel not connected.')
```

El método **add_text()**es interesante. Identifica al propietario del mensaje y los colores del entorno (podría decirse el borde del ícono que tiene la XO) que le corresponden y muestra los mensajes en ese color. En el caso de mensajes enviados por la Actividad toma al propietario de la Actividad dentro el método **__init__()**de esta forma:

```
self.owner = self._pservice.get_owner()
```

En el caso de mensajes recibidos se obtiene el Buddy emisor de esta forma:

```
def _received_cb(self, buddy, text):
    """Show message that was received."""
    if buddy:
            nick = buddy.props.nick
    else:
        nick = '???'
    logger.debug('Received message from %s: %s',
        nick, text)
    self.add_text(buddy, text)
```

Pero, ¿qué sucede si queremos hacer más que sólo enviar mensajes de texto hacia atrás y hacia adelante? ¿Qué deberíamos utilizar para esto?

Es una serie de tubos!

No, no internet. Telepathy tiene un concepto llamado Tuberías **(Tubes)** que describe cómo diferentes instancias de una Actividad pueden comunicarse entre ellas. Lo que Telepathy hace es tomar el Canal de texto y construir tuberías encima de este. Existen dos tipos de Tuberías:

- Tuberías D-Bus (D-Bus Tubes)
- Tuberías de Flujo (Stream Tubes)

Se utiliza una **Tubería D-Bus** (D-Bus Tube) para que la instancia de una Actividad pueda invocar metodos en una instancia Buddy de la Actividad. Una **Tubería de Flujo** (Stream Tube) se utiliza para enviar datos por medio de Sockets, por ejemplo para copiar un archivo desde una instancia a otra de una Actividad. Un Socket es una vía de comunicación sobre la red que utiliza Protocolos de Internet. Un socket en informática es un espacio virtual que sirve como entrada y salida para intercambiar comunicaciones entre equipos, por ejemplo la implementación del Protocolo HTTP que se utiliza en Internet (World Wide Web) es implementada con Sockets. En el siguiente ejemplo vamos a usar HTTP para transferir libros desde una instancia de **Read Etexts III** a otra.

Read Etexts III, Ahora puedes compartir libros!

El repositorio Git con los códigos de ejemplo de este libro tiene un archivo llamado **ReadEtextsActivity3.py** en el directorio **Making_Shared_Activities** que se ve de esta manera:

```
import sys
import os
import logging
import tempfile
import time
import zipfile
import pygtk
import gtk
import pango
import dbus
import gobject
import telepathy
from sugar.activity import activity
from sugar.graphics import style
from sugar import network
from sugar.datastore import datastore
from sugar.graphics.alert import NotifyAlert
from toolbar import ReadToolbar, ViewToolbar
from gettext import gettext as _

page=0
PAGE_SIZE = 45
```

```
TOOLBAR_READ = 2

logger = logging.getLogger('read-etexts2-activity')

class ReadHTTPRequestHandler(
        network.ChunkedGlibHTTPRequestHandler):
    """HTTP Request Handler for transferring document
    while collaborating.

    RequestHandler class that integrates with Glib
    mainloop. It writes the specified file to the
    client in chunks, returning control to the
    mainloop between chunks.

    """
    def translate_path(self, path):
        """Return the filepath to the shared document."""
        return self.server.filepath


class ReadHTTPServer(network.GlibTCPServer):
    """HTTP Server for transferring document while
    collaborating."""
    def __init__(self, server_address, filepath):
        """Set up the GlibTCPServer with the
        ReadHTTPRequestHandler.

        filepath -- path to shared document to be served.
        """
        self.filepath = filepath
        network.GlibTCPServer.__init__(self,
            server_address, ReadHTTPRequestHandler)


class ReadURLDownloader(network.GlibURLDownloader):
    """URLDownloader that provides content-length and
    content-type."""

    def get_content_length(self):
        """Return the content-length of the download."""
        if self._info is not None:
            return int(self._info.headers.get(
                'Content-Length'))

    def get_content_type(self):
        """Return the content-type of the download."""
        if self._info is not None:
            return self._info.headers.get('Content-type')
        return None

READ_STREAM_SERVICE = 'read-etexts-activity-http'

class ReadEtextsActivity(activity.Activity):
    def __init__(self, handle):
        "The entry point to the Activity"
        global page
        activity.Activity.__init__(self, handle)

        self.fileserver = None
```

```python
self.object_id = handle.object_id

toolbox = activity.ActivityToolbox(self)
activity_toolbar = toolbox.get_activity_toolbar()
activity_toolbar.keep.props.visible = False

self.edit_toolbar = activity.EditToolbar()
self.edit_toolbar.undo.props.visible = False
self.edit_toolbar.redo.props.visible = False
self.edit_toolbar.separator.props.visible = False
self.edit_toolbar.copy.set_sensitive(False)
self.edit_toolbar.copy.connect('clicked',
    self.edit_toolbar_copy_cb)
self.edit_toolbar.paste.props.visible = False
toolbox.add_toolbar(_('Edit'), self.edit_toolbar)
self.edit_toolbar.show()

self.read_toolbar = ReadToolbar()
toolbox.add_toolbar(_('Read'), self.read_toolbar)
self.read_toolbar.back.connect('clicked',
    self.go_back_cb)
self.read_toolbar.forward.connect('clicked',
    self.go_forward_cb)
self.read_toolbar.num_page_entry.connect('activate',
    self.num_page_entry_activate_cb)
self.read_toolbar.show()

self.view_toolbar = ViewToolbar()
toolbox.add_toolbar(_('View'), self.view_toolbar)
self.view_toolbar.connect('go-fullscreen',
        self.view_toolbar_go_fullscreen_cb)
self.view_toolbar.zoom_in.connect('clicked',
    self.zoom_in_cb)
self.view_toolbar.zoom_out.connect('clicked',
    self.zoom_out_cb)
self.view_toolbar.show()

self.set_toolbox(toolbox)
toolbox.show()
self.scrolled_window = gtk.ScrolledWindow()
self.scrolled_window.set_policy(gtk.POLICY_NEVER,
    gtk.POLICY_AUTOMATIC)
self.scrolled_window.props.shadow_type = \
    gtk.SHADOW_NONE

self.textview = gtk.TextView()
self.textview.set_editable(False)
self.textview.set_cursor_visible(False)
self.textview.set_left_margin(50)
self.textview.connect("key_press_event",
    self.keypress_cb)

self.progressbar = gtk.ProgressBar()
self.progressbar.set_orientation(
    gtk.PROGRESS_LEFT_TO_RIGHT)
self.progressbar.set_fraction(0.0)

self.scrolled_window.add(self.textview)
self.textview.show()
```

```python
        self.scrolled_window.show()

        vbox = gtk.VBox()
        vbox.pack_start(self.progressbar, False,
            False, 10)
        vbox.pack_start(self.scrolled_window)
        self.set_canvas(vbox)
        vbox.show()

        page = 0
        self.clipboard = gtk.Clipboard(
            display=gtk.gdk.display_get_default(),
            selection="CLIPBOARD")
        self.textview.grab_focus()
        self.font_desc = pango.FontDescription("sans %d" %
            style.zoom(10))
        self.textview.modify_font(self.font_desc)

        buffer = self.textview.get_buffer()
        self.markset_id = buffer.connect("mark-set",
            self.mark_set_cb)

        self.toolbox.set_current_toolbar(TOOLBAR_READ)
        self.unused_download_tubes = set()
        self.want_document = True
        self.download_content_length = 0
        self.download_content_type = None
        # Status of temp file used for write_file:
        self.tempfile = None
        self.close_requested = False
        self.connect("shared", self.shared_cb)

        self.is_received_document = False

        if self._shared_activity and \
            handle.object_id == None:
            # We're joining, and we don't already have
            # the document.
            if self.get_shared():
                # Already joined for some reason, just get the
                # document
                self.joined_cb(self)
            else:
                # Wait for a successful join before trying to get
                # the document
                self.connect("joined", self.joined_cb)

    def keypress_cb(self, widget, event):
        "Respond when the user presses one of the arrow keys"
        keyname = gtk.gdk.keyval_name(event.keyval)
        print keyname
        if keyname == 'plus':
            self.font_increase()
            return True
        if keyname == 'minus':
            self.font_decrease()
            return True
        if keyname == 'Page_Up' :
            self.page_previous()
```

```
            return True
        if keyname == 'Page_Down':
            self.page_next()
            return True
        if keyname == 'Up' or keyname == 'KP_Up' \
                or keyname == 'KP_Left':
            self.scroll_up()
            return True
        if keyname == 'Down' or keyname == 'KP_Dcwn' \
                or keyname == 'KP_Right':
            self.scroll_down()
            return True
        return False

    def num_page_entry_activate_cb(self, entry):
        global page
        if entry.props.text:
            new_page = int(entry.props.text) - 1
        else:
            new_page = 0

        if new_page >= self.read_toolbar.total_pages:
            new_page = self.read_toolbar.total_pages - 1
        elif new_page < 0:
            new_page = 0

        self.read_toolbar.current_page = new_page
        self.read_toolbar.set_current_page(new_page)
        self.show_page(new_page)
        entry.props.text = str(new_page + 1)
        self.read_toolbar.update_nav_buttons()
        page = new_page

    def go_back_cb(self, button):
        self.page_previous()

    def go_forward_cb(self, button):
        self.page_next()

    def page_previous(self):
        global page
        page=page-1
        if page < 0: page=0
        self.read_toolbar.set_current_page(page)
        self.show_page(page)
        v_adjustment = \
            self.scrolled_window.get_vadjustment()
        v_adjustment.value = v_adjustment.upper - \
            v_adjustment.page_size

    def page_next(self):
        global page
        page=page+1
        if page >= len(self.page_index): page=0
        self.read_toolbar.set_current_page(page)
        self.show_page(page)
        v_adjustment = \
            self.scrolled_window.get_vadjustment()
        v_adjustment.value = v_adjustment.lower
```

```python
    def zoom_in_cb(self,  button):
        self.font_increase()

    def zoom_out_cb(self,  button):
        self.font_decrease()

    def font_decrease(self):
        font_size = self.font_desc.get_size() / 1024
        font_size = font_size - 1
        if font_size < 1:
            font_size = 1
        self.font_desc.set_size(font_size * 1024)
        self.textview.modify_font(self.font_desc)

    def font_increase(self):
        font_size = self.font_desc.get_size() / 1024
        font_size = font_size + 1
        self.font_desc.set_size(font_size * 1024)
        self.textview.modify_font(self.font_desc)

    def mark_set_cb(self, textbuffer, iter, textmark):

        if textbuffer.get_has_selection():
            begin, end = textbuffer.get_selection_bounds()
            self.edit_toolbar.copy.set_sensitive(True)
        else:
            self.edit_toolbar.copy.set_sensitive(False)

    def edit_toolbar_copy_cb(self, button):
        textbuffer = self.textview.get_buffer()
        begin, end = textbuffer.get_selection_bounds()
        copy_text = textbuffer.get_text(begin, end)
        self.clipboard.set_text(copy_text)

    def view_toolbar_go_fullscreen_cb(self, view_toolbar):
        self.fullscreen()

    def scroll_down(self):
        v_adjustment = \
            self.scrolled_window.get_vadjustment()
        if v_adjustment.value == v_adjustment.upper - \
            v_adjustment.page_size:
            self.page_next()
            return
        if v_adjustment.value < v_adjustment.upper - \
            v_adjustment.page_size:
            new_value = v_adjustment.value + \
                v_adjustment.step_increment
            if new_value > v_adjustment.upper - \
                v_adjustment.page_size:
                new_value = v_adjustment.upper - \
                    v_adjustment.page_size
            v_adjustment.value = new_value

    def scroll_up(self):
        v_adjustment = \
            self.scrolled_window.get_vadjustment()
        if v_adjustment.value == v_adjustment.lower:
```

```
            self.page_previous()
            return
        if v_adjustment.value > v_adjustment.lower:
            new_value = v_adjustment.value - \
                v_adjustment.step_increment
            if new_value < v_adjustment.lower:
                new_value = v_adjustment.lower
            v_adjustment.value = new_value

    def show_page(self, page_number):
        global PAGE_SIZE, current_word
        position = self.page_index[page_number]
        self.etext_file.seek(position)
        linecount = 0
        label_text = '\n\n\n'
        textbuffer = self.textview.get_buffer()
        while linecount < PAGE_SIZE:
            line = self.etext_file.readline()
            label_text = label_text + unicode(line,
                'iso-8859-1')
            linecount = linecount + 1
        label_text = label_text + '\n\n\n'
        textbuffer.set_text(label_text)
        self.textview.set_buffer(textbuffer)

    def save_extracted_file(self, zipfile, filename):
        "Extract the file to a temp directory for viewing"
        filebytes = zipfile.read(filename)
        outfn = self.make_new_filename(filename)
        if (outfn == ''):
            return False
        f = open(os.path.join(self.get_activity_root(),
            'tmp', outfn), 'w')
        try:
            f.write(filebytes)
        finally:
            f.close()

    def get_saved_page_number(self):
        global page
        title = self.metadata.get('title', '')
        if title == '' or not \
            title[len(title)-1].isdigit():
            page = 0
        else:
            i = len(title) - 1
            newPage = ''
            while (title[i].isdigit() and i > 0):
                newPage = title[i] + newPage
                i = i - 1
            if title[i] == 'P':
                page = int(newPage) - 1
            else:
                # not a page number; maybe a
                # volume number.
                page = 0

    def save_page_number(self):
        global page
```

```
        title = self.metadata.get('title', '')
        if title == '' or not \
            title[len(title)- 1].isdigit():
            title = title + ' P' +  str(page + 1)
        else:
            i = len(title) - 1
            while (title[i].isdigit() and i > 0):
                i = i - 1
            if title[i] == 'P':
                title = title[0:i] + 'P' + str(page + 1)
            else:
                title = title + ' P' + str(page + 1)
        self.metadata['title'] = title

    def read_file(self, filename):
        "Read the Etext file"
        global PAGE_SIZE,  page

        tempfile = os.path.join(self.get_activity_root(),
            'instance', 'tmp%i' % time.time())
        os.link(filename,  tempfile)
        self.tempfile = tempfile

        if zipfile.is_zipfile(filename):
            self.zf = zipfile.ZipFile(filename, 'r')
            self.book_files = self.zf.namelist()
            self.save_extracted_file(self.zf,
                self.book_files[0])
            currentFileName = os.path.join(
                self.get_activity_root(),
                'tmp', self.book_files[0])
        else:
            currentFileName = filename

        self.etext_file = open(currentFileName,"r")
        self.page_index = [ 0 ]
        pagecount = 0
        linecount = 0
        while self.etext_file:
            line = self.etext_file.readline()
            if not line:
                break
            linecount = linecount + 1
            if linecount >= PAGE_SIZE:
                position = self.etext_file.tell()
                self.page_index.append(position)
                linecount = 0
                pagecount = pagecount + 1
        if filename.endswith(".zip"):
            os.remove(currentFileName)
        self.get_saved_page_number()
        self.show_page(page)
        self.read_toolbar.set_total_pages(
            pagecount + 1)
        self.read_toolbar.set_current_page(page)

        # We've got the document, so if we're a shared
        # activity, offer it
        if self.get_shared():
```

```python
        self.watch_for_tubes()
        self.share_document()

    def make_new_filename(self, filename):
        partition_tuple = filename.rpartition('/')
        return partition_tuple[2]

    def write_file(self, filename):
        "Save meta data for the file."
        if self.is_received_document:
            # This document was given to us by someone, so
            # we have to save it to the Journal.
            self.etext_file.seek(0)
            filebytes = self.etext_file.read()
            f = open(filename, 'wb')
            try:
                f.write(filebytes)
            finally:
                f.close()
        elif self.tempfile:
            if self.close_requested:
                os.link(self.tempfile,  filename)
                logger.debug(
                    "Removing temp file %s because we "
                    "will close",
                    self.tempfile)
                os.unlink(self.tempfile)
                self.tempfile = None
        else:
            # skip saving empty file
            raise NotImplementedError

        self.metadata['activity'] = self.get_bundle_id()
        self.save_page_number()

    def can_close(self):
        self.close_requested = True
        return True

    def joined_cb(self, also_self):
        """Callback for when a shared activity is joined.

        Get the shared document from another participant.
        """
        self.watch_for_tubes()
        gobject.idle_add(self.get_document)

    def get_document(self):
        if not self.want_document:
            return False

        # Assign a file path to download if one
        # doesn't exist yet
        if not self._jobject.file_path:
            path = os.path.join(self.get_activity_root(),
                'instance',
                'tmp%i' % time.time())
        else:
            path = self._jobject.file_path
```

```
        # Pick an arbitrary tube we can try to
        # download the document from
        try:
            tube_id = self.unused_download_tubes.pop()
        except (ValueError, KeyError), e:
            logger.debug(
                'No tubes to get the document '
                'from right now: %s',
                e)
            return False

        # Avoid trying to download the document multiple
        # timesat once
        self.want_document = False
        gobject.idle_add(self.download_document, tube_id, path)
        return False

    def download_document(self, tube_id, path):
        chan = self._shared_activity.telepathy_tubes_chan
        iface = chan[telepathy.CHANNEL_TYPE_TUBES]
        addr = iface.AcceptStreamTube(tube_id,
            telepathy.SOCKET_ADDRESS_TYPE_IPV4,
            telepathy.SOCKET_ACCESS_CONTROL_LOCALHOST, 0,
            utf8_strings=True)
        logger.debug('Accepted stream tube: '
            'listening address is %r',
            addr)
        assert isinstance(addr, dbus.Struct)
        assert len(addr) == 2
        assert isinstance(addr[0], str)
        assert isinstance(addr[1], (int, long))
        assert addr[1] > 0 and addr[1] < 65536
        port = int(addr[1])

        self.progressbar.show()
        getter = ReadURLDownloader(
            "http://%s:%d/document"
            % (addr[0], port))
        getter.connect("finished",
            self.download_result_cb, tube_id)
        getter.connect("progress",
            self.download_progress_cb, tube_id)
        getter.connect("error",
            self.download_error_cb, tube_id)
        logger.debug("Starting download to %s...", path)
        getter.start(path)
        self.download_content_length = \
            getter.get_content_length()
        self.download_content_type = \
            getter.get_content_type()
        return False

    def download_progress_cb(self, getter,
        bytes_downloaded, tube_id):
        if self.download_content_length > 0:
            logger.debug(
                "Downloaded %u of %u bytes from tube %u...",
                bytes_downloaded,
```

```
                self.download_content_length,
                tube_id)
        else:
            logger.debug("Downloaded %u bytes from tube %u...",
                         bytes_downloaded, tube_id)
        total = self.download_content_length
        self.set_downloaded_bytes(bytes_downloaded,  total)
        gtk.gdk.threads_enter()
        while gtk.events_pending():
            gtk.main_iteration()
        gtk.gdk.threads_leave()

    def set_downloaded_bytes(self, bytes,  total):
        fraction = float(bytes) / float(total)
        self.progressbar.set_fraction(fraction)
        logger.debug("Downloaded percent",  fraction)

    def clear_downloaded_bytes(self):
        self.progressbar.set_fraction(0.0)
        logger.debug("Cleared download bytes")

    def download_error_cb(self, getter, err, tube_id):
        self.progressbar.hide()
        logger.debug(
            "Error getting document from tube %u: %s",
            tube_id, err)
        self.alert(_('Failure'),
            _('Error getting document from tube'))
        self.want_document = True
        self.download_content_length = 0
        self.download_content_type = None
        gobject.idle_add(self.get_document)

    def download_result_cb(self, getter, tempfile,
        suggested_name, tube_id):
        if self.download_content_type.startswith(
            'text/html'):
            # got an error page instead
            self.download_error_cb(getter,
                'HTTP Error', tube_id)
            return

        del self.unused_download_tubes

        self.tempfile = tempfile
        file_path = os.path.join(self.get_activity_root(),
            'instance', '%i' % time.time())
        logger.debug(
            "Saving file %s to datastore...", file_path)
        os.link(tempfile, file_path)
        self._jobject.file_path = file_path
        datastore.write(self._jobject,
            transfer_ownership=True)

        logger.debug(
            "Got document %s (%s) from tube %u",
            tempfile, suggested_name, tube_id)
        self.is_received_document = True
        self.read_file(tempfile)
```

```python
        self.save()
        self.progressbar.hide()

    def shared_cb(self, activityid):
        """Callback when activity shared.

        Set up to share the document.

        """
        # We initiated this activity and have now shared it,
        # so by definition we have the file.
        logger.debug('Activity became shared')
        self.watch_for_tubes()
        self.share_document()

    def share_document(self):
        """Share the document."""
        h = hash(self._activity_id)
        port = 1024 + (h % 64511)
        logger.debug(
            'Starting HTTP server on port %d', port)
        self.fileserver = ReadHTTPServer(("", port),
            self.tempfile)

        # Make a tube for it
        chan = self._shared_activity.telepathy_tubes_chan
        iface = chan[telepathy.CHANNEL_TYPE_TUBES]
        self.fileserver_tube_id = iface.OfferStreamTube(
                READ_STREAM_SERVICE,
                {},
                telepathy.SOCKET_ADDRESS_TYPE_IPV4,
                ('127.0.0.1', dbus.UInt16(port)),
                telepathy.SOCKET_ACCESS_CONTROL_LOCALHOST,
                0)

    def watch_for_tubes(self):
        """Watch for new tubes."""
        tubes_chan = self._shared_activity.telepathy_tubes_chan

        tubes_chan[telepathy.CHANNEL_TYPE_TUBES].\
            connect_to_signal(
            'NewTube', self.new_tube_cb)
        tubes_chan[telepathy.CHANNEL_TYPE_TUBES].ListTubes(
            reply_handler=self.list_tubes_reply_cb,
            error_handler=self.list_tubes_error_cb)

    def new_tube_cb(self, tube_id, initiator, tube_type,
        service, params, state):
        """Callback when a new tube becomes available."""
        logger.debug(
            'New tube: ID=%d initator=%d type=%d service=%s '
            'params=%r state=%d', tube_id, initiator,
            tube_type, service, params, state)
        if service == READ_STREAM_SERVICE:
            logger.debug('I could download from that tube')
            self.unused_download_tubes.add(tube_id)
            # if no download is in progress, let's fetch
            # the document
            if self.want_document:
```

```
            gobject.idle_add(self.get_document)
    def list_tubes_reply_cb(self, tubes):
        """Callback when new tubes are available."""
        for tube_info in tubes:
            self.new_tube_cb(*tube_info)

    def list_tubes_error_cb(self, e):
        """Handle ListTubes error by logging."""
        logger.error('ListTubes() failed: %s', e)

    def alert(self, title, text=None):
        alert = NotifyAlert(timeout=20)
        alert.props.title = title
        alert.props.msg = text
        self.add_alert(alert)
        alert.connect('response', self.alert_cancel_cb)
        alert.show()

    def alert_cancel_cb(self, alert, response_id):
        self.remove_alert(alert)
        self.textview.grab_focus()
```

Estas líneas son el contenido de **activity.info**:

```
[Activity]
name = Read Etexts III
service_name = net.flossmanuals.ReadEtextsActivity
icon = read-etexts
exec = sugar-activity ReadEtextsActivity3.ReadEtextsActivity
show_launcher = no
activity_version = 1
mime_types = text/plain;application/zip
license = GPLv2+
```

Para probar la Actividad, descarga el libro **Project Gutenberg** al Diario (Journal), ábrelo con la última versión de **Read Etexts III** y luego comparte la Actividad con un segundo usuario que tenga la Actividad instalada pero no ejecutándose. El segundo usuario debe aceptar la invitación que le aparece en su vista Vecindario. Cuando el segundo usuario acepta, Read Etexts III se iniciará y copiará el libro desde el primer usuario a través de la red y lo cargará. La Actividad primero mostrará una pantalla en blanco, pero luego una barra de progreso aparecerá debajo de la barra de herramientas (toolbar) y mostrará el progreso de la copia. Cuando se termine de hacer la copia, la primer página del libro se mostrará en pantalla.

Entonces, ¿cómo funciona esto? Miremos el código. Los primeros puntos de interés son las definiciones de clases que aparecen al principio: **ReadHTTPRequestHandler**, **ReadHTTPServer**, y **ReadURLDownloader**. Estas tres clases extienden (es una forma de decir que heredan código desde clases padre) clases provistas por el paquete **sugar.network** (paquete en el cual se encuentran agrupadas todas las clases que trabajan con los mecanismos de red de las XO). Estas clases proveen un **Cliente HTTP** para recibir el libro y un **Servidor HTTP** para enviar el libro.

Este es el código usado para enviar un libro:

```
def shared_cb(self, activityid):
    """Callback when activity shared.

    Set up to share the document.

    """
    # We initiated this activity and have now shared it,
    # so by definition we have the file.
    logger.debug('Activity became shared')
    self.watch_for_tubes()
    self.share_document()

def share_document(self):
    """Share the document."""
    h = hash(self._activity_id)
    port = 1024 + (h % 64511)
    logger.debug(
        'Starting HTTP server on port %d', port)
    self.fileserver = ReadHTTPServer(("", port),
        self.tempfile)

    # Make a tube for it
    chan = self._shared_activity.telepathy_tubes_chan
    iface = chan[telepathy.CHANNEL_TYPE_TUBES]
    self.fileserver_tube_id = iface.OfferStreamTube(
        READ_STREAM_SERVICE,
        {},
        telepathy.SOCKET_ADDRESS_TYPE_IPV4,
        ('127.0.0.1', dbus.UInt16(port)),
        telepathy.SOCKET_ACCESS_CONTROL_LOCALHOST,
        0)
```

Notarás que haciendo un hash (hash es una función propia de Python que retorna un código casi único asociado a un objeto) del **_activity_id** se obtiene un número de puerto. Este puerto es usado por el Servidor HTTP y es pasado a Telepathy, la que lo pone a disposición como una **Tubería de Flujo** (Stream Tube). Del lado del receptor tenemos el siguiente código:

```
def joined_cb(self, also_self):
    """Callback for when a shared activity is joined.

    Get the shared document from another participant.
    """
```

```python
        self.watch_for_tubes()
        gobject.idle_add(self.get_document)

    def get_document(self):
        if not self.want_document:
            return False

        # Assign a file path to download if one doesn't
        # exist yet
        if not self._jobject.file_path:
            path = os.path.join(self.get_activity_root(),
                'instance',
                'tmp%i' % time.time())
        else:
            path = self._jobject.file_path

        # Pick an arbitrary tube we can try to download the
        # document from
        try:
            tube_id = self.unused_download_tubes.pop()
        except (ValueError, KeyError), e:
            logger.debug(
                'No tubes to get the document from '
                'right now: %s',
                e)
            return False

        # Avoid trying to download the document multiple
        # times at once
        self.want_document = False
        gobject.idle_add(self.download_document,
            tube_id, path)
        return False

    def download_document(self, tube_id, path):
        chan = self._shared_activity.telepathy_tubes_chan
        iface = chan[telepathy.CHANNEL_TYPE_TUBES]
        addr = iface.AcceptStreamTube(tube_id,
            telepathy.SOCKET_ADDRESS_TYPE_IPV4,
            telepathy.SOCKET_ACCESS_CONTROL_LOCALHOST,
            0,
            utf8_strings=True)
        logger.debug(
            'Accepted stream tube: listening address is %r',
            addr)
        assert isinstance(addr, dbus.Struct)
        assert len(addr) == 2
        assert isinstance(addr[0], str)
        assert isinstance(addr[1], (int, long))
        assert addr[1] > 0 and addr[1] < 65536
        port = int(addr[1])

        self.progressbar.show()
        getter = ReadURLDownloader(
            "http://%s:%d/document"
            % (addr[0], port))
        getter.connect("finished",
            self.download_result_cb, tube_id)
        getter.connect("progress",
```

```
                self.download_progress_cb, tube_id)
        getter.connect("error",
            self.download_error_cb, tube_id)
        logger.debug(
            "Starting download to %s...", path)
        getter.start(path)
        self.download_content_length = \
            getter.get_content_length()
        self.download_content_type = \
            getter.get_content_type()
        return False

    def download_progress_cb(self, getter,
        bytes_downloaded, tube_id):
        if self.download_content_length > 0:
            logger.debug(
                "Downloaded %u of %u bytes from tube %u...",
                bytes_downloaded,
                self.download_content_length,
                tube_id)
        else:
            logger.debug(
                "Downloaded %u bytes from tube %u...",
                bytes_downloaded, tube_id)
        total = self.download_content_length
        self.set_downloaded_bytes(bytes_downloaded,
            total)
        gtk.gdk.threads_enter()
        while gtk.events_pending():
            gtk.main_iteration()
        gtk.gdk.threads_leave()

    def download_error_cb(self, getter, err, tube_id):
        self.progressbar.hide()
        logger.debug(
            "Error getting document from tube %u: %s",
            tube_id, err)
        self.alert(_('Failure'),
            _('Error getting document from tube'))
        self.want_document = True
        self.download_content_length = 0
        self.download_content_type = None
        gobject.idle_add(self.get_document)

    def download_result_cb(self, getter, tempfile,
        suggested_name, tube_id):
        if self.download_content_type.startswith(
            'text/html'):
            # got an error page instead
            self.download_error_cb(getter,
                'HTTP Error', tube_id)
            return

        del self.unused_download_tubes

        self.tempfile = tempfile
        file_path = os.path.join(self.get_activity_root(),
            'instance',
            '%i' % time.time())
```

```
        logger.debug(
            "Saving file %s to datastore...", file_path)
        os.link(tempfile, file_path)
        self._jobject.file_path = file_path
        datastore.write(self._jobject,
            transfer_ownership=True)

        logger.debug(
            "Got document %s (%s) from tube %u",
            tempfile, suggested_name, tube_id)
        self.is_received_document = True
        self.read_file(tempfile)
        self.save()
        self.progressbar.hide()
```

Telepathy nos proporciona la dirección y el número de puerto asociado a
una Tubería de Flujos (Stream Tube) y configuramos el Cliente HTTP
para que lea desde alli. El cliente lee el archivo por porciones y después
de leer cada porción llama al método **download_progress_cb()** y
entonces podemos actualizar una barra de progreso para mostrar el
progreso de la descarga. Hay también métodos para el caso en que se
produzca un error de descarga y para cuando la descarga haya
terminado.

La clase **ReadURLDownloader** no es sólo útil para transferir archivos
por medio de una Tubería de Flujos (Stream Tube), también puede
utilizarse para interactuar con sitios web (websites) y servicios web (web
services). Mi Actividad **Get Internet Archive Books** usa esta clase para
este propósito.

La única pieza restante es el código que controla la obtención de datos
desde la Tubería de Flujo. En este código, adaptado de la Actividad **Read**
(Leer), tan pronto como una instancia de la Actividad recibe un libro
cambia de receptora a emisora y ofrece el libro para compartir, de este
modo la Actividad podría tener varias Tuberías desde donde obtener el
libro:

```
READ_STREAM_SERVICE = 'read-etexts-activity-http'

    ...

    def watch_for_tubes(self):
        """Watch for new tubes."""
        tubes_chan = self._shared_activity.\
            telepathy_tubes_chan

        tubes_chan[telepathy.CHANNEL_TYPE_TUBES].\
            connect_to_signal(
            'NewTube',
            self.new_tube_cb)
        tubes_chan[telepathy.CHANNEL_TYPE_TUBES].\
            ListTubes(
            reply_handler=self.list_tubes_reply_cb,
            error_handler=self.list_tubes_error_cb)
```

```
def new_tube_cb(self, tube_id, initiator,
    tube_type, service, params, state):
    """Callback when a new tube becomes available."""
    logger.debug(
        'New tube: ID=%d initator=%d type=%d service=%s '
        'params=%r state=%d', tube_id, initiator,
        tube_type,
        service, params, state)
    if service == READ_STREAM_SERVICE:
        logger.debug('I could download from that tube')
        self.unused_download_tubes.add(tube_id)
        # if no download is in progress,
        # let's fetch the document
        if self.want_document:
            gobject.idle_add(self.get_document)

def list_tubes_reply_cb(self, tubes):
    """Callback when new tubes are available."""
    for tube_info in tubes:
        self.new_tube_cb(*tube_info)

def list_tubes_error_cb(self, e):
    """Handle ListTubes error by logging."""
    logger.error('ListTubes() failed: %s', e)
```

La constante **READ_STREAM_SERVICE** está definida casi al principio del inicio del archivo fuente.

Utilizar tuberías D-Bus (D-Bus Tubes)

D-Bus es una forma de soportar **IPC**, o **Comunicacion Inter-Procesos** (Inter-Process Communication), el cual fue desarrollado por el entorno de trabajo GNOME (desktop environment). La idea de IPC es permitir a dos programas que se ejecutan simultáneamente comunicarse entre sí y ejecutar código del otro. GNOME usa D-Bus para proporcionar comunicación entre el entorno de trabajo y los programas que se ejecutan en él, y también entre GNOME y el sistema operativo. Una **Tubería D-Bus (D-Bus Tube)** es como Telepathy hace posible que una instancia de una Actividad que se ejecuta en una computadora pueda ejecutar métodos en otra instancia de la misma Actividad ejecutándose en otra computadora diferente. En lugar de sólo enviar simples mensajes de texto entre las computadoras o hacer transferencias de archivos, sus Actividades pueden compartirse de forma segura. Esto significa que la Actividad puede permitir a varias personas trabajar juntas en la misma tarea.

Nunca escribí una Actividad que use Tuberías D-Bus pero muchos otros lo han hecho. Vamos a dar un vistazo al código de dos de ellos: **Scribble** escrito por Sayamindu Dasgupta y **Batalla Naval**, escrito por Gerard J. Cerchio y Andrés Ambrois, el cual fue escrito para el Ceibal Jam.

Scribble es un programa para dibujar que permite a varias personas trabajar en el mismo dibujo al mismo tiempo. En lugar de permitirte seleccionar el color con el cual vas a dibujar, éste usa los colores de frente y fondo de tu ícono de Buddy (la figura del XO) para dibujar con ellos. De esta forma con varias personas dibujando figuras al mismo tiempo es fácil saber quién dibujó qué. Si te unes a una Actividad Scribble esta actualizará tu pantalla de forma que tu dibujo coincida el de cualquier otro usuario. Scribble en acción se ve de la siguiente manera:

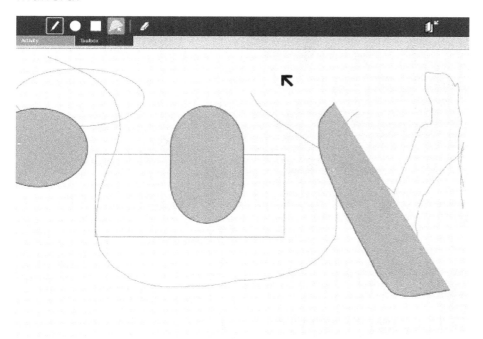

Batalla Naval es una versión del clásico juego **Battleship (Batalla Naval)**. Cada jugador tiene dos grillas: una de ellas para ubicar sus propios barcos (en realidad la computadora posiciona al azar los barcos por ti) y otra grilla en blanco representando el área donde se encuentran los barcos de tu oponente. Tu no puedes ver los barcos de tu oponente y el no puede ver los tuyos. Puedes hacer clic en la grilla de tu oponente (la de la derecha) para indicar donde quieres que tu artillería dispare. Cuando lo haces se ilumina el recuadro correspondiente en tu grilla y el correspondiente en la de tu oponente. Si el cuadrado que seleccionaste corresponde a un cuadrado donde tu oponente tiene un barco, ese cuadro se mostrará en un color diferente. El objetivo del juego es encontrar todos los cuadrados donde están ubicados los barcos de tu oponente antes de que él encuentre los tuyos. El juego en acción se ve así:

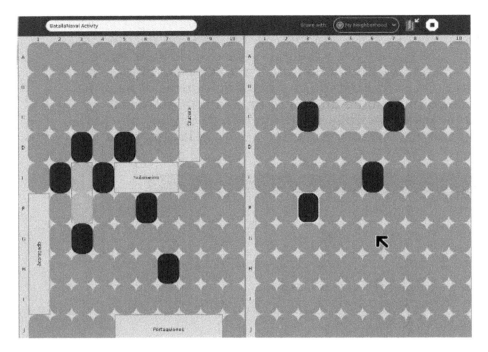

Sugiero que descargues la versión más reciente de estas dos Actividades desde Gitorious utilizando estos comandos:

```
mkdir scribble
cd scribble
git clone git://git.sugarlabs.org/scribble/mainline.git
cd ..
mkdir batallanaval
cd batallanaval
git clone git://git.sugarlabs.org/batalla-naval/mainline.git
```

Será necesario que realices algunas configuraciones para lograr ejecutar estas aplicaciones en el emulador-sugar. Scribble requiere el componente **goocanvas** de GTK y los componentes Python que se incluyen con ellos. Estos no fueron instalados por defecto en Fedora 10 pero se pueden instalar por medio de **Añadir/Remover Programas** (Add/Remove Programs) desde el menú **Sistema** (System) en GNOME. Batalla Naval no incluye el archivo **setup.py**, pero esto es fácil de solucionar ya que cada setup.py es idéntico. Copia alguno de los que vienen en los ejemplos del libro dentro del directorio **mainline/BatallaNaval.activity** y ejecuta **./setup.py dev** en ambas Actividades.

Estas Actividades utilizan diferentes estrategias de colaboración. Scribble crea líneas de código Python el cual se pasa a todos los Buddies y cada Buddy usa la función **exec** para ejecutar los comandos. Este es el código que dibuja un círculo:

```
    def process_item_finalize(self, x, y):
        if self.tool == 'circle':
```

```
            self.cmd = "goocanvas.Ellipse(
                parent=self._root,
                center_x=%d,
                center_y=%d, radius_x = %d,
                radius_y = %d,
                fill_color_rgba = %d,
                stroke_color_rgba = %d,
                title = '%s')" % (self.item.props.center_x,
                self.item.props.center_y,
                self.item.props.radius_x,
                self.item.props.radius_y,
                self._fill_color,
                self._stroke_color, self.item_id)
...

    def process_cmd(self, cmd):
        #print 'Processing cmd :' + cmd
        exec(cmd)
        #FIXME: Ugly hack, but I'm too lazy to
        # do this nicely

        if len(self.cmd_list) > 0:
            self.cmd_list += (';' + cmd)
        else:
            self.cmd_list = cmd
```

La variable **cmd_list** se usa para crear una lista de cadenas de texto que contienen todos los comandos que se ejecutaron hasta ese momento. Cuando un nuevo Buddy se une a la Actividad, esta envía la variable para que se ejecuten todos los comandos anteriores, de esta forma el área de dibujo del nuevo usuario tiene el mismo contenido que los otros Buddies.

Este es un enfoque interesante, pero podrías hacer lo mismo utilizando Canales de Texto (TextChannel) por lo que éste no es necesariamente el mejor uso que se puede hacer de las Tuberías D-Bus (D-Bus Tubes). Batalla Naval hace uso de D-Bus de una forma más típica.

Cómo funcionan más o menos las tuberías D-Bus

D-Bus permite que dos programas que se están ejectando se envíen mensajes entre si. Los programas tienen que estar ejecutándose en la misma computadora. Enviar un mensaje es una forma indirecta de tener un programa que ejecute código en otro programa. Un programa define el tipo de mensajes que está dispuesto a recibir y ejecutar. En el caso de Batalla Naval se define un mensaje similar a este: "dime a que cuadrado quieres disparar y te haré conocer si uno de mis barcos o parte de alguno de ellos está en ese cuadrado". El primer programa realmente no ejecuta nada en el segundo, pero el resultado final es similar. Las Tuberías D-Bus son una forma de habilitar que D-Bus envíe mensajes como estos a un programa que se ejecuta en otra computadora.

Piensa por un minuto como podrías hacer que un programa en una computadora ejecute código en otro programa que se está ejecutando en otra computadora. Por supuesto que tendría que utilizar la red. Todo el mundo está familiarizado con el envío de datos por medio de una red. Pero en este caso tendría que enviar código de programa por la red. Deberías ser capaz de decirle al programa que se está ejecutando en la segunda computadora que código quieres que se ejecute. Necesitarás enviar una invocación a un método y todos los parámetros que necesita el método para que se ejecute correctamente, adicionalmente necesitarás una forma de obtener un valor de retorno.

¿No es parecido a lo que hace **Scribble** en el código que recién miramos? ¿Podríamos hacer que nuestro código haga algo parecido a esto?

Por supuesto si haces esto todo programa en el que quieras ejecutar código remotamente deberá estar escrito para que pueda tratar con esto. Si tienes un abanico de programas que quieres que hagan esto, necesitarás alguna forma de permitir a los programas conocer cuales solicitudes fueron hechas para esto. Sería genial si hubiera un programa ejecutándose en cada computador que se encargue de hacer conexiones de red, convertir las invocaciones a los métodos en datos que puedan ser enviados por medio de la red y luego convertir esos datos nuevamente en invocaciones a métodos y ejecutar dichas invocaciones, además de enviar cualquier valor de retorno hacia el origen de la invocación. Este programa debería ser capaz de conocer en que programa quieres ejecutar el código y ver si la llamada al método se está ejecutando allí. El programa debería estar corriendo todo el tiempo, y sería realmente muy bueno si ejecutar un método en un programa remoto fuera tan simple como ejecutar un método en mi propio programa.

Tal como lo supones, lo que hemos descrito es más o menos lo que son las Tuberías D-Bus. Existen artículos que explican como funcionan en detalle, pero no es necesario conocer como funcionan para usarlas. Necesitas conocer algunas cosas sobre ellas. Primero necesitas saber como usar las Tuberías D-Bus para hacer objetos en tu Actividad que estén disponibles para ser usados por otras instancias de esa Actividad ejecutándose en alguna parte.

Una Actividad que necesita usar Tuberías D-Bus debe definir sobre que tipo de mensajes va a actuar, en efecto que métodos específicos en el programa están disponibles para este uso. Todas las actividades que usan Tuberías D-Bus tienen constantes similares a estas:

```
SERVICE = "org.randomink.sayamindu.Scribble"
IFACE = SERVICE
PATH = "/org/randomink/sayamindu/Scribble"
```

Estas son las constantes utilizadas por la Actividad **Scribble**. La primera constante, llamada SERVICE (Servicio), representa el **nombre de bus** (bus name) de la Actividad. También se lo llama **nombre bien-conocido** (well-known name) porque utiliza un **nombre de dominio invertido** (reversed domain name) como parte del nombre. En este caso Sayamindu Dasgupta tiene un sitio web en http://sayamindu.randomink.org entonces invierte las palabras de esta URL separadas por un punto para formar la primera parte del nombre del bus. No es necesario tener un nombre de dominio propio antes de poder crear un nombre de bus (bus name). Puedes utilizar org.sugarlabs.NombreDeTuActividad si quieres. El punto es que el nombre de bus debe ser único y por convención se hace más sencillo hacerlo utilizando un nombre de dominio inverso.

La constante PATH representa la **carpeta del objeto** (object path). Se ve como el nombre del bus con barras separando las palabras en lugar de los puntos. Para la mayoría de las Actividades es exactamente como debería ser, pero es posible para una aplicación exponer más de un objeto hacia el D-Bus, en ese caso cada objeto expuesto debería tener su propio nombre único, por convención palabras separadas por barras (slashes "/").

La tercer constante es IFACE, la cual es **nombre de interfaz** (interface name). Una interfaz es una colección de señales y métodos relacionados, identificados por un nombre que utiliza la misma convención que el nombre de bus. En el ejemplo de arriba y probablemente en la mayoría de las Actividades que usan Tuberías D-Bus, el nombre de la interfaz y el nombre de bus son idénticos.

Entonces, ¿qué es una señal? Una señal es similar a un método pero en lugar de tener un programa en ejecución que llama a un método en otro programa, una señal es de **difusión masiva** (broadcast). En otras palabras, en lugar de ejecutar un método en un solo programa este ejecuta el mismo método en varios programas en ejecución, de hecho en cada programa en ejecución que tenga este método conectado a través de D-Bus. Una señal puede pasar datos a la invocación de un método pero no puede recibir ningún valor de retorno. Es como una estación de radio que emite música para todos los que estén sintonizando la emisora. El flujo de información es en un solo sentido.

Por supuesto una estación de radio recibe llamadas de los radioescuchas. Un conductor puede pasar una nueva canción e invitar a los oyentes a llamar a la estación y decir que piensan sobre la misma. La llamada de teléfono es una vía de comunicación bidireccional entre el conductor y el radioescucha, pero es iniciado mediante una llamada de difusión masiva hacia todos los escuchas. De la misma forma tu Actividad podría utilizar una señal para invitar a todos los escuchas (Buddies) a usar un método para llamar nuevamente a la Actividad emisora, entonces este método puede proporcionar y recibir información.

Los métodos D-Bus y las señales tienen **firmas** (signatures). Una firma es una descripción de los parámetros pasados a un método o señal incluyendo su **tipo de dato** (data types). Python no es un lenguaje **fuertemente tipado** (strongly typed)- en informática se usa el término fuertemente tipado cuando se refiere a que el tipo de una variable debe ser definido explícitamente). En un lenguaje fuertemente tipado cada variable tiene un tipo de datos el cual define qué es lo que esta puede hacer y/o contener. Los tipos de datos incluyen cosas como **cadenas** (strings), **enteros** (integers)**, enteros largos** (long integers), **números de punto flotante** (floating point numbers), **booleanos** (booleans), etc. Cada uno de ellos puede ser usado para un propósito específico. Por cada instancia un booleano sólo puede contener uno de dos valores**Verdadero** (True) o **Falso** (False). Una cadena puede ser usada para almacenar cadenas de caracteres, pero incluso si estos caracteres representan un número no es posible utilizar las cadenas para realizar cálculos. Lo que necesitas hacer es convertir la cadena en uno de los tipos numéricos. Un entero puede contener enteros hasta cierto tamaño, y un entero largo puede contener enteros de un tamaño mucho mayor. Un número de punto flotante es un número con un punto decimal en notación científica. Esto suele ser usado para realizar cálculos aritméticos, los cuales requieren resultados redondeados.

En Python puedes poner cualquier cosa en cualquier variable y el lenguaje por si mismo decidirá como gestionar los mismos. Para hacer que Python trabaje con D-Bus, el cual requiere variables fuertemente tipadas, que Python no tiene, es necesario tener un forma de decirle al D-Bus qué tipo de variables debería tener para pasárselas a un método. Puedes hacer esto por medio del uso de una cadena de firma (signature string) como un argumento al método o señal. Los métodos tienen dos cadenas: una **in_signature** (podría decirse que es una firma de entrada) y una **out_signature** (es la firma de salida**)**. Las señales sólo tienen un parámetro **firma** (signature). Algunos ejemplos de cadenas de firma:

ii	dos parámetros, ambos enteros (integer)
sss	Tres parámetros, todos cadenas (string)
ixd	Tres parámetros, un entero (integer), un entero largo (long) y un número de punto flotante de doble precisión (double).
a(ssiii)	Un conjunto (array) donde cada elemento del conjunto es una tupla que contiene dos cadenas y tres enteros.

Puedes encontrar más información sobre cadenas de firma en el tutorial sobre dbus-python en: http://dbus.freedesktop.org/doc/dbus-python/doc/tutorial.html.

Hello Mesh (Hola malla) y Friends (Amigos)

Si estudias el código fuente de algunas Actividades compartidas puedes darte cuenta que muchas de ellas contienen métodos casi idénticos, como si todas ellas fueran una copia de la misma fuente. De hecho es probable que la mayoría sí lo haya sido. La Actividad **Hello Mesh** fue desarrollada para ser un ejemplo de como usar Tuberías D-Bus en una actividad compartida. Es clásico ver en los libros de programación que el primer ejemplo de programa es uno que imprime las palabras "Hola Mundo" (Hello World) por consola o muestra la frase en una ventana. Siguiendo esta tradición **Hello Mesh** es un programa que no hace mucho más. Podrás encontrar el código fuente en Gitorious en http://git.sugarlabs.org/projects/hello-mesh.

Hello Mesh es ampliamente copiado porque demuestra como hacer cosas que todas las Actividades compartidas necesitan hacer. Cuando tienes una Actividad compartida debes ser capaz de hacer dos cosas:

- Enviar informacion o comandos a otras instancias de tu Actividad.

- Proporcionar a los Buddies que se unan a tu Actividad una copia del estado actual de la Actividad.

Es posible hacer esto utilizando dos señales y un método:

- Una señal llamada **Hello()** que alguien que se une a la Actividad envía a todos los participantes. El método **Hello()** no tiene parámetros.

- Un método llamado **World()** que las instancias que reciben **Hello()** envían como respuesta al emisor que acaba de unirse. Este método toma una cadena de texto como argumento, el cual es utilizado para representar el estado actual de la Actividad.

- Otra señal llamada **SendText()** que envía mensajes de texto a todos los participantes. Estos representan una actualización de estado de la Actividad compartida. En el caso de **Scribble** este debería informar a las otras instancias que la propia instancia acaba de dibujar una nueva figura.

En lugar de estudiar la Actividad **Hello Mesh** por sí misma, prefiero que demos un vistazo al código derivado de ésta, usado en la Actividad **Batalla Naval**.

Esta Actividad tiene la particularidad de poder ejecutarse tanto como Actividad o como un programa autónomo de Python. El programa autónomo no soporta compartir y corre en una ventana. La clase **Activity** es una subclase de **Window**, entonces cuando el código se está ejecutando en modo autónomo la función **init()** en **BatallaNaval.py** obtiene una ventana, y cuando el mismo código se ejecuta como Actividad la instancia de la clase **BatallaNavalActivity** es pasado a **init()**:

```
from sugar.activity.activity import Activity, ActivityToolbox
import BatallaNaval
from Collaboration import CollaborationWrapper

class BatallaNavalActivity(Activity):
    ''' The Sugar class called when you run this
        program as an Activity. The name of this
        class file is marked in the
        activity/activity.info file.'''

    def __init__(self, handle):
        Activity.__init__(self, handle)

        self.gamename = 'BatallaNaval'

        # Create the basic Sugar toolbar
        toolbox = ActivityToolbox(self)
        self.set_toolbox(toolbox)
        toolbox.show()

        # Create an instance of the CollaborationWrapper
        # so you can share the activity.
        self.colaboracion = CollaborationWrapper(self)

        # The activity is a subclass of Window, so it
        # passses itself to the init function
```

```
        BatallaNaval.init(False, self)
```

Otra habilidad que tiene BatallaNaval es que todo el código que posibilita la colaboración se encuentra en su propia clase **CollaborationWrapper** (El nombre de esta clase es aproximadamente Contenedor de Colaboración) que toma la instancia de la clase **BatallNavalActivity** en su constructor. Esto separa el código de colaboración del resto del programa. Este es el código de la clase **CollaborationWrapper.py**:

```python
import logging

from sugar.presence import presenceservice
import telepathy
from dbus.service import method, signal
# In build 656 Sugar lacks sugartubeconn
try:
   from sugar.presence.sugartubeconn import \
       SugarTubeConnection
except:
   from sugar.presence.tubeconn import TubeConnection as \
       SugarTubeConnection
from dbus.gobject_service import ExportedGObject

''' In all collaborative Activities in Sugar we are
    made aware when a player enters or leaves. So that
    everyone knows the state of the Activity we use
    the methods Hello and World. When a participant
    enters Hello sends a signal that reaches
    all participants and the participants
    respond directly using the method "World",
    which retrieves the current state of the Activity.
    After the updates are given then the signal
    Play is used by each participant to make his move.
    In short this module encapsulates the logic of
    "collaboration" with the following effect:
        - When someone enters the collaboration
          the Hello signal is sent.
        - Whoever receives the Hello signal responds
          with World
        - Every time someone makes a move he uses
          the method Play giving a signal which
          communicates to each participant
          what his move was.
'''

SERVICE = "org.ceibaljam.BatallaNaval"
IFACE = SERVICE
PATH = "/org/ceibaljam/BatallaNaval"

logger = logging.getLogger('BatallaNaval')
logger.setLevel(logging.DEBUG)

class CollaborationWrapper(ExportedGObject):
    ''' A wrapper for the collaboration methods.
        Get the activity and the necessary callbacks.
    '''

    def __init__(self, activity):
```

```python
        self.activity = activity
        self.presence_service = \
            presenceservice.get_instance()
        self.owner = \
            self.presence_service.get_owner()

    def set_up(self, buddy_joined_cb, buddy_left_cb,
        World_cb, Play_cb, my_boats):
        self.activity.connect('shared',
            self._shared_cb)
        if self.activity._shared_activity:
            # We are joining the activity
            self.activity.connect('joined',
                self._joined_cb)
            if self.activity.get_shared():
                # We've already joined
                self._joined_cb()

        self.buddy_joined = buddy_joined_cb
        self.buddy_left = buddy_left_cb
        self.World_cb = World_cb
        # Called when someone passes the board state.
        self.Play_cb = Play_cb
        # Called when someone makes a move.

        # Submitted by making World on a new partner
        self.my_boats = [(b.nombre, b.orientacion,
            b.largo, b.pos[0],
            b.pos[1]) for b in my_boats]
        self.world = False
        self.entered = False

    def _shared_cb(self, activity):
        self._sharing_setup()
        self.tubes_chan[telepathy.CHANNEL_TYPE_TUBES].\
            OfferDBusTube(
            SERVICE, {})
        self.is_initiator = True

    def _joined_cb(self, activity):
        self._sharing_setup()
        self.tubes_chan[telepathy.CHANNEL_TYPE_TUBES].\
            ListTubes(
            reply_handler=self._list_tubes_reply_cb,
            error_handler=self._list_tubes_error_cb)
        self.is_initiator = False

    def _sharing_setup(self):
        if self.activity._shared_activity is None:
            logger.error(
                'Failed to share or join activity')
            return

        self.conn = \
            self.activity._shared_activity.telepathy_conn
        self.tubes_chan = \
            self.activity._shared_activity.telepathy_tubes_chan
        self.text_chan = \
            self.activity._shared_activity.telepathy_text_chan
```

```python
        self.tubes_chan[telepathy.CHANNEL_TYPE_TUBES].\
            connect_to_signal(
            'NewTube', self._new_tube_cb)

        self.activity._shared_activity.connect(
            'buddy-joined',
            self._buddy_joined_cb)
        self.activity._shared_activity.connect(
            'buddy-left',
            self._buddy_left_cb)

        # Optional - included for example:
        # Find out who's already in the shared activity:
        for buddy in \
            self.activity._shared_activity.\
                get_joined_buddies():
            logger.debug(
                'Buddy %s is already in the activity',
                buddy.props.nick)

    def participant_change_cb(self, added, removed):
        logger.debug(
            'Tube: Added participants: %r', added)
        logger.debug(
            'Tube: Removed participants: %r', removed)
        for handle, bus_name in added:
            buddy = self._get_buddy(handle)
            if buddy is not None:
                logger.debug(
                    'Tube: Handle %u (Buddy %s) was added',
                    handle, buddy.props.nick)
        for handle in removed:
            buddy = self._get_buddy(handle)
            if buddy is not None:
                logger.debug('Buddy %s was removed' %
                    buddy.props.nick)
        if not self.entered:
            if self.is_initiator:
                logger.debug(
                    "I'm initiating the tube, "
                    "will watch for hellos.")
                self.add_hello_handler()
            else:
                logger.debug(
                    'Hello, everyone! What did I miss?')
                self.Hello()
        self.entered = True


    # This is sent to all participants whenever we
    # join an activity
    @signal(dbus_interface=IFACE, signature='')
    def Hello(self):
        """Say Hello to whoever else is in the tube."""
        logger.debug('I said Hello.')

    # This is called by whoever receives our Hello signal
    # This method receives the current game state and
```

```python
    # puts us in sync with the rest of the participants.
    # The current game state is represented by the
    # game object
    @method(dbus_interface=IFACE, in_signature='a(ssiii)',
        out_signature='a(ssiii)')
    def World(self, boats):
        """To be called on the incoming XO after
        they Hello."""
        if not self.world:
            logger.debug('Somebody called World on me')
            self.world = True    # Instead of loading
                                 # the world, I am
                                 # receiving play by
                                 # play.
            self.World_cb(boats)
            # now I can World others
            self.add_hello_handler()
        else:
            self.world = True
            logger.debug(
                "I've already been welcomed, doing nothing")
        return self.my_boats

    @signal(dbus_interface=IFACE, signature='ii')
    def Play(self, x, y):
        """Say Hello to whoever else is in the tube."""
        logger.debug('Running remote play:%s x %s.', x, y)

    def add_hello_handler(self):
        logger.debug('Adding hello handler.')
        self.tube.add_signal_receiver(self.hello_signal_cb,
            'Hello', IFACE,
            path=PATH, sender_keyword='sender')
        self.tube.add_signal_receiver(self.play_signal_cb,
            'Play', IFACE,
            path=PATH, sender_keyword='sender')

    def hello_signal_cb(self, sender=None):
        """Somebody Helloed me. World them."""
        if sender == self.tube.get_unique_name():
            # sender is my bus name, so ignore my own signal
            return
        logger.debug('Newcomer %s has joined', sender)
        logger.debug(
            'Welcoming newcomer and sending them '
            'the game state')

        self.other = sender

        # I send my ships and I get theirs in return
        enemy_boats = self.tube.get_object(self.other,
            PATH).World(
            self.my_boats, dbus_interface=IFACE)

        # I call the callback World, to load the enemy ships
        self.World_cb(enemy_boats)

    def play_signal_cb(self, x, y, sender=None):
        """Somebody placed a stone. """
```

```
        if sender == self.tube.get_unique_name():
            return  # sender is my bus name,
                    # so ignore my own signal
        logger.debug('Buddy %s placed a stone at %s x %s',
            sender, x, y)
        # Call our Play callback
        self.Play_cb(x, y)
        # In theory, no matter who sent him

    def _list_tubes_error_cb(self, e):
        logger.error('ListTubes() failed: %s', e)

    def _list_tubes_reply_cb(self, tubes):
        for tube_info in tubes:
            self._new_tube_cb(*tube_info)

    def _new_tube_cb(self, id, initiator, type,
        service, params, state):
        logger.debug('New tube: ID=%d initator=%d '
            'type=%d service=%s '
            'params=%r state=%d', id, initiator, '
            'type, service, params, state)
        if (type == telepathy.TUBE_TYPE_DBUS and
            service == SERVICE):
            if state == telepathy.TUBE_STATE_LOCAL_PENDING:
                self.tubes_chan[telepathy.CHANNEL_TYPE_TUBES]
                    .AcceptDBusTube(id)
            self.tube = SugarTubeConnection(self.conn,
                self.tubes_chan[telepathy.CHANNEL_TYPE_TUBES],
                id, group_iface=
                    self.text_chan[telepathy.\
                        CHANNEL_INTERFACE_GROUP])
            super(CollaborationWrapper,
                self).__init__(self.tube, PATH)
            self.tube.watch_participants(
                self.participant_change_cb)

    def _buddy_joined_cb (self, activity, buddy):
        """Called when a buddy joins the shared
        activity. """
        logger.debug(
            'Buddy %s joined', buddy.props.nick)
        if self.buddy_joined:
            self.buddy_joined(buddy)

    def _buddy_left_cb (self, activity, buddy):
        """Called when a buddy leaves the shared
        activity. """
        if self.buddy_left:
            self.buddy_left(buddy)

    def _get_buddy(self, cs_handle):
        """Get a Buddy from a channel specific handle."""
        logger.debug('Trying to find owner of handle %u...',
            cs_handle)
        group = self.text_chan[telepathy.\
            CHANNEL_INTERFACE_GROUP]
        my_csh = group.GetSelfHandle()
        logger.debug(
```

```
            'My handle in that group is %u', my_csh)
    if my_csh == cs_handle:
        handle = self.conn.GetSelfHandle()
        logger.debug('CS handle %u belongs to me, %u',
            cs_handle, handle)
    elif group.GetGroupFlags() & \
        telepathy.\
        CHANNEL_GROUP_FLAG_CHANNEL_SPECIFIC_HANDLES:
        handle = group.GetHandleOwners([cs_handle])[0]
        logger.debug('CS handle %u belongs to %u',
            cs_handle, handle)
    else:
        handle = cs_handle
        logger.debug('non-CS handle %u belongs to itself',
            handle)
        # XXX: deal with failure to get the handle owner
        assert handle != 0
    return self.presence_service.\
        get_buddy_by_telepathy_handle(
        self.conn.service_name,
        self.conn.object_path, handle)
```

La mayor parte del código de arriba es similar a lo que se ha visto en otros ejemplos, y la mayor parte de este puede ser usado tal cual en cualquier Actividad que necesite hacer llamadas D-Bus. Por esta razón vamos a enfocarnos en el código que específicamente utiliza D-Bus. El punto lógico de inicio es el método **Hello().** Por supuesto no existe nada mágico en el nombre "Hello". **Hello Mesh** intenta ser un "Hola Mundo" (Hello World) usando Tuberías D-Bus, entonces por convención las palabras "Hola" (Hello) y "Mundo"(World) tendrán que ser usadas. El método **Hello()** es enviado a todas las instancias de la Actividad para informarles que una nueva instancia de la misma esta lista para recibir información del estado de la Actividad compartida. Tu Actividad probablemente necesitará algo similar, pero sientete libre de nombrarlo de otra forma, y si estás escribiendo código para alguna tarea definitivamente deberías darles otro nombre:

```
    # This is sent to all participants whenever we
    # join an activity
    @signal(dbus_interface=IFACE, signature='')
    def Hello(self):
        """Say Hello to whoever else is in the tube."""
        logger.debug('I said Hello.')

    def add_hello_handler(self):
        logger.debug('Adding hello handler.')
        self.tube.add_signal_receiver(
            self.hello_signal_cb,
            'Hello', IFACE,
            path=PATH, sender_keyword='sender')
...

    def hello_signal_cb(self, sender=None):
        """Somebody Helloed me. World them."""
        if sender == self.tube.get_unique_name():
            # sender is my bus name,
```

```
        # so ignore my own signal
        return
    logger.debug('Newcomer %s has joined', sender)
    logger.debug(
        'Welcoming newcomer and sending them '
        'the game state')

    self.other = sender

    # I send my ships and I returned theirs
    enemy_boats = self.tube.get_object(
        self.other, PATH).World(
        self.my_boats, dbus_interface=IFACE)

    # I call the callback World, to load the enemy ships
    self.World_cb(enemy_boats)
```

Lo más interesante en este código es la siguiente línea en la cual Python invoca a un **Decorator** (Decorator es una forma avanzada de realizar herencia en Python):

```
@signal(dbus_interface=IFACE, signature='')
```

Cuando insertas **@signal** delante del nombre de un método causa el efecto de agregar los dos parámetros mostrados a la llamada al método siempre que es invocado, es decir cambia una llamada regular de un método por una llamada a una señal D-Bus. El parámetro **signature** es una cadena vacía que indica que esta invocación al método no tiene ningún parámetro. El método **Hello()** no hace nada cuando se ejecuta localmente, pero cuando es recibido por otras instancias de la Actividad hace que se ejecute el método **World()**, quien envía la posición de sus barcos y recibe la posicion de los barcos de los nuevos participantes como respuesta.

Batalla Naval aparentemente es un programa demostrativo. Es un juego de dos jugadores, pero en el código no existe nada que impida que más jugadores se unan al juego y no hay forma de controlarlos si lo hacen. Idealmente debería ser posible que sólo el primer jugador que se une a la Actividad y quien inició la Actividad participen del juego y hacer que el resto de los participantes que se unen a la Actividad sean solamente espectadores.

Ahora veremos como está hecho el método **World()**:

```
    # This is called by whoever receives our Hello signal
    # This method receives the current game state and
    # puts us in sync with the rest of the participants.
    # The current game state is represented by the game
    # object
    @method(dbus_interface=IFACE, in_signature='a(ssiii)',
        out_signature='a(ssiii)')
    def World(self, boats):
        """To be called on the incoming XO after
        they Hello."""
        if not self.world:
```

```
            logger.debug('Somebody called World on me')
            self.world = True    # Instead of loading the world,
                                 # I am receiving play by play.
            self.World_cb(boats)
            # now I can World others
            self.add_hello_handler()
        else:
            self.world = True
            logger.debug("I've already been welcomed, "
                "doing nothing")
        return self.my_boats
```

Aquí se muestra otro decorador (decorator), este convierte el método
World() en una invocación a un método D-Bus. La firma (signature) es
más interesante que la del método **Hello()**. Ésta define una llamada a
un conjunto (array) de tuplas donde cada tupla está compuesta por dos
cadenas y tres enteros. Cada elemento en el array representa una barco
y sus atributos. **World_cb** apunta a un método en **BatallaNaval.py**, (y
también lo hace **Play_cb**). Si estudias el código de **init()** en
BatallaNaval.py podrás ver cómo sucede esto. **World()** es invocado
desde el método **hello_signal_cb()** que acabamos de ver. Este es
enviado a quien se une a la Actividad que nos envió anteriormente
Hello() a nosotros.

Finalmente veremos la señal **Play()**:

```
    @signal(dbus_interface=IFACE, signature='ii')
    def Play(self, x, y):
        """Say Hello to whoever else is in the tube."""
        logger.debug('Running remote play:%s x %s.', x, y)

    def add_hello_handler(self):
...
        self.tube.add_signal_receiver(self.play_signal_cb,
            'Play', IFACE,
            path=PATH, sender_keyword='sender')
...
    def play_signal_cb(self, x, y, sender=None):
        """Somebody placed a stone. """
        if sender == self.tube.get_unique_name():
            return   # sender is my bus name, so
                     # ignore my own signal
        logger.debug('Buddy %s placed a stone at %s x %s',
            sender, x, y)
        # Call our Play callback
        self.Play_cb(x, y)
```

Esta es una señal por lo que solamente se tiene una cadena firma, ésta
indica que los parámetros de entrada son dos enteros.

Existen muchas formas de mejorar esta Actividad. Cuando se juega contra la computadora en modo no-compartido el juego sólo hace jugadas al azar (es decir cuando se juega contra la computadora no se hace uso de intelingencia artificial, característica fundamental de cualquier juego). El juego no limita el número de jugadores a dos, ni hace del resto espectadores del juego. No controla que los participantes ejecuten sus jugadas por turnos. Cuando un jugador termina de hundir todas las embarcaciones de su oponente no sucede nada que nos avise que ganamos la partida. Finalmente no se hace uso de **gettext()** para las cadenas de texto que se muestran en la Actividad lo que significa que esta no podría ser traducido a otros idiomas que no sea español.

Como es tradición en cualquier libro, dejaré que la realización de estas mejoras sea un ejercicio para el estudiante.

1

1. Traducido Vladimir Castro, Bolivia.⌃

16. Agregar texto hablado

Introducción

Ciertamente una de las Actividades disponibles más populares es **Speak** (Hablar), la cual toma las palabras que tecleas y las pronuncia en voz alta, mostrando al mismo tiempo una carita que parece hablar. Te puedes sorprender al saber que poco código de esa Actividad se requiere utilizar para lograr pronunciar las palabras. Si tu Actividad se puede beneficiar al pronunciar palabras en voz alta (hay posibilidades para Actividades educativas y en juegos) este capítulo te enseñará como hacer que eso suceda.

Tenemos maneras de hacerte hablar

Un par de maneras y ambas fáciles son:

- Correr el programa **espeak** directamente
- Usar el plugin **gstreamer espeak**

Ambos métodos tienen sus ventajas. El primero es usar Speak (técnicamente Speak usa el plugin gstreamer si está disponible y si no lo está ejecuta directamente espeak. Para lo que hace Speak, el plugin gstreamer no es realmente necesario). Ejecutar espeak es claramente el método más simple y puede ser apropiado para tu Actividad. Su gran ventaja es que no tienes que tener el plugin gstreamer instalado. Si tu Actividad necesita correr en otra que la última versión de Sugar, esto puede ser algo para considerar.

El plugin gstreamer es lo que usa **Read Etexts** para hacer texto hablado con resaltador. Para esta aplicación necesitamos ser capaces de hacer cosas que no son posibles solamente corriendo **espeak**. Por ejemplo:

- Necesitamos parar y retomar el habla, ya que la Actividad necesita leer una página completa, no solamente frases simples.
- Necesitamos resaltar las palabras a medida que son pronunciadas.

Tu puedes pensar que puedes lograr estos objetivos corriendo espeak de a una palabra por vez. Si lo piensas, no te sientas mal porque yo también pensé eso. En una computadora rápida suena horrible, como HAL 9000 tartamudeando al final, antes de ser desactivada. En la XO no sale sonido alguno.

Originalmente Read Etexts usó **speech-dispatcher** para hacer lo que hace el plugin gstreamer. Los desarrolladores del ese programa fueron de mucha ayuda para lograr funcionar el resaltador en Read Etexts, pero speech-dispatcher necesita ser configurado antes de poder usarlo, lo que fue un problema para nosotros. (Hay más de un tipo de software disponible para convertir texto en habla y speech-dispatcher soporta la mayoría de ellos. Esto hace inevitable tener archivos de configuración). Aleksey Lim de los laboratorios de Sugar tuvo la idea de usar el plugin de gstreamer y fue quién lo escribió. El también reescribió gran parte de **Read Etexts** de forma que use el plugin si está disponible, use speech-dispatcher si no, y no soporte **hablar** si ninguno de los dos está disponible.

Correr espeak directamente

Tu puedes correr el programa **espeak** desde la terminal para probar sus opciones. Para ver que opciones están disponibles para espeak tu puedes usar el comando **man**:

```
man espeak
```

Esto te trae una página del manual donde se describe como correr el programa y que opciones hay disponibles. Las partes de la página man que nos interesan más son las siguientes:

```
NAME
       espeak - A multi-lingual software speech synthesizer.
```

```
        espeak [options] [<words>]
```

DESCRIPTION
```
        espeak is a software speech synthesizer for English,
        and some other languages.
```

OPTIONS
```
        -p <integer>
                Pitch adjustment, 0 to 99, default is 50

        -s <integer>
                Speed in words per minute, default is 160

        -v <voice name>
                Use voice file of this name from
                espeak-data/voices

        --voices[=<language code>]
                Lists the available voices. If =<language code>
                is present then only those voices which are
                suitable for that language are listed.
```

Probemos algunas de estas opciones. Primero obtengamos una lista de voces (Voices):

```
espeak --voices
Pty Language Age/Gender VoiceName        File         Other Langs
 5  af             M  afrikaans          af
 5  bs             M  bosnian            bs
 5  ca             M  catalan            ca
 5  cs             M  czech              cs
 5  cy             M  welsh-test         cy
 5  de             M  german             de
 5  el             M  greek              el
 5  en             M  default            default
 5  en-sc          M  en-scottish        en/en-sc     (en 4)
 2  en-uk          M  english            en/en        (en 2)
... and many more ...
```

Ahora que sabemos los nombres de las voces podemos probarlas. ¿Qué tal inglés con acento francés?

```
espeak "Your mother was a hamster and your father \
smelled of elderberries." -v fr
```

Experimentemos con velociadad y tono (rate and pitch):

```
espeak "I'm sorry, Dave. I'm afraid I can't \
do that." -s 120 -p 30
```

Lo siguiente es escribir algo de código Python para correr espeak. Acá va un pequeño programa adaptado del código en **Speak**:

```
import re
import subprocess
```

```python
PITCH_MAX = 99
RATE_MAX = 99
PITCH_DEFAULT = PITCH_MAX/2
RATE_DEFAULT = RATE_MAX/3

def speak(text, rate=RATE_DEFAULT, pitch=PITCH_DEFAULT,
    voice="default"):

    # espeak uses 80 to 370
    rate = 80 + (370-80) * int(rate) / 100

    subprocess.call(["espeak", "-p", str(pitch),
            "-s", str(rate), "-v", voice,  text],
            stdout=subprocess.PIPE)

def voices():
    out = []
    result = subprocess.Popen(["espeak", "--voices"],
        stdout=subprocess.PIPE).communicate()[0]

    for line in result.split('\n'):
        m = re.match(
            r'\s*\d+\s+([\w-]+)\s+([MF])\s+([\w_-]+)\s+(.+)',
            line)
        if not m:
            continue
        language, gender, name, stuff = m.groups()
        if stuff.startswith('mb/') or \
            name in ('en-rhotic','english_rp',
                'english_wmids'):
            # these voices don't produce sound
            continue
        out.append((language, name))

    return out

def main():
    print voices()
    speak("I'm afraid I can't do that, Dave.")
    speak("Your mother was a hamster, and your father "
        + "smelled of elderberries!",  30,  60,  "fr")

if __name__ == "__main__":
    main()
```

En el repositorio Git del directorio **Adding_TTS** este archivo se llama **espeak.py**. Cargar este archivo en **Eric** y ejecutar **Run Script** desde el menu de Start (Inicio). Además de escuchar hablar deberías ver este texto:

[('af', 'afrikaans'), ('bs', 'bosnian'), ('ca', 'catalan'), ('cs', 'czech'), ('cy', 'welsh-test'), ('de', 'german'), ('el', 'greek'), ('en', 'default'), ('en-sc', 'en-scottish'), ('en-uk', 'english'), ('en-uk-north', 'lancashire'), ('en-us', 'english-us'), ('en-wi', 'en-westindies'), ('eo', 'esperanto'), ('es', 'spanish'), ('es-la', 'spanish-latin-american'), ('fi', 'finnish'), ('fr', 'french'), ('fr-be', 'french'), ('grc', 'greek-ancient'), ('hi', 'hindi-test'), ('hr', 'croatian'), ('hu', 'hungarian'), ('hy', 'armenian'), ('hy', 'armenian-west'), ('id', 'indonesian-test'), ('is', 'icelandic-test'), ('it', 'italian'), ('ku', 'kurdish'), ('la', 'latin'), ('lv', 'latvian'), ('mk', 'macedonian-test'), ('nl', 'dutch-test'), ('no', 'norwegian-test'), ('pl', 'polish'), ('pt', 'brazil'), ('pt-pt', 'portugal'), ('ro', 'romanian'), ('ru', 'russian_test'), ('sk', 'slovak'), ('sq', 'albanian'), ('sr', 'serbian'), ('sv', 'swedish'), ('sw', 'swahihi-test'), ('ta', 'tamil'), ('tr', 'turkish'), ('vi', 'vietnam-test'), ('zh', 'Mandarin'), ('zh-yue', 'cantonese-test')]

La función *voices()* devuelve una lista de voces como una tupla por voz y elimina voces de la lista que espeak no puede producir solo. Esta lista de tuplas puede ser usada para llenar un menú derivado.

La función *speak()* ajusta el valor de la velocidad **(rate)** para que puedas ingresar un valor entre 0 y 99 en lugar de entre 80 y 370. *speak()* es más compleja en la Actividad Speak que lo que tenemos acá, porque en esa Actividad controla el audio hablado y genera movimientos de la boca basados en la amplitud de la voz. Realizar los movimientos de la cara es gran parte de lo que hace la Actividad Speak y como no estamos haciendo eso, precisamos muy poco código para que nuestra Actividad hable.

Tu puedes usar **import espeak** para incluir este archivo en tus propias Actividades.

Usar el plugin gstreamer espeak

El plugin gstreamer espeak puede instalarse en **Fedora 10** o posterior usando **Add/Remove Software**.

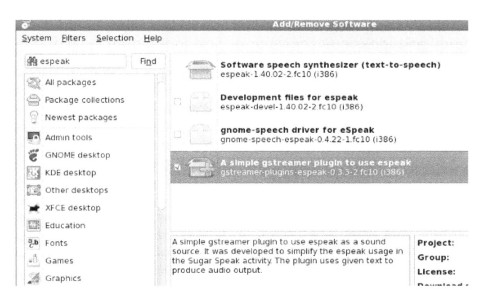

Cuando hayas realizado esto debes ser capaz de bajar la Actividad **Read Etexts** (la auténtica, no la versión simplificada que estamos usando en este libro) de ASLO y probar la pestaña **Speech**. Debes hacerlo ahora. Se debe parecer a algo así:

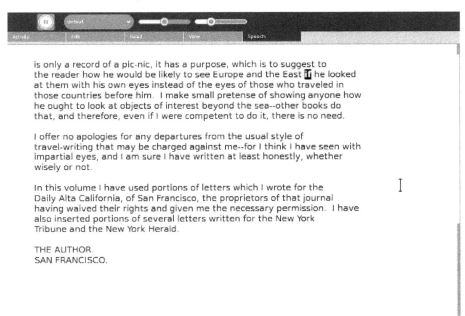

El libro usado para las capturas de pantalla anteriores en este manual fue **Pride and Prejudice** de Jane Austen. Para balancear, el resto de las capturas de pantalla se harán usando **The Innocents Abroad** de Mark Twain. [1]

Gstreamer es el marco para multimedia. Si has observado videos en la web debes estar familiarizado con el concepto de streaming media. En lugar de bajar una canción completa o un vidoe clip completo y luego ejecutarlo, streaming significa que la bajada y la ejecución ocurren al mismo tiempo, con la ejecución un poco detrás de la bajada. Hay muchos tipos diferentes de archivos de medios: MP3's, DivX, WMV, Real Media, y otros. Por cada tipo de archivo de medios Gstreamer tiene un plugin.

Gstreamer utiliza un concepto llamado **pipelining**. La idea es que la salida de un programa puede ser la entrada para otro. Una forma de manejar la situación es poner la salida del primer programa en un archivo temporario y hacer que el segundo programa lo lea. Esto significa que el primer programa debe terminar de ejecutar antes que el segundo pueda empezar. ¿Qué sucedería si los dos programas corren al mismo tiempo y que el segundo lea la información a medida que el primero la escribe? Es posible y el mecanismo para pasar información de un programa a otro se le llama **pipe** (caño). A una colección de programas que se unen de esta manera se les llama un **pipeline** (cañería). Al programa que alimenta la información en el caño se le llama source (fuente) y al programa que saca los datos del caño se le llama sink (pileta).

El plugin gstreamer espeak usa un caño simple: el texto va a espeak por una punta y el sonido sale por el otro y se envía a tu adaptador de sonido. Puedes pensar que no suena muy diferente de lo que hacíamos antes, pero lo es. Cuando corres espeak, el programa se carga en memoria, habla el texto que le pasas en la tarjeta de sonido y se descarga. Esta es una de las razones por la cuales no puedes usar espeak una palabra a la vez para lograr habla con palabras resaltadas. Hay un pequeño retraso mientras el programa se carga. No se nota tanto si le pasas a espeak una frase o una oración completa para leer, pero si ocurre para cada palabra es **muy** notorio. Al usar el plugin gstreamer podemos tener espeak cargado en la memoria todo el tiempo, esperando que le enviemos algunas palabras a su caño de entrada. Las va a decir en voz alta y luego espera por el próximo lote.

Como podemos controlar lo que entra en el caño, es posible parar y retomar el habla.

El ejemplo que usaremos acá es nuevamente la versión de **Read Etexts**, pero en lugar de la Actividad vamos a modificar la versión autónoma. No hay nada especial sobre el plugin gstreamer que lo haga funcionar solamente con Actividades. Cualquier programa Python lo puede usar. Estoy incluyendo texto hablado como un tema en este manual porque cada instalación Sugar incluye espeak y muchas Actividades pueden encontrarlo útil.

En el repositorio Git está el archivo **speech.py** que luce así:

```python
import gst

voice = 'default'
pitch = 0

rate = -20
highlight_cb = None

def _create_pipe():
    pipeline = 'espeak name=source ! autoaudiosink'
    pipe = gst.parse_launch(pipeline)

    def stop_cb(bus, message):
        pipe.set_state(gst.STATE_NULL)

    def mark_cb(bus, message):
        if message.structure.get_name() == 'espeak-mark':
            mark = message.structure['mark']
            highlight_cb(int(mark))

    bus = pipe.get_bus()
    bus.add_signal_watch()
    bus.connect('message::eos', stop_cb)
    bus.connect('message::error', stop_cb)
    bus.connect('message::element', mark_cb)

    return (pipe.get_by_name('source'), pipe)

def _speech(source, pipe, words):
    source.props.pitch = pitch
    source.props.rate = rate
    source.props.voice = voice
    source.props.text = words;
    pipe.set_state(gst.STATE_PLAYING)

info_source, info_pipe = _create_pipe()
play_source, play_pipe = _create_pipe()

# track for marks
play_source.props.track = 2

def voices():
    return info_source.props.voices

def say(words):
    _speech(info_source, info_pipe, words)
    print words

def play(words):
    _speech(play_source, play_pipe, words)

def is_stopped():
    for i in play_pipe.get_state():
        if isinstance(i, gst.State) and \
                i == gst.STATE_NULL:
            return True
    return False

def stop():
```

```python
        play_pipe.set_state(gst.STATE_NULL)

def is_paused():
    for i in play_pipe.get_state():
        if isinstance(i, gst.State) and \
            i == gst.STATE_PAUSED:
            return True
    return False

def pause():
    play_pipe.set_state(gst.STATE_PAUSED)

def rate_up():
    global rate
    rate = min(99, rate + 10)

def rate_down():
    global rate
    rate = max(-99, rate - 10)

def pitch_up():
    global pitch
    pitch = min(99, pitch + 10)

def pitch_down():
    global pitch
    pitch = max(-99, pitch - 10)

def prepare_highlighting(label_text):
    i = 0
    j = 0
    word_begin = 0
    word_end = 0
    current_word = 0
    word_tuples = []
    omitted = [' ', '\n', u'\r', '_', '[', '{', ']',\
        '}', '|', '<', '>', '*', '+', '/', '\\' ]
    omitted_chars = set(omitted)
    while i < len(label_text):
        if label_text[i] not in omitted_chars:
            word_begin = i
            j = i
            while j < len(label_text) and \
                label_text[j] not in omitted_chars:
                j = j + 1
                word_end = j
                i = j
            word_t = (word_begin, word_end, \
                label_text[word_begin: word_end].strip())
            if word_t[2] != u'\r':
                word_tuples.append(word_t)
        i = i + 1
    return word_tuples

def add_word_marks(word_tuples):
    "Adds a mark between each word of text."
    i = 0
    marked_up_text = '<speak> '
    while i < len(word_tuples):
```

```
        word_t = word_tuples[i]
        marked_up_text = marked_up_text + \
            '<mark name="' + str(i) + '"/>' + word_t[2]
        i = i + 1
    return marked_up_text + '</speak>'
```

Hay otro archivo llamado **ReadEtextsTTS.py** que luce así:

```
import sys
import os
import zipfile
import pygtk
import gtk
import getopt
import pango
import gobject
import time
import speech

speech_supported = True

try:
    import gst
    gst.element_factory_make('espeak')
    print 'speech supported!'
except Exception, e:
    speech_supported = False
    print 'speech not supported!'

page=0
PAGE_SIZE = 45

class ReadEtextsActivity():
    def __init__(self):
        "The entry point to the Activity"
        speech.highlight_cb = self.highlight_next_word
        # print speech.voices()

    def highlight_next_word(self, word_count):
        if word_count < len(self.word_tuples):
            word_tuple = self.word_tuples[word_count]
            textbuffer = self.textview.get_buffer()
            tag = textbuffer.create_tag()
            tag.set_property('weight', pango.WEIGHT_BOLD)
            tag.set_property( 'foreground', "white")
            tag.set_property( 'background', "black")
            iterStart = \
                textbuffer.get_iter_at_offset(word_tuple[0])
            iterEnd = \
                textbuffer.get_iter_at_offset(word_tuple[1])
            bounds = textbuffer.get_bounds()
            textbuffer.remove_all_tags(bounds[0], bounds[1])
            textbuffer.apply_tag(tag, iterStart, iterEnd)
            v_adjustment = \
                self.scrolled_window.get_vadjustment()
            max = v_adjustment.upper - \
                v_adjustment.page_size
            max = max * word_count
            max = max / len(self.word_tuples)
```

```
            v_adjustment.value = max
        return True

    def keypress_cb(self, widget, event):
        "Respond when the user presses one of the arrow keys"
        global done
        global speech_supported
        keyname = gtk.gdk.keyval_name(event.keyval)
        if keyname == 'KP_End' and speech_supported:
            if speech.is_paused() or speech.is_stopped():
                speech.play(self.words_on_page)
            else:
                speech.pause()
            return True
        if keyname == 'plus':
            self.font_increase()
            return True
        if keyname == 'minus':
            self.font_decrease()
            return True
        if speech_supported and speech.is_stopped() == False \
            and speech.is_paused == False:
            # If speech is in progress, ignore other keys.
            return True
        if keyname == '7':
            speech.pitch_down()
            speech.say('Pitch Adjusted')
            return True
        if keyname == '8':
            speech.pitch_up()
            speech.say('Pitch Adjusted')
            return True
        if keyname == '9':
            speech.rate_down()
            speech.say('Rate Adjusted')
            return True
        if keyname == '0':
            speech.rate_up()
            speech.say('Rate Adjusted')
            return True
        if keyname == 'KP_Right':
            self.page_next()
            return True
        if keyname == 'Page_Up' or keyname == 'KP_Up':
            self.page_previous()
            return True
        if keyname == 'KP_Left':
            self.page_previous()
            return True
        if keyname == 'Page_Down' or keyname == 'KP_Down':
            self.page_next()
            return True
        if keyname == 'Up':
            self.scroll_up()
            return True
        if keyname == 'Down':
            self.scroll_down()
            return True
        return False
```

```
def page_previous(self):
    global page
    page=page-1
    if page < 0: page=0
    self.show_page(page)
    v_adjustment = \
        self.scrolled_window.get_vadjustment()
    v_adjustment.value = v_adjustment.upper - \
        v_adjustment.page_size

def page_next(self):
    global page
    page=page+1
    if page >= len(self.page_index): page=0
    self.show_page(page)
    v_adjustment = \
        self.scrolled_window.get_vadjustment()
    v_adjustment.value = v_adjustment.lower

def font_decrease(self):
    font_size = self.font_desc.get_size() / 1024
    font_size = font_size - 1
    if font_size < 1:
        font_size = 1
    self.font_desc.set_size(font_size * 1024)
    self.textview.modify_font(self.font_desc)

def font_increase(self):
    font_size = self.font_desc.get_size() / 1024
    font_size = font_size + 1
    self.font_desc.set_size(font_size * 1024)
    self.textview.modify_font(self.font_desc)

def scroll_down(self):
    v_adjustment = \
        self.scrolled_window.get_vadjustment()
    if v_adjustment.value == v_adjustment.upper - \
        v_adjustment.page_size:
        self.page_next()
        return
    if v_adjustment.value < v_adjustment.upper - \
        v_adjustment.page_size:
        new_value = v_adjustment.value + \
            v_adjustment.step_increment
        if new_value > v_adjustment.upper - \
            v_adjustment.page_size:
            new_value = v_adjustment.upper - \
                v_adjustment.page_size
        v_adjustment.value = new_value

def scroll_up(self):
    v_adjustment = \
        self.scrolled_window.get_vadjustment()
    if v_adjustment.value == v_adjustment.lower:
        self.page_previous()
        return
    if v_adjustment.value > v_adjustment.lower:
        new_value = v_adjustment.value - \
```

```
                v_adjustment.step_increment
          if new_value < v_adjustment.lower:
              new_value = v_adjustment.lower
          v_adjustment.value = new_value

    def show_page(self, page_number):
        global PAGE_SIZE, current_word
        position = self.page_index[page_number]
        self.etext_file.seek(position)
        linecount = 0
        label_text = ''
        textbuffer = self.textview.get_buffer()
        while linecount < PAGE_SIZE:
            line = self.etext_file.readline()
            label_text = label_text + \
                unicode(line, 'iso-8859-1')
            linecount = linecount + 1
        textbuffer.set_text(label_text)
        self.textview.set_buffer(textbuffer)
        self.word_tuples = \
            speech.prepare_highlighting(label_text)
        self.words_on_page = \
            speech.add_word_marks(self.word_tuples)

    def save_extracted_file(self, zipfile, filename):
        "Extract the file to a temp directory for viewing"
        filebytes = zipfile.read(filename)
        f = open("/tmp/" + filename, 'w')
        try:
            f.write(filebytes)
        finally:
            f.close()

    def read_file(self, filename):
        "Read the Etext file"
        global PAGE_SIZE

        if zipfile.is_zipfile(filename):
            self.zf = zipfile.ZipFile(filename, 'r')
            self.book_files = self.zf.namelist()
            self.save_extracted_file(self.zf, \
                self.book_files[0])
            currentFileName = "/tmp/" + self.book_files[0]
        else:
            currentFileName = filename

        self.etext_file = open(currentFileName,"r")
        self.page_index = [ 0 ]
        linecount = 0
        while self.etext_file:
            line = self.etext_file.readline()
            if not line:
                break
            linecount = linecount + 1
            if linecount >= PAGE_SIZE:
                position = self.etext_file.tell()
                self.page_index.append(position)
                linecount = 0
        if filename.endswith(".zip"):
```

```
            os.remove(currentFileName)

    def delete_cb(self, widget, event, data=None):
        speech.stop()
        return False

    def destroy_cb(self, widget, data=None):
        speech.stop()
        gtk.main_quit()

    def main(self, file_path):
        self.window = gtk.Window(gtk.WINDOW_TOPLEVEL)
        self.window.connect("delete_event", self.delete_cb)
        self.window.connect("destroy", self.destroy_cb)
        self.window.set_title("Read Etexts Activity")
        self.window.set_size_request(800, 600)
        self.window.set_border_width(0)
        self.read_file(file_path)
        self.scrolled_window = gtk.ScrolledWindow(
            hadjustment=None, vadjustment=None)
        self.textview = gtk.TextView()
        self.textview.set_editable(False)
        self.textview.set_left_margin(50)
        self.textview.set_cursor_visible(False)
        self.textview.connect("key_press_event",
            self.keypress_cb)
        self.font_desc = pango.FontDescription("sans 12")
        self.textview.modify_font(self.font_desc)
        self.show_page(0)
        self.scrolled_window.add(self.textview)
        self.window.add(self.scrolled_window)
        self.textview.show()
        self.scrolled_window.show()
        self.window.show()
        gtk.main()

if __name__ == "__main__":
    try:
        opts, args = getopt.getopt(sys.argv[1:], "")
        ReadEtextsActivity().main(args[0])
    except getopt.error, msg:
        print msg
        print "This program has no options"
        sys.exit(2)
```

El programa **ReadEtextsTTS** tiene solamente unos pocos cambios para
habilitarlo para hablar. El primero verifica la existencia del plugin
gstreamer:

```
speech_supported = True

try:
    import gst
    gst.element_factory_make('espeak')
    print 'speech supported!'
except Exception, e:
    speech_supported = False
    print 'speech not supported!'
```

Este código detecta si el plugin está instalado intentando importar de las librerías de Python la llamada "gst". Si la importación falla arroja una Exception (excepción) y capturamos la Exception y la usamos para establecer una variable llamada **speech_supported** a **False** (falso). Podemos verificar el valor de la variable en otras partes del programa para que el programa trabaje con texto hablado si está disponible y sin él, si no lo está. Hacer que un programa trabaje en ambientes diferentes haciendo este tipo de chequeos se le llama "*degradación elegante*" (degrading gracefully). Procesar excepciones en las importaciones es una técnica habitual en Python para lograr esto, Si quieres que tu Actividad corra con versiones anteriores de Sugar puedes llegar a usarlo.

El siguiente trozo de código que vamos a analizar resalta una palabra en el área de visualización del texto y lo pagina para mantener visible la palabra resaltada.

```
class ReadEtextsActivity():
    def __init__(self):
        "The entry point to the Activity"
        speech.highlight_cb = self.highlight_next_word
        # print speech.voices()

    def highlight_next_word(self, word_count):
        if word_count < len(self.word_tuples):
            word_tuple = self.word_tuples[word_count]
            textbuffer = self.textview.get_buffer()
            tag = textbuffer.create_tag()
            tag.set_property('weight', pango.WEIGHT_BOLD)
            tag.set_property( 'foreground', "white")
            tag.set_property( 'background', "black")
            iterStart = \
                textbuffer.get_iter_at_offset(word_tuple[0])
            iterEnd = \
                textbuffer.get_iter_at_offset(word_tuple[1])
            bounds = textbuffer.get_bounds()
            textbuffer.remove_all_tags(bounds[0], bounds[1])
            textbuffer.apply_tag(tag, iterStart, iterEnd)
            v_adjustment = \
                self.scrolled_window.get_vadjustment()
            max = v_adjustment.upper - v_adjustment.page_size
            max = max * word_count
            max = max / len(self.word_tuples)
            v_adjustment.value = max
        return True
```

En el método *__init__()* asignamos una variable llamada *highlight_cb* en **speech.py** con un método llamado *highlight_next_word()*. Esto le da a **speech.py** una forma de llamar a ese método cada vez que una nueva palabra en el área de texto debe ser resaltada.

Si le quitas el comentario a la siguiente línea, se imprime a la terminal la lista de tuplas conteniendo los nombres de las voces. No estamos permitiendo que el usuario cambie las voces en esta aplicación, pero no sería difícil agregar esa característica.

A continuación el código para el método para resaltar las palabras. Lo que hace es mirar en la lista de tuplas que contienen la posición inicial y final de cada palabra (offsets) en el buffer de texto del área de texto. El que llama a este método pasa el número de una palabra (por ejemplo la primer palabra en el buffer es la palabra 0, la segunda es la palabra 1 y así sucesivamente). Este método busca esa entrada en la lista, obtiene sus posiciones de inicio y fin, elimina cualquier resaltado anterior y resalta el nuevo texto. Adicionalmente determina que fracción es del total de palabras y desplaza el área de texto lo suficiente para asegurarse que la palabra esté visible.

Por supuesto este método funciona mejor en páginas sin demasiadas líneas en blanco, que por suerte son la mayoría. No funciona tan bien en carátulas. Un programador con experiencia seguramente defina una forma más elegante y confiable para hacer este paginado. Avísenme si definen algo.

Más abajo vemos el código que recibe caracteres del teclado del usuario y hace cosas relacionadas con el habla con ellos:

```
def keypress_cb(self, widget, event):
    "Respond when the user presses one of the arrow keys"
    global done
    global speech_supported
    keyname = gtk.gdk.keyval_name(event.keyval)
    if keyname == 'KP_End' and speech_supported:
        if speech.is_paused() or speech.is_stopped():
            speech.play(self.words_on_page)
        else:
            speech.pause()
        return True
    if speech_supported and speech.is_stopped() == False \
        and speech.is_paused == False:
        # If speech is in progress, ignore other keys.
        return True
    if keyname == '7':
        speech.pitch_down()
        speech.say('Pitch Adjusted')
        return True
    if keyname == '8':
        speech.pitch_up()
        speech.say('Pitch Adjusted')
        return True
    if keyname == '9':
        speech.rate_down()
        speech.say('Rate Adjusted')
        return True
    if keyname == '0':
        speech.rate_up()
        speech.say('Rate Adjusted')
```

```
    return True
```

Como puedes ver, las funciones a las que llamamos están todas en el archivo **speech.py** que importamos. No tienes que entender completamente como operan estas funciones para usarlas en tus propias Actividades. Nota que como está escrito el código previene al uuario de cambiar el tono o la velocidad una vez que se comenzó a hablar. Nota también que hay dos métodos diferentes en speech.py para hablar. *play()* es el método para tener texto hablado con resaltado de las palabras. *say()* es para decir frases cortas producidas por la interfaz de usuario, en este caso con ajuste de tono (Pitch adjusted) y de velocidad (Rate adjusted). Por supuesto si pones un código como este en tu Actividad debes usar la función _() de forma que estas frases puedan ser traducidas a otros idiomas.

Hay un poco más de código que precisamos para hacer texto hablado con resaltador que: necesitamos preparar las palabras que van a ser pronunciadas para resaltarlas en el área de texto.

```
def show_page(self, page_number):
    global PAGE_SIZE, current_word
    position = self.page_index[page_number]
    self.etext_file.seek(position)
    linecount = 0
    label_text = ''
    textbuffer = self.textview.get_buffer()
    while linecount < PAGE_SIZE:
        line = self.etext_file.readline()
        label_text = label_text + unicode(line, \
            'iso-8859-1')
        linecount = linecount + 1
    textbuffer.set_text(label_text)
    self.textview.set_buffer(textbuffer)
    self.word_tuples = \
        speech.prepare_highlighting(label_text)
    self.words_on_page = \
        speech.add_word_marks(self.word_tuples)
```

E comienzo de este método lee una página de testo en un string llamado label_text y lo coloca en el buffer del área de visualización del texto. Las últimas dos líneas separan el texto en palabras, separando la puntuación y colocando cada palabra y sus offsets de posición de incio y de fin en una tupla. Las tuplas se agregan a una lista.

speech.add_word_marks() convierte las palabras en la lista en un documento en formato **SSML** (**Speech Synthesis Markup Language**). SSML es un estándar para agregar etiquetas (tipo las etiquetas usadas para hacer páginas web) al texto para decirle al software de hablar que hacer con el texto. Estamos usando una parte muy pequeña de este estándar para producir un documento marcado con una marca (etiqueta) entre cada palabra, como esto:

```
<soeak>
```

188

```
    <mark name="0"/>The<mark name="1"/>quick<mark name-"2"/>
    brown<mark name="3"/>fox<mark name="4"/>jumps
</speak>
```

Cuando espeak lee este archivo hace un *callback* en nuestro programa cada vez que lee una de las etiquetas. La llamada (callback) va a contener el número de la palabra en la lista de tuplas (word_tuples) el que obtiene del atributo **name** (nombre) de la etiqueta (mark). De esta forma el método llamado sabe que palabra resaltar. La ventaja de usar el nombre en lugar de sólo resaltar la siguiente palabra en el área de visualización del texto es que si espeak falla al hacer uno de los callback, el resaltado no pierde el sincronismo. Esto era un problema con speech-dispatcher.

Un callback es lo que parece ser. Cuando un programa llama a otro le puede pasar una función o método propio que quiere que el segundo programa llame si ocurre algo.

Para probar el nuevo programa ejecuta:

`./ReadEtextsTTS.py` **bookfile**

desde la terminal. Puedes ajustar el tono y velocidad hacia arriba y hacia abajo usando las teclas **7, 8, 9** y **0** en la línea superior del teclado. Debe decir "Pitch Adjusted" o "Rate Adjusted" cuando lo haces. Puedes iniciar, parar y retomar el hablar con resaltador usando la tecla **End** (fin) en el teclado. (En la laptop XO las teclas de juego (game) se corresponden con el teclado numérico de un teclado normal. Esto hace práctico el uso de esas teclas cuando la XO está doblada en modo **tablet** y el teclado no está disponible). No puedes cambiar el tono o la velocidad cuando hablar está en progreso. Los intentos de hacerlo serán ignorados. El programa en acción luce así:

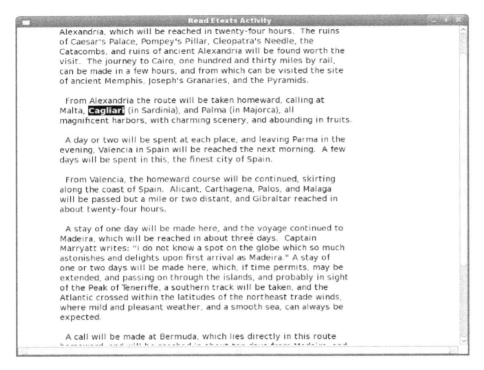

Alexandria, which will be reached in twenty-four hours. The ruins of Caesar's Palace, Pompey's Pillar, Cleopatra's Needle, the Catacombs, and ruins of ancient Alexandria will be found worth the visit. The journey to Cairo, one hundred and thirty miles by rail, can be made in a few hours, and from which can be visited the site of ancient Memphis, Joseph's Granaries, and the Pyramids.

From Alexandria the route will be taken homeward, calling at Malta, **Cagliari** (in Sardinia), and Palma (in Majorca), all magnificent harbors, with charming scenery, and abounding in fruits.

A day or two will be spent at each place, and leaving Parma in the evening, Valencia in Spain will be reached the next morning. A few days will be spent in this, the finest city of Spain.

From Valencia, the homeward course will be continued, skirting along the coast of Spain. Alicant, Carthagena, Palos, and Malaga will be passed but a mile or two distant, and Gibraltar reached in about twenty-four hours.

A stay of one day will be made here, and the voyage continued to Madeira, which will be reached in about three days. Captain Marryatt writes: "I do not know a spot on the globe which so much astonishes and delights upon first arrival as Madeira." A stay of one or two days will be made here, which, if time permits, may be extended, and passing on through the islands, and probably in sight of the Peak of Teneriffe, a southern track will be taken, and the Atlantic crossed within the latitudes of the northeast trade winds, where mild and pleasant weather, and a smooth sea, can always be expected.

A call will be made at Bermuda, which lies directly in this route

Esto nos trae al fin del tema del texto hablado. Si quieres ver más, el repositorio Git para este libro tiene algunos programas ejemplo más que usan el plugin gstreamer espeak. Estos ejemplos fueron creados por el autor del plugin y muestran otras formas en las que lo puedes usar. Hay un programa "coro" que demuestra múltiples voces hablando al mismo tiempo.

2

1. NT: The Innocents Abroad, or The New Pilgrims' Progress o Los inocentes en el extranjero es un libro de viajes con crónicas de humor de Mark Twain publicado en 1869.⌃
2. Traducido Olga Mattos, Uruguay⌃

17. Jugar con el Journal

Introducción

Por defecto, cada Actividad genera y lee una entrada en el Journal (Diario). La mayoría de las Actividades no hace nada más que esto en relación al Diario, si tu Actividad es de este tipo no necesitarás leer el contenido de este capítulo. Sin embargo para el día en que hagas Actividades más elaboradas, te conviene seguir leyendo.

Primero repasemos que es el Journal. El Journal, es una colección de archivos con cierta **metadata** (data por encima de la data) asociada a ellos. La metadata, está guardada como cadenas de texto y incluye cosas como **Title, Description, Tags, MIME Type** (Título, descripción, etiquetas, tipos MIME) y una captura de pantalla del último acceso a la Actividad.

Estos archivos de metadata no son leídos directamente por tu Actividad. Sugar provee una Interfaz de Programación de Aplicaciones (API Application Programming Interface). Esta API proporciona métodos para agregar, borrar y modificar entradas del Journal, así como métodos de búsqueda y listado de entradas que coincidan con algún criterio.

En el paquete **datastore** se encuentra la API que usaremos. Después de la versión .82 esta API fue reescrita así que deberemos aprender como hacer para que nuestra Actividad tenga soporte para ambas versiones.

Si has venido leyendo este libro hasta ahora, ya habrás notado más de un caso donde Sugar comienza con un proceder inicial que luego cambia para incluir mejoras, pero siempre brinda la opción de que las Actividades elijan trabajar con los métodos viejos. Si te preguntas si es normal para un proyecto proceder de esta forma; te digo, como programador profesional que los trucos para conservar la retro-compatibilidad son archi-comunes, y que Sugar no hace más trucos que los habituales. Cuando Herman Hollerith tabuló el censo de 1890[1] con tarjetas perforadas, tomó decisiones con las que los programadores de hoy día deben lidiar aun.

Presentación del Sugar Commander

Aunque soy un gran fan del concepto del Journal, no soy muy amigo de la **Actividad Journal** que Sugar usa para navegar el Journal y para mantenerlo. Mi mayor queja es que representa el contenido de los dispositivos de memoria como pendrives y tarjetas SD, como si estos ficheros estuvieran en el Journal. Mi postura es que los archivos y ficheros son una cosa, y que el Journal es otra cosa, por lo que la interfaz de usuario debería distinguir bien esto.

La Actividad Journal no es una Actividad en el sentido estricto. Hereda código de la clase Activity como cualquier otra Actividad, está escrita en Python y usa la misma datastore API que todas las Actividades. Sin embargo, se ejecuta de una forma particular que deriva en permisos y habilidades que están más allá que los de una Actividad común. En particular hace dos cosas:

- Puede escribir sobre archivos en dispositivos externos como pendrives y tarjetas SD.

- Puede utilizarse por si sola para retomar entradas del Diario que son de uso de otra Actividad.

Si quisiera escribir una Actividad Journal que hiciera lo mismo que la original, pero con una interfaz de usuario más a mi gusto, el modelo de seguridad de Sugar no me lo permitiría. Una versión más moderada podría ser útil igual. Así como cuando Kal-El, de vez en cuando elige ser Clark Kent en vez de Superman, mi Actividad Journal puede ser una alternativa valiosa a la Actividad Journal incorporada cuando no se necesiten super poderes.

Mi Actividad, a la que llamo **Sugar Commander**, tiene dos pestañas.
Una representa al Journal y se ve así:

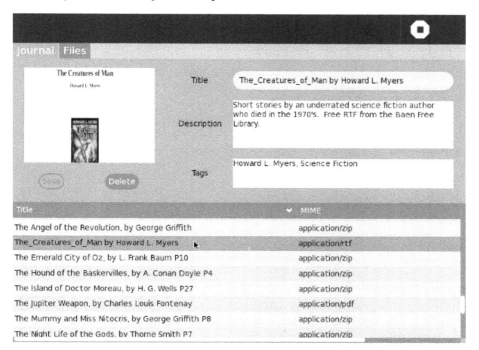

En esta pestaña se puede navegar sobre el contenido del Diario,
ordenarlo por Título o por Tipo MIME, seleccionar entradas, ver detalles,
editar Título, Descripción o Etiquetas, y borrar entradas no deseadas. La
otra pestaña muestra archivos y carpetas y se ve así:

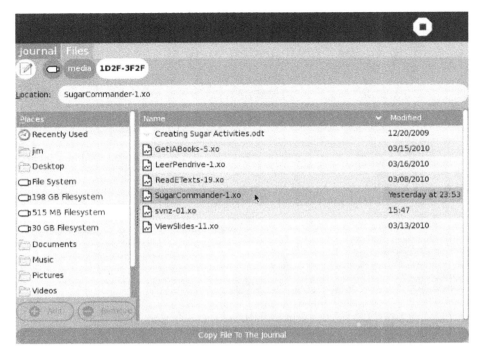

Esta pestaña permite navegar por archivos y directorios del sistema de archivos regular, incluyendo pendrives y tarjetas SD. Permite también, seleccionar un archivo y convertirlo en una entrada del Diario apretando el botón al pie de la pantalla.

Esta Actividad tiene muy poco código y sin embargo logra hacer todo lo que otra Actividad en relación al Diario. Con este comando puedes descargarla desde el repositorio Git.

```
git clone git://git.sugarlabs.org/sugar-commander/\
mainline.git
```

Hay un solo archivo fuente, **sugarcommander.py**:

```
import logging
import os
import gtk
import pango
import zipfile
from sugar import mime
from sugar.activity import activity
from sugar.datastore import datastore
from sugar.graphics.alert import NotifyAlert
from sugar.graphics import style
from gettext import gettext as _
import gobject
import dbus
COLUMN_TITLE = 0
COLUMN_MIME = 1
COLUMN_JOBJECT = 2
DS_DBUS_SERVICE = 'org.laptop.sugar.DataStore'
DS_DBUS_INTERFACE = 'org.laptop.sugar.DataStore'
```

```python
DS_DBUS_PATH = '/org/laptop/sugar/DataStore'
_logger = logging.getLogger('sugar-commander')
class SugarCommander(activity.Activity):
    def __init__(self, handle, create_jobject=True):
        "The entry point to the Activity"
        activity.Activity.__init__(self, handle,  False)
        self.selected_journal_entry = None
        self.selected_path = None
        canvas = gtk.Notebook()
        canvas.props.show_border = True
        canvas.props.show_tabs = True
        canvas.show()
        self.ls_journal = gtk.ListStore(
            gobject.TYPE_STRING,
            gobject.TYPE_STRING,
            gobject.TYPE_PYOBJECT)
        self.tv_journal = gtk.TreeView(self.ls_journal)
        self.tv_journal.set_rules_hint(True)
        self.tv_journal.set_search_column(COLUMN_TITLE)
        self.selection_journal = \
            self.tv_journal.get_selection()
        self.selection_journal.set_mode(
            gtk.SELECTION_SINGLE)
        self.selection_journal.connect("changed",
            self.selection_journal_cb)
        renderer = gtk.CellRendererText()
        renderer.set_property('wrap-mode', gtk.WRAP_WORD)
        renderer.set_property('wrap-width', 500)
        renderer.set_property('width', 500)
        self.col_journal = gtk.TreeViewColumn(_('Title'),
            renderer, text=COLUMN_TITLE)
        self.col_journal.set_sort_column_id(COLUMN_TITLE)
        self.tv_journal.append_column(self.col_journal)
        mime_renderer = gtk.CellRendererText()
        mime_renderer.set_property('width', 500)
        self.col_mime = gtk.TreeViewColumn(_('MIME'),
            mime_renderer, text=COLUMN_MIME)
        self.col_mime.set_sort_column_id(COLUMN_MIME)
        self.tv_journal.append_column(self.col_mime)
        self.list_scroller_journal = gtk.ScrolledWindow(
            hadjustment=None, vadjustment=None)
        self.list_scroller_journal.set_policy(
            gtk.POLICY_AUTOMATIC, gtk.POLICY_AUTOMATIC)
        self.list_scroller_journal.add(self.tv_journal)
        label_attributes = pango.AttrList()
        label_attributes.insert(pango.AttrSize(
            14000, 0, -1))
        label_attributes.insert(pango.AttrForeground(
            65535, 65535, 65535, 0, -1))
        tab1_label = gtk.Label(_("Journal"))
        tab1_label.set_attributes(label_attributes)
        tab1_label.show()
        self.tv_journal.show()
        self.list_scroller_journal.show()
        column_table = gtk.Table(rows=1, columns=2,
            homogeneous = False)
        image_table = gtk.Table(rows=2, columns=2,
            homogeneous=False)
        self.image = gtk.Image()
```

```
image_table.attach(self.image, 0, 2, 0, 1,
    xoptions=gtk.FILL|gtk.SHRINK,
    yoptions=gtk.FILL|gtk.SHRINK,
    xpadding=10,
    ypadding=10)
self.btn_save = gtk.Button(_("Save"))
self.btn_save.connect('button_press_event',
    self.save_button_press_event_cb)
image_table.attach(self.btn_save, 0, 1, 1, 2,
    xoptions=gtk.SHRINK,
    yoptions=gtk.SHRINK, xpadding=10,
    ypadding=10)
self.btn_save.props.sensitive = False
self.btn_save.show()
self.btn_delete = gtk.Button(_("Delete"))
self.btn_delete.connect('button_press_event',
    self.delete_button_press_event_cb)
image_table.attach(self.btn_delete, 1, 2, 1, 2,
    xoptions=gtk.SHRINK,
    yoptions=gtk.SHRINK, xpadding=10,
    ypadding=10)
self.btn_delete.props.sensitive = False
self.btn_delete.show()
column_table.attach(image_table, 0, 1, 0, 1,
    xoptions=gtk.FILL|gtk.SHRINK,
    yoptions=gtk.SHRINK, xpadding=10,
    ypadding=10)
entry_table = gtk.Table(rows=3, columns=2,
    homogeneous=False)
title_label = gtk.Label(_("Title"))
entry_table.attach(title_label, 0, 1, 0, 1,
    xoptions=gtk.SHRINK,
    yoptions=gtk.SHRINK,
    xpadding=10, ypadding=10)
title_label.show()
self.title_entry = gtk.Entry(max=0)
entry_table.attach(self.title_entry, 1, 2, 0, 1,
    xoptions=gtk.FILL|gtk.SHRINK,
    yoptions=gtk.SHRINK, xpadding=10, ypadding=10)
self.title_entry.connect('key_press_event',
                        self.key_press_event_cb)
self.title_entry.show()
description_label = gtk.Label(_("Description"))
entry_table.attach(description_label, 0, 1, 1, 2,
                    xoptions=gtk.SHRINK,
                    yoptions=gtk.SHRINK,
                    xpadding=10, ypadding=10)
description_label.show()
self.description_textview = gtk.TextView()
self.description_textview.set_wrap_mode(
    gtk.WRAP_WORD)
entry_table.attach(self.description_textview,
    1, 2, 1, 2,
    xoptions=gtk.EXPAND|gtk.FILL|gtk.SHRINK,
    yoptions=gtk.EXPAND|gtk.FILL|gtk.SHRINK,
    xpadding=10, ypadding=10)
self.description_textview.props.accepts_tab = False
self.description_textview.connect('key_press_event',
    self.key_press_event_cb)
```

```
self.description_textview.show()
tags_label = gtk.Label(_("Tags"))
entry_table.attach(tags_label, 0, 1, 2, 3,
    xoptions=gtk.SHRINK,
    yoptions=gtk.SHRINK,
    xpadding=10, ypadding=10)
tags_label.show()
self.tags_textview = gtk.TextView()
self.tags_textview.set_wrap_mode(gtk.WRAP_WORD)
entry_table.attach(self.tags_textview, 1, 2, 2, 3,
    xoptions=gtk.FILL,
    yoptions=gtk.EXPAND|gtk.FILL,
    xpadding=10, ypadding=10)
self.tags_textview.props.accepts_tab = False
self.tags_textview.connect('key_press_event',
    self.key_press_event_cb)
self.tags_textview.show()
entry_table.show()
self.scroller_entry = gtk.ScrolledWindow(
    hadjustment=None, vadjustment=None)
self.scroller_entry.set_policy(gtk.POLICY_NEVER,
    gtk.POLICY_AUTOMATIC)
self.scroller_entry.add_with_viewport(entry_table)
self.scroller_entry.show()
column_table.attach(self.scroller_entry,
    1, 2, 0, 1,
    xoptions=gtk.FILL|gtk.EXPAND|gtk.SHRINK,
    yoptions=gtk.FILL|gtk.EXPAND|gtk.SHRINK,
    xpadding=10, ypadding=10)
image_table.show()
column_table.show()
vbox = gtk.VBox(homogeneous=True, spacing=5)
vbox.pack_start(column_table)
vbox.pack_end(self.list_scroller_journal)
canvas.append_page(vbox,  tab1_label)
self._filechooser = gtk.FileChooserWidget(
    action=gtk.FILE_CHOOSER_ACTION_OPEN,
    backend=None)
self._filechooser.set_current_folder("/media")
self.copy_button = gtk.Button(
    _("Copy File To The Journal"))
self.copy_button.connect('clicked',
    self.create_journal_entry)
self.copy_button.show()
self._filechooser.set_extra_widget(self.copy_button)
preview = gtk.Image()
self._filechooser.set_preview_widget(preview)
self._filechooser.connect("update-preview",
    self.update_preview_cb, preview)
tab2_label = gtk.Label(_("Files"))
tab2_label.set_attributes(label_attributes)
tab2_label.show()
canvas.append_page(self._filechooser, tab2_label)
self.set_canvas(canvas)
self.show_all()
toolbox = activity.ActivityToolbox(self)
activity_toolbar = toolbox.get_activity_toolbar()
activity_toolbar.keep.props.visible = False
activity_toolbar.share.props.visible = False
```

```
        self.set_toolbox(toolbox)
        toolbox.show()
        self.load_journal_table()
        bus = dbus.SessionBus()
        remote_object = bus.get_object(
            DS_DBUS_SERVICE, DS_DBUS_PATH)
        _datastore = dbus.Interface(remote_object,
            DS_DBUS_INTERFACE)
        _datastore.connect_to_signal('Created',
            self.datastore_created_cb)
        _datastore.connect_to_signal('Updated',
            self.datastore_updated_cb)
        _datastore.connect_to_signal('Deleted',
            self.datastore_deleted_cb)
        self.selected_journal_entry = None
    def update_preview_cb(self, file_chooser, preview):
        filename = file_chooser.get_preview_filename()
        try:
            file_mimetype = mime.get_for_file(filename)
            if file_mimetype.startswith('image/'):
                pixbuf = \
                    gtk.gdk.pixbuf_new_from_file_at_size(
                    filename,
                    style.zoom(320), style.zoom(240))
                preview.set_from_pixbuf(pixbuf)
                have_preview = True
            elif file_mimetype  == 'application/x-cbz':
                fname = self.extract_image(filename)
                pixbuf = \
                    gtk.gdk.pixbuf_new_from_file_at_size(
                    fname,
                    style.zoom(320), style.zoom(240))
                preview.set_from_pixbuf(pixbuf)
                have_preview = True
                os.remove(fname)
            else:
                have_preview = False
        except:
            have_preview = False
        file_chooser.set_preview_widget_active(
            have_preview)
        return
    def key_press_event_cb(self, entry, event):
        self.btn_save.props.sensitive = True
    def save_button_press_event_cb(self, entry, event):
        self.update_entry()
    def delete_button_press_event_cb(self, entry, event):
        datastore.delete(
            self.selected_journal_entry.object_id)
    def datastore_created_cb(self, uid):
        new_jobject = datastore.get(uid)
        iter = self.ls_journal.append()
        title = new_jobject.metadata['title']
        self.ls_journal.set(iter, COLUMN_TITLE, title)
        mime = new_jobject.metadata['mime_type']
        self.ls_journal.set(iter, COLUMN_MIME, mime)
        self.ls_journal.set(iter, COLUMN_JOBJECT,
            new_jobject)
    def datastore_updated_cb(self,  uid):
```

```
        new_jobject = datastore.get(uid)
        iter = self.ls_journal.get_iter_first()
        for row in self.ls_journal:
            jobject = row[COLUMN_JOBJECT]
            if jobject.object_id == uid:
                title = new_jobject.metadata['title']
                self.ls_journal.set_value(iter,
                    COLUMN_TITLE, title)
                break
            iter = self.ls_journal.iter_next(iter)
        object_id = self.selected_journal_entry.object_id
        if object_id == uid:
            self.set_form_fields(new_jobject)
    def datastore_deleted_cb(self,  uid):
        save_path = self.selected_path
        iter = self.ls_journal.get_iter_first()
        for row in self.ls_journal:
            jobject = row[COLUMN_JOBJECT]
            if jobject.object_id == uid:
                self.ls_journal.remove(iter)
                break
            iter = self.ls_journal.iter_next(iter)
        try:
            self.selection_journal.select_path(save_path)
            self.tv_journal.grab_focus()
        except:
            self.title_entry.set_text('')
            description_textbuffer = \
                self.description_textview.get_buffer()
            description_textbuffer.set_text('')
            tags_textbuffer = \
                self.tags_textview.get_buffer()
            tags_textbuffer.set_text('')
            self.btn_save.props.sensitive = False
            self.btn_delete.props.sensitive = False
            self.image.clear()
            self.image.show()
    def update_entry(self):
        needs_update = False
        if self.selected_journal_entry is None:
            return
        object_id = self.selected_journal_entry.object_id
        jobject = datastore.get(object_id)
        old_title = jobject.metadata.get('title', None)
        if old_title != self.title_entry.props.text:
            jobject.metadata['title'] = \
                self.title_entry.props.text
            jobject.metadata['title_set_by_user'] = '1'
            needs_update = True
        old_tags = jobject.metadata.get('tags', None)
        new_tags = \
            self.tags_textview.props.buffer.props.text
        if old_tags != new_tags:
            jobject.metadata['tags'] = new_tags
            needs_update = True
        old_description = jobject.metadata.get(
            'description', None)
        new_description = \
            self.description_textview.props.buffer.props.text
```

```python
            if old_description != new_description:
                jobject.metadata['description'] = new_description
                needs_update = True
            if needs_update:
                datastore.write(jobject, update_mtime=False,
                    reply_handler=self.datastore_write_cb,
                    error_handler=self.datastore_write_error_cb)
            self.btn_save.props.sensitive = False
    def datastore_write_cb(self):
        pass
    def datastore_write_error_cb(self, error):
        logging.error(
            'sugarcommander.datastore_write_error_cb:'
            ' %r' % error)
    def close(self,  skip_save=False):
        "Override the close method so we don't try to
        create a Journal entry."
        activity.Activity.close(self,  True)
    def selection_journal_cb(self, selection):
        self.btn_delete.props.sensitive = True
        tv = selection.get_tree_view()
        model = tv.get_model()
        sel = selection.get_selected()
        if sel:
            model, iter = sel
            jobject = model.get_value(iter,COLUMN_JOBJECT)
            jobject = datastore.get(jobject.object_id)
            self.selected_journal_entry = jobject
            self.set_form_fields(jobject)
            self.selected_path = model.get_path(iter)
    def set_form_fields(self, jobject):
        self.title_entry.set_text(jobject.metadata['title'])
        description_textbuffer = \
            self.description_textview.get_buffer()
        if jobject.metadata.has_key('description'):
            description_textbuffer.set_text(
                jobject.metadata['description'])
        else:
            description_textbuffer.set_text('')
        tags_textbuffer = self.tags_textview.get_buffer()
        if jobject.metadata.has_key('tags'):
            tags_textbuffer.set_text(jobject.metadata['tags'])
        else:
            tags_textbuffer.set_text('')
        self.create_preview(jobject.object_id)
    def create_preview(self,  object_id):
        jobject = datastore.get(object_id)
        if jobject.metadata.has_key('preview'):
            preview = jobject.metadata['preview']
            if preview is None or preview == '' \
                or preview == 'None':
                if jobject.metadata['mime_type'].startswith(
                    'image/'):
                    filename = jobject.get_file_path()
                    self.show_image(filename)
                    return
                if jobject.metadata['mime_type']  == \
                    'application/x-cbz':
                    filename = jobject.get_file_path()
```

```
                    fname = self.extract_image(filename)
                    self.show_image(fname)
                    os.remove(fname)
                    return
        if jobject.metadata.has_key('preview') and \
                len(jobject.metadata['preview']) > 4:
            if jobject.metadata['preview'][1:4] == 'PNG':
                preview_data = jobject.metadata['preview']
            else:
                import base64
                preview_data = \
                    base64.b64decode(
                    jobject.metadata['preview'])
            loader = gtk.gdk.PixbufLoader()
            loader.write(preview_data)
            scaled_buf = loader.get_pixbuf()
            loader.close()
            self.image.set_from_pixbuf(scaled_buf)
            self.image.show()
        else:
            self.image.clear()
            self.image.show()
    def load_journal_table(self):
        self.btn_save.props.sensitive = False
        self.btn_delete.props.sensitive = False
        ds_mounts = datastore.mounts()
        mountpoint_id = None
        if len(ds_mounts) == 1 and \
            ds_mounts[0]['id'] == 1:
            pass
        else:
            for mountpoint in ds_mounts:
                id = mountpoint['id']
                uri = mountpoint['uri']
                if uri.startswith('/home'):
                    mountpoint_id = id
        query = {}
        if mountpoint_id is not None:
            query['mountpoints'] = [ mountpoint_id ]
        ds_objects, num_objects = \
            datastore.find(query, properties=['uid',
            'title',  'mime_type'])
        self.ls_journal.clear()
        for i in xrange (0, num_objects, 1):
            iter = self.ls_journal.append()
            title = ds_objects[i].metadata['title']
            self.ls_journal.set(iter, COLUMN_TITLE, title)
            mime = ds_objects[i].metadata['mime_type']
            self.ls_journal.set(iter, COLUMN_MIME, mime)
            self.ls_journal.set(iter, COLUMN_JOBJECT,
                ds_objects[i])
            if not self.selected_journal_entry is None and \
                self.selected_journal_entry.object_id == \
                ds_objects[i].object_id:
                self.selection_journal.select_iter(iter)
        self.ls_journal.set_sort_column_id(COLUMN_TITLE,
            gtk.SORT_ASCENDING)
        v_adjustment = \
            self.list_scroller_journal.get_vadjustment()
```

```
        v_adjustment.value = 0
        return ds_objects[0]
    def create_journal_entry(self,  widget,  data=None):
        filename = self._filechooser.get_filename()
        journal_entry = datastore.create()
        journal_entry.metadata['title'] = \
            self.make_new_filename(filename)
        journal_entry.metadata['title_set_by_user'] = '1'
        journal_entry.metadata['keep'] = '0'
        file_mimetype = mime.get_for_file(filename)
        if not file_mimetype is None:
            journal_entry.metadata['mime_type'] = \
                file_mimetype
        journal_entry.metadata['buddies'] = ''
        if file_mimetype.startswith('image/'):
            preview = \
                self.create_preview_metadata(filename)
        elif file_mimetype  == 'application/x-cbz':
            fname = self.extract_image(filename)
            preview = self.create_preview_metadata(fname)
            os.remove(fname)
        else:
            preview = ''
        if not preview  == '':
            journal_entry.metadata['preview'] = \
            dbus.ByteArray(preview)
        else:
            journal_entry.metadata['preview'] =  ''
        journal_entry.file_path = filename
        datastore.write(journal_entry)
        self.alert(_('Success'),  _('%s added to Journal.')
                    % self.make_new_filename(filename))
    def alert(self, title, text=None):
        alert = NotifyAlert(timeout=20)
        alert.props.title = title
        alert.props.msg = text
        self.add_alert(alert)
        alert.connect('response', self.alert_cancel_cb)
        alert.show()
    def alert_cancel_cb(self, alert, response_id):
        self.remove_alert(alert)
    def show_image(self, filename):
        "display a resized image in a preview"
        scaled_buf = gtk.gdk.pixbuf_new_from_file_at_size(
            filename,
            style.zoom(320), style.zoom(240))
        self.image.set_from_pixbuf(scaled_buf)
        self.image.show()
    def extract_image(self,  filename):
        zf = zipfile.ZipFile(filename, 'r')
        image_files = zf.namelist()
        image_files.sort()
        file_to_extract = image_files[0]
        extract_new_filename = self.make_new_filename(
            file_to_extract)
        if extract_new_filename is None or \
            extract_new_filename == '':
            # skip over directory name if the images
            # are in a subdirectory.
```

```python
def create_journal_entry(self, widget, data=None):
    filename = self._filechooser.get_filename()
    journal_entry = datastore.create()
    journal_entry.metadata['title'] = \
        self.make_new_filename(
        filename)
    journal_entry.metadata['title_set_by_user'] = '1'
    journal_entry.metadata['keep'] = '0'
    file_mimetype = mime.get_for_file(filename)
    if not file_mimetype is None:
        journal_entry.metadata['mime_type'] = \
            file_mimetype
    journal_entry.metadata['buddies'] = ''
    if file_mimetype.startswith('image/'):
        preview = self.create_preview_metadata(filename)
    elif file_mimetype  == 'application/x-cbz':
        fname = self.extract_image(filename)
        preview = self.create_preview_metadata(fname)
        os.remove(fname)
    else:
        preview = ''
    if not preview  == '':
        journal_entry.metadata['preview'] = \
            dbus.ByteArray(preview)
    else:
        journal_entry.metadata['preview'] =  ''
    journal_entry.file_path = filename
    datastore.write(journal_entry)
```

La metadata es lo único que vale la pena comentar de esto, **title** (título) es lo que se indica como #3 en la imagen debajo. **title_set_by_user** (título elegido por el autor) se setea en 1 para que la Actividad no pida al usuario cambiar el título cuando se cierre. **keep** refiere a las estrellitas que aparecen al inicio de la entrad del Journal (ver #1 en la imagen debajo), se encienden con **keep** seteado en 1 y se apagan en 0. **buddies** es la lista de usuarios que colaboraron en esta entrada del Journal, no hay ninguno en este ejemplo pero aparecen en #4 en la imagen debajo.

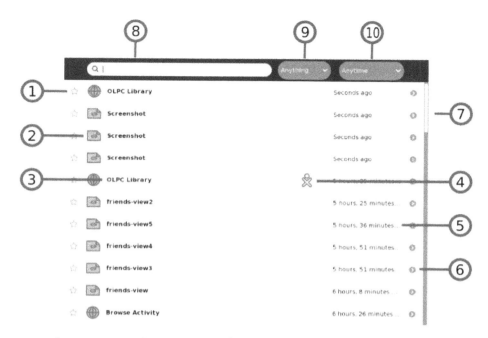

preview es una imagen en formato PNG que muestra la captura de pantalla de la Actividad en uso. Esta es creada por la propia Actividad cuando se ejecuta de modo que no es necesario crearla al agregar una entrada al Diario. Simplemente se deja el string vacío ('') para esta propiedad.

Como en el Sugar Commander, las preview son mucho más visibles que en la Actividad Journal normal, decidí que Sugar Commander creara una imagen de preview para todo archivo de imagen o libros que se agregara al Journal. Para esto hice un pixbuf de la imagen para que se ajuste a la dimensiones escaladas de 320x240 pixeles y luego un **dbus.ByteArray** desde ahí, porque este es el formato que el Journal usa para guardar las imágenes de preview.

El **mime_type** describe el formato del archivo y generalmente se asigna sobre la base del sufijo del nombre de archivo. Por ejemplo, archivos terminados en .html tienen tipo MIME 'text/html'. Python tiene un paquete llamado **mimetypes** que a partir del nombre del archivo deduce de que tipo MIME se trata, pero Sugar tiene su propio paquete para hacer la misma cosa. Para la mayoría de los archivos es indistinto usar uno u otro pero como Sugar tiene sus propios MIME para cosas como los "bundles" (empaquetados) de las Actividades, es mejor utilizar el paquete de tipos MIME de Sugar. Puedes importarlo de esta forma:

```
from sugar import mime
```

El resto de la metadata (ícono, hora de modificación) se crea automáticamente.

No agregar una entrada al Journal

Las Actividades Sugar crean por defecto la entrada al Diario usando el método **write_file()**. Pero hay algunas Actividades que no se beneficiarían al hacer esto. Por ejemplo, **'Get Internet Archive Books'** (Descargar libros de Internet) descarga los e-books al Diario, pero no tiene una entrada de Diario propia. Lo mismo ocurre con el propio **Sugar Commander**.

Si creas un juego que registre los mejores puntajes y los guarde. Puedes guardar esos puntajes en una entrada del Journal pero eso requiere que los jugadores retomen el juego desde el Journal y no desde el anillo inicial de Actividades. Por eso tu puedes preferir guardar estos registros en un archivo en el directorio de datos y no dejar una entrada en el Journal.

Sugar te da un procedimiento para esto. Primero hay que especificar un argumento extra en método **__init__()** de tu Actividad de esta forma:

```
class SugarCommander(activity.Activity):
    def __init__(self, handle, create_jobject=True):
        "The entry point to the Activity"
        activity.Activity.__init__(self, handle, False)
```

En segundo lugar hay que editar el método **close()** de esta manera:

```
    def close(self,  skip_save=False):
        "Override the close method so we don't try to
        create a Journal entry."
        activity.Activity.close(self,  True)
```

Esto es todo lo necesario para evitar la entrada en el Journal.

Listar las entradas del Journal

Si se quiere una lista de las entradas del Journal, se puede usar el método **find()** de **datastore**. El método **find** usa un argumento que contiene el criterio de búsqueda. Si quisieras buscar archivos de imagen podrías filtrar por mime-type usando sentencias como esta:

```
ds_objects, num_objects = datastore.find(
    {'mime_type':['image/jpeg',
    'image/gif', 'image/tiff', 'image/png']},
    properties=['uid',
    'title', 'mime_type']))
```

Podemos usar cualquier atributo de metadata como criterio de búsqueda. Para listar todo en el Diario usamos un criterio vacío como este:

```
ds_objects, num_objects = datastore.find({},
    properties=['uid',
    'title', 'mime_type']))
```

El argumento "**properties**" selecciona qué metadata se pide para cada objeto de la lista. Aunque conviene limitar esta selección siempre se debe incluir el **uid**. A la vez nunca se debe incluir en un listado el **preview**. Este es un archivo de imagen con la vista de la Actividad tal y como se veía al usarse por última vez. Hay formas simples de pedir esta imagen para una entrada puntual del Diario pero nunca es conveniente incluir este pedido en una lista porque enlentecería enormemente el funcionamiento.

Obtener un listado completo del Journal es complicado dada la reescritura que se hizo del datastore para Sugar .84. Antes de esto el método **datastore.find()** listaba simultáneamente las entradas al Diario y los archivos sobre medios externos, como tarjetas SD y pendrives. En .84 o posteriores sólo lista entradas de Diario. Afortunadamente es posible escribir código que soporte el comportamiento anterior. Acá el código que en **Sugar Commander** lista exclusivamente las entradas al Diario.

```
def load_journal_table(self):
    self.btn_save.props.sensitive = False
    self.btn_delete.props.sensitive = False
    ds_mounts = datastore.mounts()
    mountpoint_id = None
    if len(ds_mounts) == 1 and ds_mounts[0]['id'] == 1:
        pass
    else:
        for mountpoint in ds_mounts:
            id = mountpoint['id']
            uri = mountpoint['uri']
            if uri.startswith('/home'):
```

```
                mountpoint_id = id
        query = {}
        if mountpoint_id is not None:
            query['mountpoints'] = [ mountpoint_id ]
        ds_objects, num_objects = datastore.find(
            query, properties=['uid',
            'title', 'mime_type'])
        self.ls_journal.clear()
        for i in xrange (0, num_objects, 1):
            iter = self.ls_journal.append()
            title = ds_objects[i].metadata['title']
            self.ls_journal.set(iter,
                COLUMN_TITLE, title)
            mime = ds_objects[i].metadata['mime_type']
            self.ls_journal.set(iter, COLUMN_MIME, mime)
            self.ls_journal.set(iter, COLUMN_JOBJECT,
                ds_objects[i])
            if not self.selected_journal_entry is None and \
                self.selected_journal_entry.object_id == \
                    ds_objects[i].object_id:
                self.selection_journal.select_iter(iter)
        self.ls_journal.set_sort_column_id(COLUMN_TITLE,
            gtk.SORT_ASCENDING)
        v_adjustment = \
            self.list_scroller_journal.get_vadjustment()
        v_adjustment.value = 0
        return ds_objects[0]
```

Necesitamos usar el método **datastore.mounts()** con doble propósito:

- En Sugar .82 y anteriores el listado incluye todos los mount points (puntos de montaje) incluido el lugar donde se monta el Diario y los puntos para medios externos. A la vez "mountpoint" es un diccionario Python que tiene una propiedad **uri** (que es la ruta al punto de montaje) y una propiedad **id** (que es el nombre dado al punto de montaje). Cada entrada de Diario tiene el atributo **mountpoint** en su metadata. El **uri** del Journal será el único que empieza con **/home**, entonces para listar únicamente objetos del Diario limitamos la búsqueda a objetos donde la id del punto de montaje sea igual a la metadata **mountpoint**.

- En Sugar .84 y posteriores el método **datastore.mounts()** existe pero no da información acerca de puntos de montaje. Sin embargo se puede usar el código pegado encima para comprobar que hay un único punto de montaje y que su id es 1. Si esto es así, es porque estamos trabajando con el datastore reescrito de .84 o posterior. Otra diferencia es que los objetos del Journal ya no tendrán en la metadata a **mountpoint** como clave. Si vemos el código previo, atiende esta diferencia y funciona con cualquiera de las versiones de Sugar.

¿Qué hacer si queremos el comportamiento de Sugar .82, o sea listar como objetos del Diario tanto las entradas al mismo como los archivos de un USB? Quise eso para **View Slide**s y terminé usando este código:

```python
def load_journal_table(self):
    ds_objects, num_objects = datastore.find(
        {'mime_type':['image/jpeg',
        'image/gif', 'image/tiff',  'image/png']},
        properties=['uid', 'title', 'mime_type'])
    self.ls_right.clear()
    for i in xrange (0, num_objects, 1):
        iter = self.ls_right.append()
        title = ds_objects[i].metadata['title']
        mime_type = ds_objects[i].metadata['mime_type']
        if mime_type == 'image/jpeg' \
            and not title.endswith('.jpg') \
            and not title.endswith('.jpeg') \
            and not title.endswith('.JPG') \
            and not title.endswith('.JPEG') :
            title = title + '.jpg'
        if mime_type == 'image/png' \
            and not title.endswith('.png') \
            and not title.endswith('.PNG'):
            title = title + '.png'
        if mime_type == 'image/gif' \
            and not title.endswith('.gif')\
            and not title.endswith('.GIF'):
            title = title + '.gif'
        if mime_type == 'image/tiff' \
            and not title.endswith('.tiff')\
            and not title.endswith('.TIFF'):
            title = title + '.tiff'
        self.ls_right.set(iter, COLUMN_IMAGE, title)
        jobject_wrapper = JobjectWrapper()
        jobject_wrapper.set_jobject(ds_objects[i])
        self.ls_right.set(iter, COLUMN_PATH,
            jobject_wrapper)
    valid_endings = ('.jpg',  '.jpeg', '.JPEG',
        '.JPG', '.gif', '.GIF', '.tiff',
        '.TIFF', '.png', '.PNG')
    ds_mounts = datastore.mounts()
    if len(ds_mounts) == 1 and ds_mounts[0]['id'] == 1:
        # datastore.mounts() is stubbed out,
        # we're running .84 or better
        for dirname, dirnames, filenames in os.walk(
            '/media'):
            if '.olpc.store' in dirnames:
                dirnames.remove('.olpc.store')
                # don't visit .olpc.store directories
            for filename in filenames:
                if filename.endswith(valid_endings):
                    iter = self.ls_right.append()
                    jobject_wrapper = JobjectWrapper()
                    jobject_wrapper.set_file_path(
                        os.path.join(dirname, filename))
                    self.ls_right.set(iter, COLUMN_IMAGE,
                        filename)
                    self.ls_right.set(iter, COLUMN_PATH,
                        jobject_wrapper)
```

```
    self.ls_right.set_sort_column_id(COLUMN_IMAGE,
        gtk.SORT_ASCENDING)
```

En este caso utilicé el método **datastore.mounts()** para descubrir que versión del datastore estaba en uso y entonces si se trataba de .84 o posterior usé **os.walk()** para crear una lista plana de todos los archivos encontrados bajo el directorio **/media** (que es donde se montan los USB y las SD). No puedo transformar estos archivos en directorios, pero sí hacer una clase **wrapper** que abarque tanto objetos del Diario como archivos, y usar estos objetos como normalmente utilizaría objetos del Diario. Esta clase **wrapper** se vería asi:

```
class JobjectWrapper():
    def __init__(self):
        self.__jobject = None
        self.__file_path = None
    def set_jobject(self, jobject):
        self.__jobject = jobject
    def set_file_path(self, file_path):
        self.__file_path = file_path
    def get_file_path(self):
        if self.__jobject != None:
            return self.__jobject.get_file_path()
        else:
            return self.__file_path
```

Usar las entradas del Journal

Cuando se quiere leer una archivo guardado como objeto de Journal, se puede usar el método **get_file_path()** de un objeto Journal para obtener la ruta del archivo y abrirlo para lectura:

```
    fname = jobject.get_file_path()
```

Una palabra de advertencia: esta ruta no existe hasta que no se llama al método **get_file_path()** y no existirá después. Con el Diario se trabaja sobre copias de los archivos del Diario y no sobre el original. Esta es la razón por la que no vale guardar para uso posterior la ruta obtenida mediante **get_file_path()** y en cambio si hay que guardar el objeto Journal y llamar al método cuando se necesite la ruta.

Las entradas de metadata del Diario son en general cadenas y trabajan ce formas esperables con la excepción de **preview:**

```
    def create_preview(self, object_id):
        jobject = datastore.get(object_id)
        if jobject.metadata.has_key('preview'):
            preview = jobject.metadata['preview']
            if preview is None or preview == '' or
                preview == 'None':
                if jobject.metadata['mime_type'].startswith(
                    'image/'):
                    filename = jobject.get_file_path()
                    self.show_image(filename)
```

```
                return
        if jobject.metadata['mime_type']  == \
            'application/x-cbz':
            filename = jobject.get_file_path()
            fname = self.extract_image(filename)
            self.show_image(fname)
            os.remove(fname)
            return
    if jobject.metadata.has_key('preview') and \
            len(jobject.metadata['preview']) > 4:
        if jobject.metadata['preview'][1:4] == 'PNG':
            preview_data = jobject.metadata['preview']
        else:
            import base64
            preview_data = base64.b64decode(
                jobject.metadata['preview'])
        loader = gtk.gdk.PixbufLoader()
        loader.write(preview_data)
        scaled_buf = loader.get_pixbuf()
        loader.close()
        self.image.set_from_pixbuf(scaled_buf)
        self.image.show()
    else:
        self.image.clear()
        self.image.show()
```

El atributo **preview** difiere de otros de la metadata en dos maneras:

- Nunca se debe incluir a **preview** como metadata cuando se pida una lista de los objetos del Journal. Necesitaríamos una copia completa del objeto del Diario para obtener esto. Como ya tenemos un objeto del Diario podemos obtener el objeto completo sólo conociendo su **object id** y entonces pidiendo una copia al datastore con ese id.

- La imagen de preview es un **binario** (**dbus.ByteArray**) pero en las versiones de Sugar anteriores a .82 será guardado como una cadena de texto. Para lograr esto se codifica **base 64**.

El código a usar para obtener una copia entera de un objeto del Diario se ve así:

```
object_id = jobject.object_id
jobject = datastore.get(object_id)
```

Para explicar que es codificar en base 64, digamos que seguramente escuchaste que las computadoras utilizan el sistema de numeración en base dos, donde los únicos dígitos son 1 y 0. Una unidad de almacenamiento de datos que puede contener sólo un cero o un uno se llama **bit**. Las computadoras precisan almacenar otra información distinta de números y para esto se agrupan (generalmente) los bits de a 8 y se llama **byte** a esta agrupación. Si usamos 7 de los 8 bits en un byte podemos guardar un carácter del alfabeto romano, un signo de puntuación, un dígito o cosas como los caracteres que marcan tabulación o avances de línea. Todo archivo que pueda crearse usando solamente 7 de los 8 bits será un **archivo de texto**. Todo lo que necesite usar los 8 bits de cada byte, incluyendo programas, vídeos, música o fotos de Jessica Alba se llamará **binario**. En versiones anteriores a Sugar .82 la metadata de un objeto del Journal sólo podía almacenar cadenas de texto y de alguna forma había que representar 8 bits usando 7 bits. Esto se resolvió agrupando los bytes en paquetes más grandes y luego partiéndolos de nuevo en grupos de 7 bits. Python tiene el módulo **base64** para hacer esto.

La codificación base 64 es actualmente una técnica muy común. Si alguna vez enviaste un adjunto en un email, este viajó codificado en base 64.

El código mostrado debajo muestra un par de formas de crear la imagen de preview. Si la metadata de preview contiene una imagen PNG esta se cargará sobre un pixbuf y se desplegará. Si el tipo MIME es el de un archivo de imagen o de un zip de imágenes, como los que usan los comics, crearemos el preview desde la misma entrada de Journal.

El código verifica el primero de los tres caracteres en la metadata preview para ver si son 'PNG'. Si es así, el archivo es un **Portable Network Graphics** que se guarda como binario y no necesita conversión a base 64 pero en otro caso la conversión es necesaria.

Actualizar un objeto del Journal

El código a utilizar para actualizar un objeto del Journal se ve así:

```
def update_entry(self):
    needs_update = False
    if self.selected_journal_entry is None:
        return
    object_id = self.selected_journal_entry.object_id
    jobject = datastore.get(object_id)
    old_title = jobject.metadata.get('title', None)
    if old_title != self.title_entry.props.text:
        jobject.metadata['title'] = \
            self.title_entry.props.text
        jobject.metadata['title_set_by_user'] = '1'
        needs_update = True
    old_tags = jobject.metadata.get('tags', None)
```

```
        new_tags = \
            self.tags_textview.props.buffer.props.text
        if old_tags != new_tags:
            jobject.metadata['tags'] = new_tags
            needs_update = True
        old_description = \
            jobject.metadata.get('description', None)
        new_description = \
            self.description_textview.props.buffer.props.text
        if old_description != new_description:
            jobject.metadata['description'] = \
                new_description
            needs_update = True
        if needs_update:
            datastore.write(jobject, update_mtime=False,
                reply_handler=self.datastore_write_cb,
                error_handler=self.datastore_write_error_cb)
        self.btn_save.props.sensitive = False
    def datastore_write_cb(self):
        pass
    def datastore_write_error_cb(self, error):
        logging.error(
            'sugarcommander.datastore_write_error_cb:'
            ' %r' % error)
```

Borrar una entrada del Diario

El código para borrar una entrada del Diario es este:

```
def delete_button_press_event_cb(self, entry, event):
    datastore.delete(
        self.selected_journal_entry.object_id)
```

Obtener retro-llamadas (callbacks) desde el Journal usando D-Bus

En el capítulo **Hacer Actividades compartidas** vimos como llamadas
de D-Bus enviadas sobre Telepathy podían usarse para mandar
mensajes desde una Actividad que se ejecuta en una computadora a la
misma Actividad en una computadora distinta. Normalmente no se usa
D-bus de esta forma sino para enviar mensajes entre programas que se
ejecutan en la misma máquina.

Por ejemplo, al trabajar con el Diario se obtienen retro-llamadas cada
vez que el Diario se actualiza. También se generan retro-llamadas
cuando la propia actividad es la que se refresca. Si es importante para tu
Actividad saber si el Diario se actualizó o no, debieras obtener estas
retro-llamadas.

Lo primero que debes hacer es definir algunas constantes e importar el
paquete D_Bus:

```
DS_DBUS_SERVICE = 'org.laptop.sugar.DataStore'
```

```
DS_DBUS_INTERFACE = 'org.laptop.sugar.DataStore'
DS_DBUS_PATH = '/org/laptop/sugar/DataStore'
import dbus
```

Luego, en tu método **__init__()** pon código para conectar las señales y hacer las retro-llamadas:

```
bus = dbus.SessionBus()
remote_object = bus.get_object(
    DS_DBUS_SERVICE, DS_DBUS_PATH)
_datastore = dbus.Interface(remote_object,
    DS_DBUS_INTERFACE)
_datastore.connect_to_signal('Created',
    self._datastore_created_cb)
_datastore.connect_to_signal('Updated',
    self._datastore_updated_cb)
_datastore.connect_to_signal('Deleted',
    self._datastore_deleted_cb)
```

Los métodos llamados por las retro-llamadas pueden ser algo así:

```
def datastore_created_cb(self, uid):
    new_jobject = datastore.get(uid)
    iter = self.ls_journal.append()
    title = new_jobject.metadata['title']
    self.ls_journal.set(iter,
        COLUMN_TITLE, title)
    mime = new_jobject.metadata['mime_type']
    self.ls_journal.set(iter,
        COLUMN_MIME, mime)
    self.ls_journal.set(iter,
        COLUMN_JOBJECT, new_jobject)
def datastore_updated_cb(self, uid):
    new_jobject = datastore.get(uid)
    iter = self.ls_journal.get_iter_first()
    for row in self.ls_journal:
        jobject = row[COLUMN_JOBJECT]
        if jobject.object_id == uid:
            title = new_jobject.metadata['title']
            self.ls_journal.set_value(iter,
                COLUMN_TITLE, title)
            break
        iter = self.ls_journal.iter_next(iter)
    object_id = \
        self.selected_journal_entry.object_id
    if object_id == uid:
        self.set_form_fields(new_jobject)
def datastore_deleted_cb(self, uid):
    save_path = self.selected_path
    iter = self.ls_journal.get_iter_first()
    for row in self.ls_journal:
        jobject = row[COLUMN_JOBJECT]
        if jobject.object_id == uid:
            self.ls_journal.remove(iter)
            break
        iter = self.ls_journal.iter_next(iter)
    try:
        self.selection_journal.select_path(
            save_path)
```

```
        self.tv_journal.grab_focus()
    except:
        self.title_entry.set_text('')
        description_textbuffer = \
            self.description_textview.get_buffer()
        description_textbuffer.set_text('')
        tags_textbuffer = \
            self.tags_textview.get_buffer()
        tags_textbuffer.set_text('')
        self.btn_save.props.sensitive = False
        self.btn_delete.props.sensitive = False
        self.image.clear()
        self.image.show()
```

El **uid** que se asigna a cada retro-llamada es el **id** del objeto del Diario -**object id** que fue agregado, actualizado o borrado. Si se agrega una entrada al Diario obtenemos el objeto Journal desde su uid, y luego lo agregamos al gtk.ListStore para armar el gtk.TreeModel donde listamos las entradas según el modelo árbol. Necesitamos llevar control cuando una entrada se actualiza o se borra para esto usamos el uid para descubrir cual renglón de la lista gtk.ListStore es necesario borrar o modificar. Para esto se itera sobre las entradas en la gtk.ListStore buscando coincidencias.

Ahora ya sabes todo lo que puedes necesitar para trabajar con el Journal.

2

1. NT: El Gobierno estadounidense eligió en 1890 la máquina de Hollerith para elaborar un censo nacional ⌃
2. Traducido Ana Cichero, Uruguay revisado Rafael Ortiz, Colombia⌃

18. Construir Actividades con Pygame

Introducción

PyGame y **PyGTK** son dos maneras distintas de crear un programa en Python con una interfaz gráfica. En general no se usan ambas en un mismo programa. Cada una de ellas tiene su propia forma de crear una ventana y gestionar los eventos.

La clase básica Activity que hemos venido usando es una extensión de la clase Ventana PyGTK y emplea la gestión de eventos de PyGTK. Las barras de herramientas empleadas por todas las Actividades son componentes PyGTK. En resumen, cualquier Actividad creada en Python debe usar PyGTK. Insertar un programa PyGame en el medio de un programa PyGTK se asemeja a colocar un modelo de barco dentro de una botella. Afortunadamente existe un código Python llamado **SugarGame** que lo hace posible.

Antes de ver cómo lo colocamos dentro de la botella, veamos un poco más de cerca nuestro barco modelo.

Crear un programa con PyGame

Como cabría esperar, es una buena idea construir un juego en Python usando Pygame antes de crear una Actividad con él. No soy un experimentado desarrollador en Pygame, pero usando el manual **Rapid Game Development with Python** de Richard Jones en esta URL:

http://richard.cgpublisher.com/product/pub.84/prod.11

Me fue posible crear un juego modesto en apenas un día. Pudo haber sido antes, pero los ejemplos del manual contenían errores y requerí bastante tiempo usando **The GIMP** para crear imágenes que pudieran servir de sprites en el juego.

Los **Sprites** son pequeñas imágenes, a menudo animadas, que representan objetos en un juego. En general tienen un fondo transparente que les permite dibujarse sobre una imagen de fondo. Usé el formato **PNG** ya que él me permite usar un **alpha channel** (otro término para decir que una parte de la imagen es transparente).

216

PyGame dispone de código para desplegar imágenes de fondo, para crear sprites y moverlos sobre el fondo elegido y para detectar cuándo los sprites chocan entre sí y hacer algo cuando esto sucede. Esta es la base para construir juegos en 2D. Existe una gran cantidad de juegos escritos con PyGame que pueden convertirse fácilmente en actividades de Sugar.

Mi juego se asemeja mucho al juego del autito en el manual, pero en lugar de un auto dibujé un avión. Este avión es el **Demoiselle** creado por Alberto Santos-Dumont en 1909. Encontrarán también cuatro estudiantes de Otto Lilienthal que se sostienen en el aire gracias a sus "alas delta" (planeadores). Las alas delta caen cuando Santos-Dumont choca contra ellas. Los controles empleados en el juego fueron también modificados. Usé las teclas "+" y "-" tanto en el teclado principal como el secundario, más las teclas "9" y "3", para abrir y cerrar el acelerador así como las teclas hacia arriba y hacia abajo en ambos teclados para mover el joystick hacia adelante y hacia atrás. Usar el teclado secundario es útil por un par de razones. Primero algunas versiones del **sugar-emulator** no reconocen las flechas del teclado principal. Segundo, las flechas del teclado se corresponden con el controlador de juego de la laptop XO y las teclas que no son flechas se corresponden con los otros botones en la pantalla de la XO. Estos botones pueden ser usados para jugar al juego cuando la XO está en modo **tablet.**

Como simulador de vuelo no es gran cosa, pero demuestra al menos algunas de las cosas que PyGame puede hacer. A continuación les dejo el código del juego, al que llamé **Demoiselle**:

```python
#! /usr/bin/env python
import pygame
import math
import sys

class Demoiselle:
    "This is a simple demonstration of using PyGame \
    sprites and collision detection."
    def __init__(self):
        self.background = pygame.image.load('sky.jpg')
        self.screen = pygame.display.get_surface()
        self.screen.blit(self.background, (0, 0))
        self.clock = pygame.time.Clock()
        self.running = True

        gliders = [
            GliderSprite((200, 200)),
            GliderSprite((800, 200)),
            GliderSprite((200, 600)),
            GliderSprite((800, 600)),
        ]
        self. glider_group = pygame.sprite.RenderPlain(
            gliders)

    def run(self):
        "This method processes PyGame messages"
```

```
        rect = self.screen.get_rect()
        airplane = AirplaneSprite('demoiselle.png',
            rect.center)
        airplane_sprite = pygame.sprite.RenderPlain(
            airplane)

        while self.running:
            self.clock.tick(30)

            for event in pygame.event.get():
                if event.type == pygame.QUIT:
                    self.running = False
                    return
                elif event.type == pygame.VIDEORESIZE:
                    pygame.display.set_mode(event.size,
                        pygame.RESIZABLE)
                    self.screen.blit(self.background,
                        (0, 0))

                if not hasattr(event, 'key'):
                    continue
                down = event.type == pygame.KEYDOWN
                if event.key == pygame.K_DOWN or \
                    event.key == pygame.K_KP2:
                    airplane.joystick_back = down * 5
                elif event.key == pygame.K_UP or \
                    event.key == pygame.K_KP8:
                    airplane.joystick_forward = down * -5
                elif event.key == pygame.K_EQUALS or \
                    event.key == pygame.K_KP_PLUS or \
                    event.key == pygame.K_KP9:
                    airplane.throttle_up = down * 2
                elif event.key == pygame.K_MINUS or \
                    event.key == pygame.K_KP_MINUS or \
                    event.key == pygame.K_KP3:
                    airplane.throttle_down = down * -2

            self.glider_group.clear(self.screen,
                self.background)
            airplane_sprite.clear(self.screen,
                self.background)
            collisions = pygame.sprite.spritecollide(
                airplane,
                self.glider_group,  False)
            self.glider_group.update(collisions)
            self.glider_group.draw(self.screen)
            airplane_sprite.update()
            airplane_sprite.draw(self.screen)
            pygame.display.flip()

class AirplaneSprite(pygame.sprite.Sprite):
    "This class represents an airplane, the Demoiselle \
    created by Alberto Santos-Dumont"
    MAX_FORWARD_SPEED = 10
    MIN_FORWARD_SPEED = 1
    ACCELERATION = 2
    TURN_SPEED = 5
    cef __init__(self, image, position):
        pygame.sprite.Sprite.__init__(self)
```

```
        self.src_image = pygame.image.load(image)
        self.rect = pygame.Rect(
            self.src_image.get_rect())
        self.position = position
        self.rect.center = self.position
        self.speed = 1
        self.direction = 0
        self.joystick_back = self.joystick_forward = \
            self.throttle_down = self.throttle_up = 0

    def update(self):
        "This method redraws the airplane in response\
        to events."
        self.speed += (self.throttle_up +
            self.throttle_down)
        if self.speed > self.MAX_FORWARD_SPEED:
            self.speed = self.MAX_FORWARD_SPEED
        if self.speed < self.MIN_FORWARD_SPEED:
            self.speed = self.MIN_FORWARD_SPEED
        self.direction += (self.joystick_forward + \
            self.joystick_back)
        x_coord, y_coord = self.position
        rad = self.direction * math.pi / 180
        x_coord += -self.speed * math.cos(rad)
        y_coord += -self.speed * math.sin(rad)
        screen = pygame.display.get_surface()
        if y_coord < 0:
            y_coord = screen.get_height()

        if x_coord < 0:
            x_coord = screen.get_width()

        if x_coord > screen.get_width():
            x_coord = 0

        if y_coord > screen.get_height():
            y_coord = 0
        self.position = (x_coord, y_coord)
        self.image = pygame.transform.rotate(
            self.src_image, -self.direction)
        self.rect = self.image.get_rect()
        self.rect.center = self.position

class GliderSprite(pygame.sprite.Sprite):
    "This class represents an individual hang \
    glider as developed by Otto Lilienthal."
    def __init__(self, position):
        pygame.sprite.Sprite.__init__(self)
        self.normal = pygame.image.load(
            'glider_normal.png')
        self.rect = pygame.Rect(self.normal.get_rect())
        self.rect.center = position
        self.image = self.normal
        self.hit = pygame.image.load('glider_hit.png')
    def update(self, hit_list):
        "This method redraws the glider when it collides\
        with the airplane and when it is no longer \
        colliding with the airplane."
        if self in hit_list:
```

```
            self.image = self.hit
        else:
            self.image = self.normal
def main():
    "This function is called when the game is run \
    from the command line"
    pygame.init()
    pygame.display.set_mode((0, 0), pygame.RESIZABLE)
    game = Demoiselle()
    game.run()
    sys.exit(0)

if __name__ == '__main__':
    main()
```

Y aquí tenemos al juego en acción:

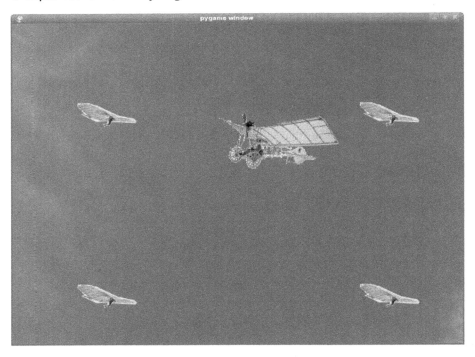

Encontrarán el código de este juego en el archivo **demoiselle.py** que se encuentra en el libro de ejemplos del proyecto en Git.

Introducción a SugarGame

SugarGame no es una parte de Sugar propiamente dicha. Si deseas usarla deberás incluir el código Python para SugarGame dentro del bundle de tu Actividad. Incluí la versión de SugarGame que estoy usando en el proyecto del libro de ejemplos en el directorio **sugargame**, pero cuando hagas tus propios juegos deberías asegurarte de que dispones de la última versión. Puedes hacer esto bajando el proyecto desde Gitorious empleando estos comandos:

```
mkdir sugargame
cd sugargame
git clone git://git.sugarlabs.org/sugargame/mainline.git
```

Verás dos subdirectorios en este proyecto: **sugargame y test**, más un archivo **README.txt** que contiene información para usar sugargame en tus propias Actividades. El subdirectorio test contiene un sencillo programa PyGame que puede ser ejecutado solo (**TestGame.py)** o como una Actividad (**TestActivity.py**).

Si ejecutas el **TestGame.py** desde la línea de comandos verás una pelota que rebota en un fondo blanco. Para ejecutar la versión Actividad debes escribir:

```
./setup.py dev
```

desde la línea de comandos. No pude hacer funcionar la Actividad bajo el emulador de Sugar hasta que realicé los dos siguientes cambios:

- Hice una copia del directorio **sugargame** dentro del directorio test.
- Borré la línea que contenía "**sys.path.append(..) # Import sugargame package from top directory.**" en el **TestActivity.py**. Obviamente, esta línea debería ayudar al programa a encontrar el directorio **sugargame** en el proyecto, pero no funcionó bajo Fedora 10. Tu experiencia puede ser distinta.

La Actividad se ve así:

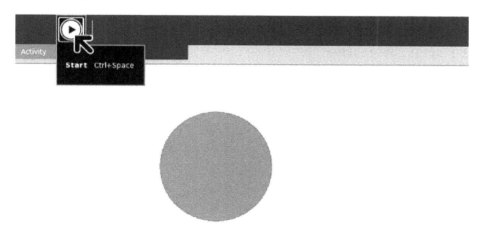

La barra de herramientas de **PyGame** tiene un solo botón que te permite hacer rebotar o detener la pelota.

Crear una Actividad Sugar a partir de un programa PyGame.

Llegó el momento de poner nuestro modelo de barco en la botella. Lo primero es hacer una copia del directorio **sugargame** del proyecto SugarGame en el directorio raíz de nuestro propio proyecto.

Vale la pena leer el archivo **README.txt** del proyecto SugarGame. Nos explica cómo crear una Actividad basada en el ejemplo **TestActivity.py** en el proyecto Sugargame.Ésta será nuestra botella. El siguiente es el código para la mía, que llamé **DemoiselleActivity.py**:

```
# DemoiselleActivity.py

from gettext import gettext as _

import gtk
import pygame
from sugar.activity import activity
from sugar.graphics.toolbutton import ToolButton
import gobject
import sugargame.canvas
import demoiselle2

class DemoiselleActivity(activity.Activity):
    def __init__(self, handle):
        super(DemoiselleActivity, self).__init__(handle)

        # Build the activity toolbar.
        self.build_toolbar()

        # Create the game instance.
        self.game = demoiselle2.Demoiselle()

        # Build the Pygame canvas.
        self._pygamecanvas = \
            sugargame.canvas.PygameCanvas(self)
        # Note that set_canvas implicitly calls
        # read_file when resuming from the Journal.
        self.set_canvas(self._pygamecanvas)
        self.score = ''

        # Start the game running.
        self._pygamecanvas.run_pygame(self.game.run)

    def build_toolbar(self):
        toolbox = activity.ActivityToolbox(self)
        activity_toolbar = toolbox.get_activity_toolbar()
        activity_toolbar.keep.props.visible = False
        activity_toolbar.share.props.visible = False

        self.view_toolbar = ViewToolbar()
```

```
        toolbox.add_toolbar(_('View'), self.view_toolbar)
        self.view_toolbar.connect('go-fullscreen',
                self.view_toolbar_go_fullscreen_cb)
        self.view_toolbar.show()

        toolbox.show()
        self.set_toolbox(toolbox)

    def view_toolbar_go_fullscreen_cb(self, view_toolbar):
        self.fullscreen()

    def read_file(self, file_path):
        score_file = open(file_path, "r")
        while score_file:
            self.score = score_file.readline()
            self.game.set_score(int(self.score))
        score_file.close()

    def write_file(self, file_path):
        score = self.game.get_score()
        f = open(file_path, 'wb')
        try:
            f.write(str(score))
        finally:
            f.close

class ViewToolbar(gtk.Toolbar):
    __gtype_name__ = 'ViewToolbar'

    __gsignals__ = {
        'needs-update-size': (gobject.SIGNAL_RUN_FIRST,
                              gobject.TYPE_NONE,
                              ([])),
        'go-fullscreen': (gobject.SIGNAL_RUN_FIRST,
                          gobject.TYPE_NONE,
                          ([]))
    }

    def __init__(self):
        gtk.Toolbar.__init__(self)
        self.fullscreen = ToolButton('view-fullscreen')
        self.fullscreen.set_tooltip(_('Fullscreen'))
        self.fullscreen.connect('clicked',
            self.fullscreen_cb)
        self.insert(self.fullscreen, -1)
        self.fullscreen.show()

    def fullscreen_cb(self, button):
        self.emit('go-fullscreen')
```

Es un poco más "bonita" que **TestActivity.py**. Decidí que mi juego no necesitaba ser pausado y continuado, así que remplacé la barra de herramientas de **PyGame** con un una barra de herramientas **View** que le permite al usuario ocultar la barra cuando no es necesaria. Usé los métodos **read_file() y write_file()** para guardar y recuperar el score del juego. También oculté los controles **Keep** and **Share** en la barra principal.

Tal como podrías esperar, poner un barco dentro de una botella requiere modificar el barco. Ésta es la nueva versión, **demoiselle2.py**, que incluye las siguientes modificaciones:

```python
#! /usr/bin/env python
import pygame
import gtk
import math
import sys

class Demoiselle:
    "This is a simple demonstration of using PyGame \
    sprites and collision detection."
    def __init__(self):
        self.clock = pygame.time.Clock()
        self.running = True
        self.background = pygame.image.load('sky.jpg')

    def get_score(self):
        return '99'

    def run(self):
        "This method processes PyGame messages"

        screen = pygame.display.get_surface()
        screen.blit(self.background, (0, 0))

        gliders = [
            GliderSprite((200, 200)),
            GliderSprite((800, 200)),
            GliderSprite((200, 600)),
            GliderSprite((800, 600)),
        ]
        glider_group = pygame.sprite.RenderPlain(gliders)

        rect = screen.get_rect()
        airplane = AirplaneSprite('demoiselle.png',
            rect.center)
        airplane_sprite = pygame.sprite.RenderPlain(
            airplane)

        while self.running:
            self.clock.tick(30)

            # Pump GTK messages.
            while gtk.events_pending():
                gtk.main_iteration()

            # Pump PyGame messages.
            for event in pygame.event.get():
                if event.type == pygame.QUIT:
                    self.running = False
                    return
                elif event.type == pygame.VIDEORESIZE:
                    pygame.display.set_mode(event.size,
                        pygame.RESIZABLE)
                    screen.blit(self.background, (0, 0))

                if not hasattr(event, 'key'):
```

```python
                continue
            down = event.type == pygame.KEYDOWN
            if event.key == pygame.K_DOWN or \
                event.key == pygame.K_KP2:
                airplane.joystick_back = down * 5
            elif event.key == pygame.K_UP or \
                event.key == pygame.K_KP8:
                airplane.joystick_forward = down * -5
            elif event.key == pygame.K_EQUALS or \
                event.key == pygame.K_KP_PLUS or \
                event.key == pygame.K_KP9:
                airplane.throttle_up = down * 2
            elif event.key == pygame.K_MINUS or \
                event.key == pygame.K_KP_MINUS or \
                event.key == pygame.K_KP3:
                airplane.throttle_down = down * -2

        glider_group.clear(screen, self.background)
        airplane_sprite.clear(screen, self.background)
        collisions = pygame.sprite.spritecollide(
            airplane,
            glider_group, False)
        glider_group.update(collisions)
        glider_group.draw(screen)
        airplane_sprite.update()
        airplane_sprite.draw(screen)
        pygame.display.flip()

class AirplaneSprite(pygame.sprite.Sprite):
    "This class represents an airplane, the Demoiselle \
    created by Alberto Santos-Dumont"
    MAX_FORWARD_SPEED = 10
    MIN_FORWARD_SPEED = 1
    ACCELERATION = 2
    TURN_SPEED = 5
    def __init__(self, image, position):
        pygame.sprite.Sprite.__init__(self)
        self.src_image = pygame.image.load(image)
        self.rect = pygame.Rect(self.src_image.get_rect())
        self.position = position
        self.rect.center = self.position
        self.speed = 1
        self.direction = 0
        self.joystick_back = self.joystick_forward = \
            self.throttle_down = self.throttle_up = 0

    def update(self):
        "This method redraws the airplane in response\
        to events."
        self.speed += (self.throttle_up +
            self.throttle_down)
        if self.speed > self.MAX_FORWARD_SPEED:
            self.speed = self.MAX_FORWARD_SPEED
        if self.speed < self.MIN_FORWARD_SPEED:
            self.speed = self.MIN_FORWARD_SPEED
        self.direction += (self.joystick_forward +
            self.joystick_back)
        x_coord, y_coord = self.position
        rad = self.direction * math.pi / 180
```

```python
        x_coord += -self.speed * math.cos(rad)
        y_coord += -self.speed * math.sin(rad)
        screen = pygame.display.get_surface()
        if y_coord < 0:
            y_coord = screen.get_height()

        if x_coord < 0:
            x_coord = screen.get_width()

        if x_coord > screen.get_width():
            x_coord = 0

        if y_coord > screen.get_height():
            y_coord = 0
        self.position = (x_coord, y_coord)
        self.image = pygame.transform.rotate(
            self.src_image, -self.direction)
        self.rect = self.image.get_rect()
        self.rect.center = self.position

class GliderSprite(pygame.sprite.Sprite):
    "This class represents an individual hang \
    glider as developed by Otto Lilienthal."
    def __init__(self, position):
        pygame.sprite.Sprite.__init__(self)
        self.normal = pygame.image.load(
            'glider_normal.png')
        self.rect = pygame.Rect(self.normal.get_rect())
        self.rect.center = position
        self.image = self.normal
        self.hit = pygame.image.load('glider_hit.png')
    def update(self, hit_list):
        "This method redraws the glider when it collides\
        with the airplane and when it is no longer \
        colliding with the airplane."
        if self in hit_list:
            self.image = self.hit
        else:
            self.image = self.normal

def main():
    "This function is called when the game is run \
    from the command line"
    pygame.init()
    pygame.display.set_mode((0, 0), pygame.RESIZABLE)
    game = Demoiselle()
    game.run()
    sys.exit(0)

if __name__ == '__main__':
    main()
```

¿Por qué no cargar ambas versiones **demoiselle.py** y **demoiselle2.py** en Eric y tomar unos pocos minutos para ver si puedes encontrar qué cambió entre ellas? Sorprendentemente, las diferencias son muy pocas. Agregué algo de código al bucle principal de PyGame para verificar eventos de PyGTK y lidiar con ellos:

```
        while self.running:
            self.clock.tick(30)

            # Pump GTK messages.
            while gtk.events_pending():
                gtk.main_iteration()

            # Pump PyGame messages.
            for event in pygame.event.get():
                if event.type == pygame.QUIT:
                    self.running = False
                    return
                elif event.type == pygame.VIDEORESIZE:
                    pygame.display.set_mode(event.size,
                        pygame.RESIZABLE)
                    screen.blit(self.background, (0, 0))

                if not hasattr(event, 'key'):
                    continue
                down = event.type == pygame.KEYDOWN
                if event.key == pygame.K_DOWN or \
```

```
... continue dealing with PyGame events ...
```

Esto permite que PyGame y PyGTK se alternen gestionando eventos. Si
este código no estuviera presente, los eventos de GTK serían ignorados y
sería imposible cerrar la Actividad, ocultar la barra de herramientas, etc.
Necesitamos agregar **import gtk** al comienzo del archivo para que
estos métodos puedan ser encontrados.

Evidentemente, también agregué los métodos para fijar y devolver
scores:

```
    def get_score(self):
        return self.score

    def set_score(self, score):
        self.score = score
```

El mayor cambio está en el método **__init__()** de la clase **Demoiselle**. Al
principio tenía código para mostrar la imagen del fondo en la pantalla:

```
    def __init__(self):
        self.background = pygame.image.load('sky.jpg')
        self.screen = pygame.display.get_surface()
        self.screen.blit(self.background, (0, 0))
```

El problema con esto es que sugargame creará un objeto PyGTK de
pantalla especial para remplazar la pantalla de PyGame antes que lo
haga el código de la Actividad Demoiselle, por lo que **self.screen** tendrá
valor **"nulo"**. La única forma de superar este problema es mover
cualquier código que se refiera al **display out** del método **__init__()** de
la clase y al principio del método que contiene el bucle del evento. Esto
te puede dejar con un método **__init__()** que hace poco o nada. Lo único
que puedes querer es código para crear variables de instancias.

Nada de lo que hemos hecho a **demoiselle2.py** inhibe la posibilidad de ejecutarlo como un programa Python independiente.

Para probar el juego ejecuta **./setup.py dev** desde el directorio **Making_Activities_Using_PyGame**. Cuando pruebes la Actividad se debería ver así:

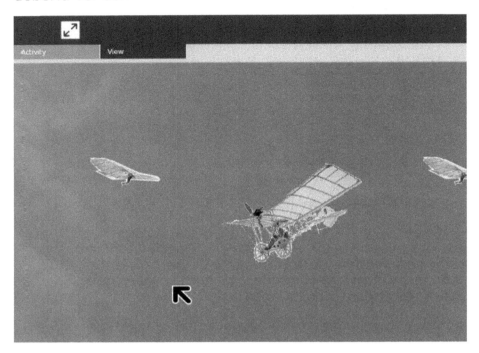

1

1. Traducido Fernando Cormenzana, Uruguay

19. Hacer nuevas barras de herramientas

Introducción.

Algunos dicen "No hay mejor barra de herramientas que tu vieja y conocida barra de herramientas". Esto será totalmente cierto cuando se trate de usuarios que no puedan ejecutar la última versiónde Sugar. Las actividades deben, por algún tiempo, soportar las barras de herramientas del primer Sugar. Afortunadamente, esto es posible. En este capítulo veremos como hacer nuevas barras y lograr que tu Actividad sea compatible con versiones anteriores.

Las nuevas toolbars o barras de herramientas surgieron a raíz de los problemas con las anteriores. Los usuarios perdían tiempo en descubrir como parar una Actividad porque el botón Detener sólo se veía en la Barra de Actividad. Si la Actividad se iniciaba mostrando una barra diferente a esta, no era obvio tener que cambiar a otra barra para quitar la Actividad. Otro problema era que las pestañas de las barras ocupaban demasiado espacio de pantalla. Comparemos barras de herramientas para actividades similares. Primero la barra al viejo estilo para **Read Etexts:**

Ahora la barra en el nuevo estilo para la Actividad **Leer**:

Esta es más delgada que las del tipo anterior y el botón Detener está siempre visible. Algunas funciones se ven en la barra y otras aparecen en barras adjuntas que se despliegan al hacer clic sobre los íconos. Veamos primero como se despliega la nueva Barra de Actividad (Activity Toolbar):

Veamos la nueva barra de Edición (Edit Toolbar):

Por último la barra de Vista (View Toolbar):

Agregar barras de herramientas del nuevo tipo en Read Etexts II

A trabajar en la Actividad **Read Etexts** original utilicé un montón del código para la interfaz de usuario de la Actividad **Leer** original y no hay a priori ningún motivo para dejar de hacerlo. Sin embargo aparece una complicación al hacer esto. La Actividad **Leer** tiene algunas dependencias que hacen que no funcione sobre las versiones viejas de Sugar y entonces no tiene necesidad de soportar compatibilidad con barras de herramientas del viejo estilo. **Read Etexts IV** no tiene esta suerte y deberá descubrir al ejecutar cual es el tipo de barra de herramientas soportado y entonces usarlo.

Puedo probar la Actividad con ambas tipos de barras de herramientas, viejas y nuevas en un mismo bloque porque estoy usando Fedora 11 que trae instalado un entorno Sugar que soporta del viejo estilo de barras y además descargué y ejecuté **sugar-jhbuild** que agrega el soporte para las barras nuevas en su versión de Sugar.

Este es el código para **ReadEtextsActivity4.py**:

```
import os
import re
import logging
import time
import zipfile
import gtk
import pango
import dbus
import gobject
import telepathy
from sugar.activity import activity

from sugar.graphics.toolbutton import ToolButton
```

```
_NEW_TOOLBAR_SUPPORT = True
try:
    from sugar.graphics.toolbarbox import ToolbarBox
    from sugar.graphics.toolbarbox import ToolbarButton
    from sugar.activity.widgets import StopButton
    from toolbar import ViewToolbar
    from mybutton import MyActivityToolbarButton
except:
    _NEW_TOOLBAR_SUPPORT = False
    from toolbar import ReadToolbar,  ViewToolbar

from sugar.graphics.toggletoolbutton import ToggleToolButton
from sugar.graphics.menuitem import MenuItem

from sugar.graphics import style
from sugar import network
from sugar.datastore import datastore
from sugar.graphics.alert import NotifyAlert
from gettext import gettext as _

page=0
PAGE_SIZE = 45
TOOLBAR_READ = 2

logger = logging.getLogger('read-etexts2-activity')

class ReadHTTPRequestHandler(
    network.ChunkedGlibHTTPRequestHandler):
    """HTTP Request Handler for transferring document while
    collaborating.

    RequestHandler class that integrates with Glib mainloop.
    It writes the specified file to the client in chunks,
    returning control to the mainloop between chunks.

    """
    def translate_path(self, path):
        """Return the filepath to the shared document."""
        return self.server.filepath


class ReadHTTPServer(network.GlibTCPServer):
    """HTTP Server for transferring document while
    collaborating."""
    def __init__(self, server_address, filepath):
        """Set up the GlibTCPServer with the
        ReadHTTPRequestHandler.

        filepath -- path to shared document to be served.
        """
        self.filepath = filepath
        network.GlibTCPServer.__init__(self,
            server_address,
            ReadHTTPRequestHandler)


class ReadURLDownloader(network.GlibURLDownloader):
    """URLDownloader that provides content-length
    and content-type."""
```

```python
    def get_content_length(self):
        """Return the content-length of the download."""
        if self._info is not None:
            return int(self._info.headers.get(
                'Content-Length'))

    def get_content_type(self):
        """Return the content-type of the download."""
        if self._info is not None:
            return self._info.headers.get('Content-type')
        return None

READ_STREAM_SERVICE = 'read-etexts-activity-http'

class ReadEtextsActivity(activity.Activity):
    def __init__(self, handle):
        "The entry point to the Activity"
        global page
        activity.Activity.__init__(self, handle)

        self.fileserver = None
        self.object_id = handle.object_id

        if _NEW_TOOLBAR_SUPPORT:
            self.create_new_toolbar()
        else:
            self.create_old_toolbar()

        self.scrolled_window = gtk.ScrolledWindow()
        self.scrolled_window.set_policy(gtk.POLICY_NEVER,
            gtk.POLICY_AUTOMATIC)
        self.scrolled_window.props.shadow_type = \
            gtk.SHADOW_NONE

        self.textview = gtk.TextView()
        self.textview.set_editable(False)
        self.textview.set_cursor_visible(False)
        self.textview.set_left_margin(50)
        self.textview.connect("key_press_event",
            self.keypress_cb)

        self.progressbar = gtk.ProgressBar()
        self.progressbar.set_orientation(
            gtk.PROGRESS_LEFT_TO_RIGHT)
        self.progressbar.set_fraction(0.0)

        self.scrolled_window.add(self.textview)
        self.textview.show()
        self.scrolled_window.show()

        vbox = gtk.VBox()
        vbox.pack_start(self.progressbar, False,
            False, 10)
        vbox.pack_start(self.scrolled_window)
        self.set_canvas(vbox)
        vbox.show()

        page = 0
```

```python
        self.clipboard = gtk.Clipboard(
            display=gtk.gdk.display_get_default(),
            selection="CLIPBOARD")
        self.textview.grab_focus()
        self.font_desc = pango.FontDescription(
            "sans %d" % style.zoom(10))
        self.textview.modify_font(self.font_desc)

        buffer = self.textview.get_buffer()
        self.markset_id = buffer.connect("mark-set",
            self.mark_set_cb)

        self.unused_download_tubes = set()
        self.want_document = True
        self.download_content_length = 0
        self.download_content_type = None
        # Status of temp file used for write_file:
        self.tempfile = None
        self.close_requested = False
        self.connect("shared", self.shared_cb)

        self.is_received_document = False

        if self._shared_activity and \
            handle.object_id == None:
            # We're joining, and we don't already have
            # the document.
            if self.get_shared():
                # Already joined for some reason,
                # just get the document
                self.joined_cb(self)
            else:
                # Wait for a successful join before
                # trying to get the document
                self.connect("joined", self.joined_cb)

    def create_old_toolbar(self):
        toolbox = activity.ActivityToolbox(self)
        activity_toolbar = toolbox.get_activity_toolbar()
        activity_toolbar.keep.props.visible = False

        self.edit_toolbar = activity.EditToolbar()
        self.edit_toolbar.undo.props.visible = False
        self.edit_toolbar.redo.props.visible = False
        self.edit_toolbar.separator.props.visible = False
        self.edit_toolbar.copy.set_sensitive(False)
        self.edit_toolbar.copy.connect('clicked',
            self.edit_toolbar_copy_cb)
        self.edit_toolbar.paste.props.visible = False
        toolbox.add_toolbar(_('Edit'), self.edit_toolbar)
        self.edit_toolbar.show()

        self.read_toolbar = ReadToolbar()
        toolbox.add_toolbar(_('Read'), self.read_toolbar)
        self.read_toolbar.back.connect('clicked',
            self.go_back_cb)
        self.read_toolbar.forward.connect('clicked',
            self.go_forward_cb)
        self.read_toolbar.num_page_entry.connect('activate',
```

```
                self.num_page_entry_activate_cb)
        self.read_toolbar.show()

        self.view_toolbar = ViewToolbar()
        toolbox.add_toolbar(_('View'), self.view_toolbar)
        self.view_toolbar.connect('go-fullscreen',
            self.view_toolbar_go_fullscreen_cb)
        self.view_toolbar.zoom_in.connect('clicked',
            self.zoom_in_cb)
        self.view_toolbar.zoom_out.connect('clicked',
            self.zoom_out_cb)
        self.view_toolbar.show()

        self.set_toolbox(toolbox)
        toolbox.show()
        self.toolbox.set_current_toolbar(TOOLBAR_READ)

    def create_new_toolbar(self):
        toolbar_box = ToolbarBox()

        activity_button = MyActivityToolbarButton(self)
        toolbar_box.toolbar.insert(activity_button, 0)
        activity_button.show()

        self.edit_toolbar = activity.EditToolbar()
        self.edit_toolbar.undo.props.visible = False
        self.edit_toolbar.redo.props.visible = False
        self.edit_toolbar.separator.props.visible = False
        self.edit_toolbar.copy.set_sensitive(False)
        self.edit_toolbar.copy.connect('clicked',
            self.edit_toolbar_copy_cb)
        self.edit_toolbar.paste.props.visible = False

        edit_toolbar_button = ToolbarButton(
            page=self.edit_toolbar,
            icon_name='toolbar-edit')
        self.edit_toolbar.show()
        toolbar_box.toolbar.insert(edit_toolbar_button, -1)
        edit_toolbar_button.show()

        self.view_toolbar = ViewToolbar()
        self.view_toolbar.connect('go-fullscreen',
            self.view_toolbar_go_fullscreen_cb)
        self.view_toolbar.zoom_in.connect('clicked',
            self.zoom_in_cb)
        self.view_toolbar.zoom_out.connect('clicked',
            self.zoom_out_cb)
        self.view_toolbar.show()
        view_toolbar_button = ToolbarButton(
            page=self.view_toolbar,
            icon_name='toolbar-view')
        toolbar_box.toolbar.insert(view_toolbar_button, -1)
        view_toolbar_button.show()

        self.back = ToolButton('go-previous')
        self.back.set_tooltip(_('Back'))
        self.back.props.sensitive = False
        self.back.connect('clicked', self.go_back_cb)
        toolbar_box.toolbar.insert(self.back, -1)
```

```
        self.back.show()

        self.forward = ToolButton('go-next')
        self.forward.set_tooltip(_('Forward'))
        self.forward.props.sensitive = False
        self.forward.connect('clicked',
            self.go_forward_cb)
        toolbar_box.toolbar.insert(self.forward, -1)
        self.forward.show()

        num_page_item = gtk.ToolItem()
        self.num_page_entry = gtk.Entry()
        self.num_page_entry.set_text('0')
        self.num_page_entry.set_alignment(1)
        self.num_page_entry.connect('insert-text',
            self.__new_num_page_entry_insert_text_cb)
        self.num_page_entry.connect('activate',
            self.__new_num_page_entry_activate_cb)
        self.num_page_entry.set_width_chars(4)
        num_page_item.add(self.num_page_entry)
        self.num_page_entry.show()
        toolbar_box.toolbar.insert(num_page_item, -1)
        num_page_item.show()

        total_page_item = gtk.ToolItem()
        self.total_page_label = gtk.Label()

        label_attributes = pango.AttrList()
        label_attributes.insert(pango.AttrSize(
            14000, 0, -1))
        label_attributes.insert(pango.AttrForeground(
            65535, 65535, 65535, 0, -1))
        self.total_page_label.set_attributes(
            label_attributes)

        self.total_page_label.set_text(' / 0')
        total_page_item.add(self.total_page_label)
        self.total_page_label.show()
        toolbar_box.toolbar.insert(total_page_item, -1)
        total_page_item.show()

        separator = gtk.SeparatorToolItem()
        separator.props.draw = False
        separator.set_expand(True)
        toolbar_box.toolbar.insert(separator, -1)
        separator.show()

        stop_button = StopButton(self)
        stop_button.props.accelerator = '<Ctrl><Shift>Q'
        toolbar_box.toolbar.insert(stop_button, -1)
        stop_button.show()

        self.set_toolbar_box(toolbar_box)
        toolbar_box.show()

    def __new_num_page_entry_insert_text_cb(self, entry,
        text, length, position):
        if not re.match('[0-9]', text):
            entry.emit_stop_by_name('insert-text')
```

```python
        return True
    return False

def __new_num_page_entry_activate_cb(self, entry):
    global page
    if entry.props.text:
        new_page = int(entry.props.text) - 1
    else:
        new_page = 0

    if new_page >= self.total_pages:
        new_page = self.total_pages - 1
    elif new_page < 0:
        new_page = 0

    self.current_page = new_page
    self.set_current_page(new_page)
    self.show_page(new_page)
    entry.props.text = str(new_page + 1)
    self.update_nav_buttons()
    page = new_page

def update_nav_buttons(self):
    current_page = self.current_page
    self.back.props.sensitive = current_page > 0
    self.forward.props.sensitive = \
        current_page < self.total_pages - 1

    self.num_page_entry.props.text = str(
        current_page + 1)
    self.total_page_label.props.label = \
        ' / ' + str(self.total_pages)

def set_total_pages(self, pages):
    self.total_pages = pages

def set_current_page(self, page):
    self.current_page = page
    self.update_nav_buttons()

def keypress_cb(self, widget, event):
    "Respond when the user presses one of the \
    arrow keys"
    keyname = gtk.gdk.keyval_name(event.keyval)
    print keyname
    if keyname == 'plus':
        self.font_increase()
        return True
    if keyname == 'minus':
        self.font_decrease()
        return True
    if keyname == 'Page_Up' :
        self.page_previous()
        return True
    if keyname == 'Page_Down':
        self.page_next()
        return True
    if keyname == 'Up' or keyname == 'KP_Up' \
            or keyname == 'KP_Left':
```

```
            self.scroll_up()
            return True
        if keyname == 'Down' or keyname == 'KP_Down' \
                or keyname == 'KP_Right':
            self.scroll_down()
            return True
        return False

    def num_page_entry_activate_cb(self, entry):
        global page
        if entry.props.text:
            new_page = int(entry.props.text) - 1
        else:
            new_page = 0

        if new_page >= self.read_toolbar.total_pages:
            new_page = self.read_toolbar.total_pages - 1
        elif new_page < 0:
            new_page = 0

        self.read_toolbar.current_page = new_page
        self.read_toolbar.set_current_page(new_page)
        self.show_page(new_page)
        entry.props.text = str(new_page + 1)
        self.read_toolbar.update_nav_buttons()
        page = new_page

    def go_back_cb(self, button):
        self.page_previous()

    def go_forward_cb(self, button):
        self.page_next()

    def page_previous(self):
        global page
        page=page-1
        if page < 0: page=0
        if _NEW_TOOLBAR_SUPPORT:
            self.set_current_page(page)
        else:
            self.read_toolbar.set_current_page(page)
        self.show_page(page)
        v_adjustment = \
            self.scrolled_window.get_vadjustment()
        v_adjustment.value = v_adjustment.upper - \
            v_adjustment.page_size

    def page_next(self):
        global page
        page=page+1
        if page >= len(self.page_index): page=0
        if _NEW_TOOLBAR_SUPPORT:
            self.set_current_page(page)
        else:
            self.read_toolbar.set_current_page(page)
        self.show_page(page)
        v_adjustment = \
            self.scrolled_window.get_vadjustment()
        v_adjustment.value = v_adjustment.lower
```

```python
    def zoom_in_cb(self,  button):
        self.font_increase()

    def zoom_out_cb(self,  button):
        self.font_decrease()

    def font_decrease(self):
        font_size = self.font_desc.get_size() / 1024
        font_size = font_size - 1
        if font_size < 1:
            font_size = 1
        self.font_desc.set_size(font_size * 1024)
        self.textview.modify_font(self.font_desc)

    def font_increase(self):
        font_size = self.font_desc.get_size() / 1024
        font_size = font_size + 1
        self.font_desc.set_size(font_size * 1024)
        self.textview.modify_font(self.font_desc)

    def mark_set_cb(self, textbuffer, iter, textmark):

        if textbuffer.get_has_selection():
            begin, end = textbuffer.get_selection_bounds()
            self.edit_toolbar.copy.set_sensitive(True)
        else:
            self.edit_toolbar.copy.set_sensitive(False)

    def edit_toolbar_copy_cb(self, button):
        textbuffer = self.textview.get_buffer()
        begin, end = textbuffer.get_selection_bounds()
        copy_text = textbuffer.get_text(begin, end)
        self.clipboard.set_text(copy_text)

    def view_toolbar_go_fullscreen_cb(self, view_toolbar):
        self.fullscreen()

    def scroll_down(self):
        v_adjustment = \
            self.scrolled_window.get_vadjustment()
        if v_adjustment.value == v_adjustment.upper - \
                v_adjustment.page_size:
            self.page_next()
            return
        if v_adjustment.value < v_adjustment.upper - \
                v_adjustment.page_size:
            new_value = v_adjustment.value + \
                v_adjustment.step_increment
            if new_value > v_adjustment.upper - \
                v_adjustment.page_size:
                new_value = v_adjustment.upper - \
                    v_adjustment.page_size
            v_adjustment.value = new_value

    cef scroll_up(self):
        v_adjustment = \
            self.scrolled_window.get_vadjustment()
        if v_adjustment.value == v_adjustment.lower:
```

```python
        self.page_previous()
        return
    if v_adjustment.value > v_adjustment.lower:
        new_value = v_adjustment.value - \
            v_adjustment.step_increment
        if new_value < v_adjustment.lower:
            new_value = v_adjustment.lower
        v_adjustment.value = new_value

def show_page(self, page_number):
    global PAGE_SIZE, current_word
    position = self.page_index[page_number]
    self.etext_file.seek(position)
    linecount = 0
    label_text = '\n\n\n'
    textbuffer = self.textview.get_buffer()
    while linecount < PAGE_SIZE:
        line = self.etext_file.readline()
        label_text = label_text + unicode(line,
            'iso-8859-1')
        linecount = linecount + 1
    label_text = label_text + '\n\n\n'
    textbuffer.set_text(label_text)
    self.textview.set_buffer(textbuffer)

def save_extracted_file(self, zipfile, filename):
    "Extract the file to a temp directory for viewing"
    filebytes = zipfile.read(filename)
    outfn = self.make_new_filename(filename)
    if (outfn == ''):
        return False
    f = open(os.path.join(self.get_activity_root(),
        'tmp',  outfn),  'w')
    try:
        f.write(filebytes)
    finally:
        f.close()

def get_saved_page_number(self):
    global page
    title = self.metadata.get('title', '')
    if title == '' or not title[len(title)-1].isdigit():
        page = 0
    else:
        i = len(title) - 1
        newPage = ''
        while (title[i].isdigit() and i > 0):
            newPage = title[i] + newPage
            i = i - 1
        if title[i] == 'P':
            page = int(newPage) - 1
        else:
            # not a page number; maybe a volume number.
            page = 0

def save_page_number(self):
    global page
    title = self.metadata.get('title', '')
    if title == ''  or not title[len(title)-1].isdigit():
```

```python
            title = title + ' P' +  str(page + 1)
        else:
            i = len(title) - 1
            while (title[i].isdigit() and i > 0):
                i = i - 1
            if title[i] == 'P':
                title = title[0:i] + 'P' + str(page + 1)
            else:
                title = title + ' P' + str(page + 1)
        self.metadata['title'] = title

    def read_file(self, filename):
        "Read the Etext file"
        global PAGE_SIZE,  page

        tempfile = os.path.join(self.get_activity_root(),
            'instance', 'tmp%i' % time.time())
        os.link(filename,  tempfile)
        self.tempfile = tempfile

        if zipfile.is_zipfile(filename):
            self.zf = zipfile.ZipFile(filename, 'r')
            self.book_files = self.zf.namelist()
            self.save_extracted_file(self.zf,
                self.book_files[0])
            currentFileName = os.path.join(
                self.get_activity_root(),
                'tmp', self.book_files[0])
        else:
            currentFileName = filename

        self.etext_file = open(currentFileName,"r")
        self.page_index = [ 0 ]
        pagecount = 0
        linecount = 0
        while self.etext_file:
            line = self.etext_file.readline()
            if not line:
                break
            linecount = linecount + 1
            if linecount >= PAGE_SIZE:
                position = self.etext_file.tell()
                self.page_index.append(position)
                linecount = 0
                pagecount = pagecount + 1
        if filename.endswith(".zip"):
            os.remove(currentFileName)
        self.get_saved_page_number()
        self.show_page(page)
        if _NEW_TOOLBAR_SUPPORT:
            self.set_total_pages(pagecount + 1)
            self.set_current_page(page)
        else:
            self.read_toolbar.set_total_pages(
                pagecount + 1)
            self.read_toolbar.set_current_page(page)

        # We've got the document, so if we're a shared
        # activity, offer it
```

```
        if self.get_shared():
            self.watch_for_tubes()
            self.share_document()

    def make_new_filename(self, filename):
        partition_tuple = filename.rpartition('/')
        return partition_tuple[2]

    def write_file(self, filename):
        "Save meta data for the file."
        if self.is_received_document:
            # This document was given to us by someone,
            # so we have to save it to the Journal.
            self.etext_file.seek(0)
            filebytes = self.etext_file.read()
            print 'saving shared document'
            f = open(filename, 'wb')
            try:
                f.write(filebytes)
            finally:
                f.close()
        elif self.tempfile:
            if self.close_requested:
                os.link(self.tempfile,  filename)
                logger.debug(
                    "Removing temp file %s because "
                    "we will close",
                    self.tempfile)
                os.unlink(self.tempfile)
                self.tempfile = None
        else:
            # skip saving empty file
            raise NotImplementedError

        self.metadata['activity'] = self.get_bundle_id()
        self.save_page_number()

    def can_close(self):
        self.close_requested = True
        return True

    def joined_cb(self, also_self):
        """Callback for when a shared activity is joined.

        Get the shared document from another participant.
        """
        self.watch_for_tubes()
        gobject.idle_add(self.get_document)

    def get_document(self):
        if not self.want_document:
            return False

        # Assign a file path to download if one
        # doesn't exist yet
        if not self._jobject.file_path:
            path = os.path.join(self.get_activity_root(),
                'instance', 'tmp%i' % time.time())
        else:
```

241

```
            path = self._jobject.file_path

        # Pick an arbitrary tube we can try to download
        # the document from
        try:
            tube_id = self.unused_download_tubes.pop()
        except (ValueError, KeyError), e:
            logger.debug(
                'No tubes to get the document from '
                'right now: %s', e)
            return False

        # Avoid trying to download the document
        # multiple times at once
        self.want_document = False
        gobject.idle_add(self.download_document,
            tube_id, path)
        return False

    def download_document(self, tube_id, path):
        chan = self._shared_activity.telepathy_tubes_chan
        iface = chan[telepathy.CHANNEL_TYPE_TUBES]
        addr = iface.AcceptStreamTube(tube_id,
            telepathy.SOCKET_ADDRESS_TYPE_IPV4,
            telepathy.SOCKET_ACCESS_CONTROL_LOCALHOST,
            0,
            utf8_strings=True)
        logger.debug(
            'Accepted stream tube: '
            'listening address is %r',
            addr)
        assert isinstance(addr, dbus.Struct)
        assert len(addr) == 2
        assert isinstance(addr[0], str)
        assert isinstance(addr[1], (int, long))
        assert addr[1] > 0 and addr[1] < 65536
        port = int(addr[1])

        self.progressbar.show()
        getter = ReadURLDownloader(
            "http://%s:%d/document"
            % (addr[0], port))
        getter.connect("finished",
            self.download_result_cb, tube_id)
        getter.connect("progress",
            self.download_progress_cb, tube_id)
        getter.connect("error",
            self.download_error_cb, tube_id)
        logger.debug("Starting download to %s...", path)
        getter.start(path)
        self.download_content_length = \
            getter.get_content_length()
        self.download_content_type = \
            getter.get_content_type()
        return False

    def download_progress_cb(self, getter,
        bytes_downloaded, tube_id):
        if self.download_content_length > 0:
```

```
        logger.debug(
            "Downloaded %u of %u bytes from tube %u...",
            bytes_downloaded,
            self.download_content_length,
            tube_id)
    else:
        logger.debug(
            "Downloaded %u bytes from tube %u...",
            bytes_downloaded, tube_id)
    total = self.download_content_length
    self.set_downloaded_bytes(bytes_downloaded,
        total)
    gtk.gdk.threads_enter()
    while gtk.events_pending():
        gtk.main_iteration()
    gtk.gdk.threads_leave()

def set_downloaded_bytes(self, bytes,  total):
    fraction = float(bytes) / float(total)
    self.progressbar.set_fraction(fraction)
    logger.debug("Downloaded percent", fraction)

def clear_downloaded_bytes(self):
    self.progressbar.set_fraction(0.0)
    logger.debug("Cleared download bytes")

def download_error_cb(self, getter, err, tube_id):
    self.progressbar.hide()
    logger.debug(
        "Error getting document from tube %u: %s",
        tube_id, err)
    self.alert(_('Failure'),
        _('Error getting document from tube'))
    self.want_document = True
    self.download_content_length = 0
    self.download_content_type = None
    gobject.idle_add(self.get_document)

def download_result_cb(self, getter, tempfile,
    suggested_name, tube_id):
    if self.download_content_type.startswith(
        'text/html'):
        # got an error page instead
        self.download_error_cb(getter,
            'HTTP Error', tube_id)
        return

    del self.unused_download_tubes

    self.tempfile = tempfile
    file_path = os.path.join(
        self.get_activity_root(),
        'instance', '%i' % time.time())
    logger.debug(
        "Saving file %s to datastore...", file_path)
    os.link(tempfile, file_path)
    self._jobject.file_path = file_path
    datastore.write(self._jobject,
        transfer_ownership=True)
```

```
        logger.debug("Got document %s (%s) from tube %u",
            tempfile, suggested_name, tube_id)
        self.is_received_document = True
        self.read_file(tempfile)
        self.save()
        self.progressbar.hide()

    def shared_cb(self, activityid):
        """Callback when activity shared.

        Set up to share the document.

        """
        # We initiated this activity and have now
        # shared it, so by definition we have the file.
        logger.debug('Activity became shared')
        self.watch_for_tubes()
        self.share_document()

    def share_document(self):
        """Share the document."""
        h = hash(self._activity_id)
        port = 1024 + (h % 64511)
        logger.debug(
            'Starting HTTP server on port %d', port)
        self.fileserver = ReadHTTPServer(("", port),
            self.tempfile)

        # Make a tube for it
        chan = self._shared_activity.telepathy_tubes_chan
        iface = chan[telepathy.CHANNEL_TYPE_TUBES]
        self.fileserver_tube_id = iface.OfferStreamTube(
            READ_STREAM_SERVICE,
            {},
            telepathy.SOCKET_ADDRESS_TYPE_IPV4,
            ('127.0.0.1', dbus.UInt16(port)),
            telepathy.SOCKET_ACCESS_CONTROL_LOCALHOST, 0)

    def watch_for_tubes(self):
        """Watch for new tubes."""
        tubes_chan = \
            self._shared_activity.telepathy_tubes_chan

        tubes_chan[telepathy.CHANNEL_TYPE_TUBES].\
            connect_to_signal(
            'NewTube',
            self.new_tube_cb)
        tubes_chan[telepathy.CHANNEL_TYPE_TUBES].ListTubes(
            reply_handler=self.list_tubes_reply_cb,
            error_handler=self.list_tubes_error_cb)

    def new_tube_cb(self, tube_id, initiator, tube_type,
        service, params, state):
        """Callback when a new tube becomes available."""
        logger.debug(
            'New tube: ID=%d initator=%d type=%d service=%s '
            'params=%r state=%d', tube_id,
            initiator, tube_type,
```

```python
                    service, params, state)
        if service == READ_STREAM_SERVICE:
            logger.debug('I could download from that tube')
            self.unused_download_tubes.add(tube_id)
            # if no download is in progress, let's
            # fetch the document
            if self.want_document:
                gobject.idle_add(self.get_document)

    def list_tubes_reply_cb(self, tubes):
        """Callback when new tubes are available."""
        for tube_info in tubes:
            self.new_tube_cb(*tube_info)

    def list_tubes_error_cb(self, e):
        """Handle ListTubes error by logging."""
        logger.error('ListTubes() failed: %s', e)

    def alert(self, title, text=None):
        alert = NotifyAlert(timeout=20)
        alert.props.title = title
        alert.props.msg = text
        self.add_alert(alert)
        alert.connect('response', self.alert_cancel_cb)
        alert.show()

    def alert_cancel_cb(self, alert, response_id):
        self.remove_alert(alert)
        self.textview.grab_focus()
```

Así es como se ve si corro el código bajo **sugar-jhbuild**:

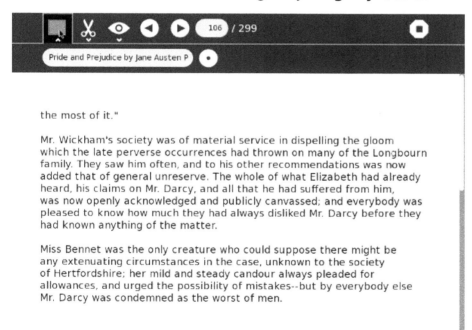

the most of it."

Mr. Wickham's society was of material service in dispelling the gloom which the late perverse occurrences had thrown on many of the Longbourn family. They saw him often, and to his other recommendations was now added that of general unreserve. The whole of what Elizabeth had already heard, his claims on Mr. Darcy, and all that he had suffered from him, was now openly acknowledged and publicly canvassed; and everybody was pleased to know how much they had always disliked Mr. Darcy before they had known anything of the matter.

Miss Bennet was the only creature who could suppose there might be any extenuating circumstances in the case, unknown to the society of Hertfordshire; her mild and steady candour always pleaded for allowances, and urged the possibility of mistakes--but by everybody else Mr. Darcy was condemned as the worst of men.

Miremos como funciona: si has prestado atención en los otros capítulos cuando mencionamos el concepto de "degradación elegante" ('degrading gracefully' en inglés), al efectuar los "imports", este código se comporta como se espera:

```
_NEW_TOOLBAR_SUPPORT = True
try:
    from sugar.graphics.toolbarbox import ToolbarBox
    from sugar.graphics.toolbarbox import ToolbarButton
    from sugar.activity.widgets import StopButton
    from toolbar import ViewToolbar
    from mybutton import MyActivityToolbarButton
except:
    _NEW_TOOLBAR_SUPPORT = False
    from toolbar import ReadToolbar,  ViewToolbar
```

Acá hemos tratado de importar una serie de cosas que sólo están en las versiones de Sugar que soportan las nuevas barras. Si tuvimos éxito, entonces _NEW_TOOLBAR_SUPPORT quedará con valor True (Verdadero), pero si alguno de los **imports** falló, la variable cambiará al valor False (Falso). Observen que un par de **imports** que siempre serán exitosos están colocados después de los tres que pueden llegar a fallar. Si alguno de los tres primeros falla no queremos que los otros dos ocurran.

El próximo bloque de código en el método **__init__()** no debe ser sorprendente:

```
        if _NEW_TOOLBAR_SUPPORT:
            self.create_new_toolbar()
        else:
            self.create_old_toolbar()
```

Incluí la creación de barras de herramientas adentro de los propios métodos de la barra, para que sea más claro como se crean los dos tipos diferentes de barras. El código de la barra del viejo estilo permanece sin cambios y éste es el código de la barra del nuevo tipo:

```
    def create_new_toolbar(self):
        toolbar_box = ToolbarBox()

        activity_button = MyActivityToolbarButton(self)
        toolbar_box.toolbar.insert(activity_button, 0)
        activity_button.show()

        self.edit_toolbar = activity.EditToolbar()
        self.edit_toolbar.undo.props.visible = False
        self.edit_toolbar.redo.props.visible = False
        self.edit_toolbar.separator.props.visible = False
        self.edit_toolbar.copy.set_sensitive(False)
        self.edit_toolbar.copy.connect('clicked',
            self.edit_toolbar_copy_cb)
        self.edit_toolbar.paste.props.visible = False

        edit_toolbar_button = ToolbarButton(
```

```
        page=self.edit_toolbar,
        icon_name='toolbar-edit')
    self.edit_toolbar.show()
    toolbar_box.toolbar.insert(edit_toolbar_button, -1)
    edit_toolbar_button.show()

    self.view_toolbar = ViewToolbar()
    self.view_toolbar.connect('go-fullscreen',
        self.view_toolbar_go_fullscreen_cb)
    self.view_toolbar.zoom_in.connect('clicked',
        self.zoom_in_cb)
    self.view_toolbar.zoom_out.connect('clicked',
        self.zoom_out_cb)
    self.view_toolbar.show()
    view_toolbar_button = ToolbarButton(
        page=self.view_toolbar,
        icon_name='toolbar-view')
    toolbar_box.toolbar.insert(
        view_toolbar_button, -1)
    view_toolbar_button.show()

    self.back = ToolButton('go-previous')
    self.back.set_tooltip(_('Back'))
    self.back.props.sensitive = False
    self.back.connect('clicked', self.go_back_cb)
    toolbar_box.toolbar.insert(self.back, -1)
    self.back.show()

    self.forward = ToolButton('go-next')
    self.forward.set_tooltip(_('Forward'))
    self.forward.props.sensitive = False
    self.forward.connect('clicked',
        self.go_forward_cb)
    toolbar_box.toolbar.insert(self.forward, -1)
    self.forward.show()

    num_page_item = gtk.ToolItem()
    self.num_page_entry = gtk.Entry()
    self.num_page_entry.set_text('0')
    self.num_page_entry.set_alignment(1)
    self.num_page_entry.connect('insert-text',
        self.__new_num_page_entry_insert_text_cb)
    self.num_page_entry.connect('activate',
        self.__new_num_page_entry_activate_cb)
    self.num_page_entry.set_width_chars(4)
    num_page_item.add(self.num_page_entry)
    self.num_page_entry.show()
    toolbar_box.toolbar.insert(num_page_item, -1)
    num_page_item.show()

    total_page_item = gtk.ToolItem()
    self.total_page_label = gtk.Label()

    label_attributes = pango.AttrList()
    label_attributes.insert(pango.AttrSize(
        14000, 0, -1))
    label_attributes.insert(pango.AttrForeground(
        65535, 65535, 65535, 0, -1))
    self.total_page_label.set_attributes(
```

```
            label_attributes)

        self.total_page_label.set_text(' / 0')
        total_page_item.add(self.total_page_label)
        self.total_page_label.show()
        toolbar_box.toolbar.insert(total_page_item, -1)
        total_page_item.show()

        separator = gtk.SeparatorToolItem()
        separator.props.draw = False
        separator.set_expand(True)
        toolbar_box.toolbar.insert(separator, -1)
        separator.show()

        stop_button = StopButton(self)
        stop_button.props.accelerator = '<Ctrl><Shift>Q'
        toolbar_box.toolbar.insert(stop_button, -1)
        stop_button.show()

        self.set_toolbar_box(toolbar_box)
        toolbar_box.show()

    def __new_num_page_entry_insert_text_cb(self, entry,
        text, length, position):
        if not re.match('[0-9]', text):
            entry.emit_stop_by_name('insert-text')
            return True
        return False

    def __new_num_page_entry_activate_cb(self, entry):
        global page
        if entry.props.text:
            new_page = int(entry.props.text) - 1
        else:
            new_page = 0

        if new_page >= self.total_pages:
            new_page = self.total_pages - 1
        elif new_page < 0:
            new_page = 0

        self.current_page = new_page
        self.set_current_page(new_page)
        self.show_page(new_page)
        entry.props.text = str(new_page + 1)
        self.update_nav_buttons()
        page = new_page

    def update_nav_buttons(self):
        current_page = self.current_page
        self.back.props.sensitive = current_page > 0
        self.forward.props.sensitive = \
            current_page < self.total_pages - 1

        self.num_page_entry.props.text = str(
            current_page + 1)
        self.total_page_label.props.label = \
            ' / ' + str(self.total_pages)
```

```
def set_total_pages(self, pages):
    self.total_pages = pages

def set_current_page(self, page):
    self.current_page = page
    self.update_nav_buttons()
```

Comparando los dos métodos vemos que gran parte del código es el mismo. En particular, las barras de herramientass Vista (View) y Editar (Edit) son exactamente iguales a las anteriores, pero en vez de convertirse en la barra de herramientas activa, se despliegan debajo de la del nuevo estilo. Si hubiéramos hecho la barra de herramientas "Read" de la misma manera, hubiéramos implementado las barras antiguas y nuevas con muy poco código. Sin embargo, la barra "Read" contiene los controles de lectura, específicos de la Actividad y deben por su importancia estar disponibles en todo momento en la barra principal. Por esto es que cada vez que el código se refiere a la barra "Read" tiene que tener dos formas de acción alternativas:

```
if _NEW_TOOLBAR_SUPPORT:
    self.set_total_pages(pagecount + 1)
    self.set_current_page(page)
else:
    self.read_toolbar.set_total_pages(
        pagecount + 1)
    self.read_toolbar.set_current_page(page)
```

Hay otra cosa importante de resaltar sobre la barra principal de herramientas. Cuando se tiene una barra del viejo tipo, el botón de Detener (**StopButton**) queda por defecto en la Barra de Actividad, pero si tenemos soporte para barras nuevas, debemos agregar este botón a la barra principal.

```
separator = gtk.SeparatorToolItem()
separator.props.draw = False
separator.set_expand(True)
toolbar_box.toolbar.insert(separator, -1)
separator.show()

stop_button = StopButton(self)
stop_button.props.accelerator = '<Ctrl><Shift>Q'
toolbar_box.toolbar.insert(stop_button, -1)
stop_button.show()
```

Observen que deben poner en **gtk.SeparatorToolItem** el valor True para **set_expand()** antes de poner el **StopButton**. Con esto se consigue que el botón se forme en el extremo derecho de la barra que es donde debe estar.

Sólo nos queda discutir la **Barra de Actividad:**

```
toolbar_box = ToolbarBox()

activity_button = MyActivityToolbarButton(self)
toolbar_box.toolbar.insert(activity_button, 0)
```

```
    activity_button.show()
```

En condiciones normales usaríamos la clase **ActivityToolbarButton** para crear la **Barra de Actividad** que se desplega por defecto. El problema es que en este caso no tengo manera de ocultar los botones **Keep** (Guardar) y **Share** (Compartir). Esta versión de la Actividad utiliza el control de Compartir pero no tiene uso para el botón Guardar.

El botón **Keep** ha generado intensas polémicas en las listas de correo. Nuevos usuarios de computadoras no saben para que usarlo y usuarios experientes pretenden que sea idéntico a un **Save Game** (Guardar Juego) o a la opción **Save As** (Guardar Como) en un menú habitual. Keep no es una cosa ni otra y puede llevar a confusiones. Por estas razones decidí que ninguna de mis actividades tengan este botón visible. Para esconder el botón copié un tramo del código original de la **ActivityToolbarButton** en un archivo llamado mybutton.py:

```python
import gtk
import gconf

from sugar.graphics.toolbarbox import ToolbarButton
from sugar.activity.widgets import ActivityToolbar
from sugar.graphics.xocolor import XoColor
from sugar.graphics.icon import Icon
from sugar.bundle.activitybundle import ActivityBundle

def _create_activity_icon(metadata):
    if metadata.get('icon-color', ''):
        color = XoColor(metadata['icon-color'])
    else:
        client = gconf.client_get_default()
        color = XoColor(client.get_string(
            '/desktop/sugar/user/color'))

    from sugar.activity.activity import get_bundle_path
    bundle = ActivityBundle(get_bundle_path())
    icon = Icon(file=bundle.get_icon(), xo_color=color)

    return icon

class MyActivityToolbarButton(ToolbarButton):

    def __init__(self, activity, **kwargs):
        toolbar = ActivityToolbar(activity,
            orientation_left=True)
        toolbar.stop.hide()
        toolbar.keep.hide()

        ToolbarButton.__init__(self, page=toolbar,
            **kwargs)

        icon = _create_activity_icon(activity.metadata)
        self.set_icon_widget(icon)
        icon.show()
```

La línea en **negrita** es la única diferencia entre el código orignal y este. Si la barra de herramientas hubiera sido sólo la instancia de una variable (**self.toolbar**) podría haber usado la clase original. [1]

1. Traducido Ana Cichero, Uruguay[^]

Apéndice

20. ¿Cómo seguimos ahora?

Este libro intenta darle al programador principiante la información necesaria para desarrollar y publicar su propia Actividad Sugar. Ya contiene varios enlaces a sitios web conteniendo información sobre los temas que el libro no cubre. En este capítulo todavía agregaremos más recursos que pensamos serán útiles a cualquier desarrollador Sugar.

Libro de Peter Gill sobre PyGTK

Mucho del trabajo para desarrollar tus Actividades involucra PyGTK. Peter Gill trabaja en un libro que cubre el tema en gran detalle. Este libro está descargable desde acá:

http://www.majorsilence.com/PyGTK_Book

Manual de bolsillo de OLPC Austria.

Este libro es el primer intento de crear un manual que sirva para crear Actividades Sugar. Está dirigido a programadores con experiencia y cubre temas en los que no hemos entrado, como por ejemplo escribir Actividades en lenguajes distintos de Python. El libro fue escrito en 2008 y aunque tiene cosas caducas es una excelente fuente de información. Los autores son Christoph Derndorfer y Daniel Jahre.

http://wiki.sugarlabs.org/images/5/51/Activity_Handbook_200805_online.pdf

http://www.olpcaustria.org

El Almanaque de Sugar

Esta es una serie de artículos Wiki que cubren las **API** (Interfaz de Programación de Aplicaciones) de Sugar. Es una fuente muy buena de información actualizada a la que personalmente acudo de forma frecuente.

http://wiki.sugarlabs.org/go/Development_Team/Almanac

Listas de Correo de Sugar Labs

Sugar Labs tiene varias listas de correo a las que vale la pena suscribirse. Personalmente sigo **IAEP** (**It's An Education Project**) y la lista **Sugar-Devel**. Sugar-Devel es un buen lugar para preguntar sobre el desarrollo de Actividades Sugar y para aprender acerca de los últimos trabajos hechos sobre Sugar mismo. IAEP es un buen lugar para obtener ideas qué tipo de Actividades quieren maestros y estudiantes así como para obtener feedback /retroalimentación) sobre tus propias Actividades. Cualquiera puede suscribirse desde este link.

http://lists.sugarlabs.org/

PyDoc

PyDoc es un visor de documentación generada desde las librerías Python en tu computadora, incluyendo las librerías de Sugar. Para ejecutarlo debes correr este comando desde una terminal:

```
pydoc -p 1234
```

Este comando no va a terminar de ejecutarse. Levanta una especie de servidor web en tu sistema usando como número de puerto 1234. Puedes acceder a este sitio desde **http://localhost:1234**. No hay nada mágico respecto del número 1234, se puede usar cualquier otro número en su lugar.

Este sitio te deja seguir links a la documentación en todas las librerías Python que tengas instaladas. Cuando termines de revisar la documentación, puedes parar el comando pydoc regresando a la terminal y apretar Ctrl-C (mantener Ctrl apretado y entonces apretar tecla "c").

21. Acerca de los autores

James Simmons

James Simmons programó profesionalmente desde 1978. En ese entonces los programas de computadora se creaban perforando agujeros en tarjetas, el medio de almacenamiento más frecuente eran los rollos de cinta, y los discos duros eran tan caros y exóticos, que un disco que hoy se llenaría con una linda foto de Jessica Alba se consideraba suficiente para respaldar completamente el inventario completo de una empresa Fortune 500. [1]

La industria ha recorrido un extenso camino desde entonces y también lo ha hecho James, en su medida.

James aprendió a programar en el Colegio Comunitario Oakton en Morton Grove Illinois y luego en la Universidad de Western Illinois en Macomb Illinois. En aquellos tiempos, la mejor oportunidad de empleo para un joven era convertirse en contable o en programador de computadoras. Mientras estaba en el Colegio James vió un corto de Monty Python sobre un contable que deseaba ser domador de leones. Esto convenció a James que debía convertirse en programador.

Los estudios de James en la universidad tuvieron un comienzo duro porque se apuntó, como primer materia de computación, en "Lenguaje Ensamblador Básico", pensando que básico implicaba que era un lenguaje para principiantes. El lenguaje era básico desde el punto de vista de la máquina, pero no lo era para los estudiantes. James apenas salvó el curso con "D" (calificación mínima) pero en el proceso descubrió que realmente disfrutaba programar computadoras y decidió continuar sus estudios en computación y obtuvo su grado de bachiller en Ciencias de la Información.

James nació en 1956, el año anterior al lanzamiento del Sputnik. Era lo que hoy llamamos un nerd. Sus pasatiempos eran los mecanos, los juegos de química, los microscopios, los kits para disección, el aeromodelismo, modelos de autos y cohetes, equipos de radioaficionados, tratar de hacer cine y escribir historias de ciencia ficción. No tuvo mayor éxito en ninguna de estas actividades.

James participó en la primer promoción G1G1 (Give One Get One) del proyecto OLPC (One Laptop Per Child) y comenzó a desarrollar Actividades para la plataforma Sugar inmediatamente después. Es autor de las Actividades **Read Etexts**, **View Slides**, **Sugar Commander** y **Get Internet Archive Books**. [2]

Oceana Rain Fields

Oceana Rain Fields - Oceana Rain Fields es artista visual y un espíritu creativo con gusto por lo inesperado y el deseo de apoyar causas justas y nobles con su arte. Se graduó en 2010 del liceo Pacific High School ganando varias becas notables. En el mismo año su pintura "Malaria" resultó primera en la competencia de arte "Visión 2010" en el Coos Art Museum en Coos Bay, Oregon. Oceana planea continuar su educación en el Southwestern Oregon Community College.

Oceana es responsable del diseño de la tapa de la versión impresa de este libro. Como parte del Rural Design Collective, también creó la tapa e ilustraciones interiores de otro manual FLOSS: "**An E-Book Revolution: Reading and Leading with One Laptop Per Child**"

El equipo de traducción al español

En Marzo del 2011, Ana Cichero inicia voluntariamente la traducción al español. Es docente de matemática en Uruguay donde Sugar se dió a conocer a través de Plan Ceibal. Al llegar el mes de Abril le falta la mitad del trabajo y quiere darse por vencida. En Mayo, organizado por ceibaljam.org, se realiza un encuentro de desarrolladores Sugar en Montevideo (Edujam) y entonces -gracias a la iniciativa de Sebastián Silva, Vladimir Castro, Rafael Ortiz y Gonzalo Odiard, desarrolladores Sugar que llegan de Perú, Bolivia, Colombia y Argentina respectivamente-, se decide formar un equipo para terminar colectivamente el trabajo. El equipo myosa-es trabaja sobre Booki Flossmanuals. A los nombrados se agregan otros tres habituales de las comunidades de desarrollo locales Fernando Cormenzana, Alan Aguiar y Juan Michelini. Por último llega el aporte fundamental de Olga Mattos, que además de editar cuidadosamente el libro entero, trajo, desde el voluntariado de IBM que integra, a Santiago Zito que se agrega al equipo traductor. Todos estos, sumados a Edward Cherlin, que apoya la iniciativa desde el vamos y el mismo James Simmons comparten unas 4 semanas de trabajo e innumerables correos hasta lograr publicar el libro en español en Junio del 2011 bajo el nombre de CHUAS o Como Hacer Una Actividad Sugar.

3

256

1. NT: Jessica Alba es una actríz adolescente estadounidense y Fortune 500 el índice anual de las 500 empresas más grandes del mundo según la revista estadounidense Fortune⌃
2. NT Give One Get One se traduce como Entrega Una Recibe Una y refiere al primer programa de donaciones donde OLPC vendía a través de Amazon las laptops XO sólo de a dos, una para el comprador y otra para algún niño del mundo. Las Actividades realizadas por Simmons son descargables desde http://activities.sugarlabs.org⌃
3. Traducido Ana Cichero, Uruguay⌃

22. Licencia

Todos los capítulos son propiedad literaria (copyright) de los autores (ver debajo). Salvo que se indique lo contrario, todos los capítulos en este manual tienen la licencia **GNU General Public License versión 2** . El texto de la licencia se incluye debajo seguida de una traducción no oficial de la misma.

Esta documentación es documentación libre, usted puede distribuirla y/o modificarla bajo los términos de la licencia pública GNU General Public License tal como fue publicada por la fundación de software libre Free Software Foundation, tanto para la versión 2 de la licencia ó (a su opción) cualquier versión posterior.

Esta documentación se distribuye con la esperanza de que sea útil, pero SIN NINGUNA GARANTÍA, sin siquiera la garantía implícita de COMERCIALIZACIÓN o ADECUACIÓN A UN PROPÓSITO PARTICULAR. Ver la licencia pública GNU General Public License por mayores detalles.

Usted debe haber recibido junto con esta documentación una copia de la licencia pública GNU General Public License, si no, escriba a la fundación Free Software Foundation, Inc., 51 Franklin Street, Fifth Floor, Boston, MA 02110-1301, USA.

Reconocimientos

Muchas personas contribuyeron a este libro además de los autores listados. Ellos ofrecieron asesoramiento, soporte técnico, correcciones y mucho código. Si intentara listar todos sus nombres puedo olvidar a alguien, por lo tanto déjenme sólo agradecer a todos los miembros de la lista de distribución de Sugar-Devel.

La cubierta de la versión impresa Copyright (C) 2010 por Oceana Rain Fields.

La traducción al español tiene por autor al equipo myosa-es en manuales@ceibaljam.org

Autores

INTRODUCCIÓN
© James Simmons 2009, 2010
(ɔ)myosa-es Ana Cichero 2011

¿QUÉ ES SUGAR?
© James Simmons 2009, 2010
(ɔ)myosa-es Ana Cichero 2011

¿QUÉ ES UNA ACTIVIDAD SUGAR?
© James Simmons 2009, 2010
(ɔ)myosa-es Ana Cichero 2011

¿QUÉ TENGO QUE SABER PARA HACER UNA ACTIVIDAD SUGAR?
© James Simmons 2009, 2010
(ɔ)myosa-es Ana Cichero 2011

INSTALAR EL ENTORNO DE DESARROLLO
© James Simmons 2009, 2010
(ɔ)myosa-es Ana Cichero 2011

CREAR TU PRIMER ACTIVIDAD
© James Simmons 2009
(ɔ)myosa-es Ana Cichero 2011

UN PROGRAMA PYTHON AUTÓNOMO PARA LEER ETEXTS
© James Simmons 2009, 2010
(ɔ)myosa-es Santiago Zito 2011

HEREDAR DESDE SUGAR.ACTIVITY.ACTIVITY
© James Simmons 2009, 2010
(ɔ)myosa-es Juan Michelini 2011

EMPAQUETAR TU ACTIVIDAD
© James Simmons 2009, 2010
(ɔ)myosa-es Ana Cichero 2011

AGREGAR DETALLES
© James Simmons 2009, 2010
(ɔ)myosa-es Ana Cichero 2011

AÑADIR TUS FUENTES AL CONTROL DE VERSIONES
© James Simmons 2010
(ɔ)myosa-es Sebastián Silva, Laura Vargas 2011

INTERNACIONALIZARSE CON POOTLE
© James Simmons 2010
(ɔ)myosa-es Gonzalo Odiard 2011

DISTRIBUIR TU ACTIVIDAD
© James Simmons 2010
(ɔ)myosa-es Alan Aguiar 2011

DEPURAR ACTIVIDADES SUGAR

HACER ACTIVIDADES COMPARTIDAS

AGREGAR TEXTO HABLADO

JUGAR CON EL JOURNAL

CONSTRUIR ACTIVIDADES CON PYGAME

HACER NUEVAS BARRAS DE HERRAMIENTAS

¿CÓMO SEGUIMOS AHORA?

ACERCA DE LOS AUTORES

CRÉDITOS

 FLOSS MANUALS

Free manuals for free software - Manuales libres para software libre.

Licencia pública general

Versión 2, junio 1991

Todo el mundo tiene permitido copiar y distribuir copias idénticas de este documento de licencia, pero no está permitido cambiarlo.

General Public License

Version 2, June 1991

Copyright (C) 1989, 1991 Free Software Foundation, Inc.
51 Franklin Street, Fifth Floor, Boston, MA 02110-1301, USA

Preamble

The licenses for most software are designed to take away your freedom to share and change it. By contrast, the GNU General Public License is intended to guarantee your freedom to share and change free software-- to make sure the software is free for all its users. This General Public License applies to most of the Free Software Foundation's software and to any other program whose authors commit to using it. (Some other Free Software Foundation software is covered by the GNU Lesser General Public License instead.) You can apply it to your programs, too.

When we speak of free software, we are referring to freedom, not price. Our General Public Licenses are designed to make sure that you have the freedom to distribute copies of free software (and charge for this service if you wish), that you receive source code or can get it if you want it, that you can change the software or use pieces of it in new free programs; and that you know you can do these things.

To protect your rights, we need to make restrictions that forbid anyone to deny you these rights or to ask you to surrender the rights. These restrictions translate to certain responsibilities for you if you distribute copies of the software, or if you modify it.

For example, if you distribute copies of such a program, whether gratis or for a fee, you must give the recipients all the rights that you have. You must make sure that they, too, receive or can get the source code. And you must show them these terms so they know their rights.

We protect your rights with two steps: (1) copyright the software, and (2) offer you this license which gives you legal permission to copy, distribute and/or modify the software.

Also, for each author's protection and ours, we want to make certain that everyone understands that there is no warranty for this free software. If the software is modified by someone else and passed on, we want its recipients to know that what they have is not the original, so that any problems introduced by others will not reflect on the original authors' reputations.

Finally, any free program is threatened constantly by software patents. We wish to avoid the danger that redistributors of a free program will individually obtain patent licenses, in effect making the program proprietary. To prevent this, we have made it clear that any patent must be licensed for everyone's free use or not licensed at all.

The precise terms and conditions for copying, distribution and modification follow.

TERMS AND CONDITIONS FOR COPYING, DISTRIBUTION AND MODIFICATION

0. This License applies to any program or other work which contains a notice placed by the copyright holder saying it may be distributed under the terms of this General Public License. The "Program", below, refers to any such program or work, and a "work based on the Program" means either the Program or any derivative work under copyright law: that is to say, a work containing the Program or a portion of it, either verbatim or with modifications and/or translated into another language. (Hereinafter, translation is included without limitation in the term "modification".) Each licensee is addressed as "you".

Activities other than copying, distribution and modification are not covered by this License; they are outside its scope. The act of running the Program is not restricted, and the output from the Program is covered only if its contents constitute a work based on the Program (independent of having been made by running the Program). Whether that is true depends on what the Program does.

1. You may copy and distribute verbatim copies of the Program's source code as you receive it, in any medium, provided that you conspicuously and appropriately publish on each copy an appropriate copyright notice and disclaimer of warranty; keep intact all the notices that refer to this License and to the absence of any warranty; and give any other recipients of the Program a copy of this License along with the Program.

You may charge a fee for the physical act of transferring a copy, and you may at your option offer warranty protection in exchange for a fee.

2. You may modify your copy or copies of the Program or any portion of it, thus forming a work based on the Program, and copy and distribute such modifications or work under the terms of Section 1 above, provided that you also meet all of these conditions:

a) You must cause the modified files to carry prominent notices stating that you changed the files and the date of any change.

b) You must cause any work that you distribute or publish, that in whole or in part contains or is derived from the Program or any part thereof, to be licensed as a whole at no charge to all third parties under the terms of this License.

c) If the modified program normally reads commands interactively when run, you must cause it, when started running for such interactive use in the most ordinary way, to print or display an announcement including an appropriate copyright notice and a notice that there is no warranty (or else, saying that you provide a warranty) and that users may redistribute the program under these conditions, and telling the user how to view a copy of this License. (Exception: if the Program itself is interactive but does not normally print such an announcement, your work based on the Program is not required to print an announcement.)

These requirements apply to the modified work as a whole. If identifiable sections of that work are not derived from the Program, and can be reasonably considered independent and separate works in themselves, then this License, and its terms, do not apply to those sections when you distribute them as separate works. But when you distribute the same sections as part of a whole which is a work based on the Program, the distribution of the whole must be on the terms of this License, whose permissions for other licensees extend to the entire whole, and thus to each and every part regardless of who wrote it.

Thus, it is not the intent of this section to claim rights or contest your rights to work written entirely by you; rather, the intent is to exercise the right to control the distribution of derivative or collective works based on the Program.

In addition, mere aggregation of another work not based on the Program with the Program (or with a work based on the Program) on a volume of a storage or distribution medium does not bring the other work under the scope of this License.

3. You may copy and distribute the Program (or a work based on it, under Section 2) in object code or executable form under the terms of Sections 1 and 2 above provided that you also do one of the following:

a) Accompany it with the complete corresponding machine-readable source code, which must be distributed under the terms of Sections 1 and 2 above on a medium customarily used for software interchange; or,

b) Accompany it with a written offer, valid for at least three years, to give any third party, for a charge no more than your cost of physically performing source distribution, a complete machine-readable copy of the corresponding source code, to be distributed under the terms of Sections 1 and 2 above on a medium customarily used for software interchange; or,

c) Accompany it with the information you received as to the offer to distribute corresponding source code. (This alternative is allowed only for noncommercial distribution and only if you received the program in object code or executable form with such an offer, in accord with Subsection b above.)

The source code for a work means the preferred form of the work for making modifications to it. For an executable work, complete source code means all the source code for all modules it contains, plus any associated interface definition files, plus the scripts used to control compilation and installation of the executable. However, as a special exception, the source code distributed need not include anything that is normally distributed (in either source or binary form) with the major components (compiler, kernel, and so on) of the operating system on which the executable runs, unless that component itself accompanies the executable.

If distribution of executable or object code is made by offering access to copy from a designated place, then offering equivalent access to copy the source code from the same place counts as distribution of the source code, even though third parties are not compelled to copy the source along with the object code.

4. You may not copy, modify, sublicense, or distribute the Program except as expressly provided under this License. Any attempt otherwise to copy, modify, sublicense or distribute the Program is void, and will automatically terminate your rights under this License. However, parties who have received copies, or rights, from you under this License will not have their licenses terminated so long as such parties remain in full compliance.

5. You are not required to accept this License, since you have not signed it. However, nothing else grants you permission to modify or distribute the Program or its derivative works. These actions are prohibited by law if you do not accept this License. Therefore, by modifying or distributing the Program (or any work based on the Program), you indicate your acceptance of this License to do so, and all its terms and conditions for copying, distributing or modifying the Program or works based on it.

6. Each time you redistribute the Program (or any work based on the Program), the recipient automatically receives a license from the original licensor to copy, distribute or modify the Program subject to these terms and conditions. You may not impose any further restrictions on the recipients' exercise of the rights granted herein. You are not responsible for enforcing compliance by third parties to this License.

7. If, as a consequence of a court judgment or allegation of patent infringement or for any other reason (not limited to patent issues), conditions are imposed on you (whether by court order, agreement or otherwise) that contradict the conditions of this License, they do not excuse you from the conditions of this License. If you cannot distribute so as to satisfy simultaneously your obligations under this License and any other pertinent obligations, then as a consequence you may not distribute the Program at all. For example, if a patent license would not permit royalty-free redistribution of the Program by all those who receive copies directly or indirectly through you, then the only way you could satisfy both it and this License would be to refrain entirely from distribution of the Program.

If any portion of this section is held invalid or unenforceable under any particular circumstance, the balance of the section is intended to apply and the section as a whole is intended to apply in other circumstances.

It is not the purpose of this section to induce you to infringe any patents or other property right claims or to contest validity of any such claims; this section has the sole purpose of protecting the integrity of the free software distribution system, which is implemented by public license practices. Many people have made generous contributions to the wide range of software distributed through that system in reliance on consistent application of that system; it is up to the author/donor to decide if he or she is willing to distribute software through any other system and a licensee cannot impose that choice.

This section is intended to make thoroughly clear what is believed to be a consequence of the rest of this License.

8. If the distribution and/or use of the Program is restricted in certain countries either by patents or by copyrighted interfaces, the original copyright holder who places the Program under this License may add an explicit geographical distribution limitation excluding those countries, so that distribution is permitted only in or among countries not thus excluded. In such case, this License incorporates the limitation as if written in the body of this License.

9. The Free Software Foundation may publish revised and/or new versions of the General Public License from time to time. Such new versions will be similar in spirit to the present version, but may differ in detail to address new problems or concerns.

Each version is given a distinguishing version number. If the Program specifies a version number of this License which applies to it and "any later version", you have the option of following the terms and conditions either of that version or of any later version published by the Free Software Foundation. If the Program does not specify a version number of this License, you may choose any version ever published by the Free Software Foundation.

10. If you wish to incorporate parts of the Program into other free programs whose distribution conditions are different, write to the author to ask for permission. For software which is copyrighted by the Free Software Foundation, write to the Free Software Foundation; we sometimes make exceptions for this. Our decision will be guided by the two goals of preserving the free status of all derivatives of our free software and of promoting the sharing and reuse of software generally.

NO WARRANTY

11. BECAUSE THE PROGRAM IS LICENSED FREE OF CHARGE, THERE IS NO WARRANTY FOR THE PROGRAM, TO THE EXTENT PERMITTED BY APPLICABLE LAW. EXCEPT WHEN OTHERWISE STATED IN WRITING THE COPYRIGHT HOLDERS AND/OR OTHER PARTIES PROVIDE THE PROGRAM "AS IS" WITHOUT WARRANTY OF ANY KIND, EITHER EXPRESSED OR IMPLIED, INCLUDING, BUT NOT LIMITED TO, THE IMPLIED WARRANTIES OF MERCHANTABILITY AND FITNESS FOR A PARTICULAR PURPOSE. THE ENTIRE RISK AS TO THE QUALITY AND PERFORMANCE OF THE PROGRAM IS WITH YOU. SHOULD THE PROGRAM PROVE DEFECTIVE, YOU ASSUME THE COST OF ALL NECESSARY SERVICING, REPAIR OR CORRECTION.

12. IN NO EVENT UNLESS REQUIRED BY APPLICABLE LAW OR AGREED TO IN WRITING WILL ANY COPYRIGHT HOLDER, OR ANY OTHER PARTY WHO MAY MODIFY AND/OR REDISTRIBUTE THE PROGRAM AS PERMITTED ABOVE, BE LIABLE TO YOU FOR DAMAGES, INCLUDING ANY GENERAL, SPECIAL, INCIDENTAL OR CONSEQUENTIAL DAMAGES ARISING OUT OF THE USE OR INABILITY TO USE THE PROGRAM (INCLUDING BUT NOT LIMITED TO LOSS OF DATA OR DATA BEING RENDERED INACCURATE OR LOSSES SUSTAINED BY YOU OR THIRD PARTIES OR A FAILURE OF THE PROGRAM TO OPERATE WITH ANY OTHER PROGRAMS), EVEN IF SUCH HOLDER OR OTHER PARTY HAS BEEN ADVISED OF THE POSSIBILITY OF SUCH DAMAGES.

END OF TERMS AND CONDITIONS

Licencia Pública GNU

Versión 2, Junio de 1991.

Traducción no oficial de la abogada mexicana Palmira Granados.

NOTA IMPORTANTE: Esta es una traducción no oficial al español de la GNU General Public License. No ha sido publicada por la Free Software Foundation, y no establece legalmente las condiciones de distribución para el software que usa la GNU GPL. Estas condiciones se establecen solamente por el texto original, en inglés, de la GNU GPL. Sin embargo, esperamos que esta traducción ayude a los hispanoparlantes a entender mejor la GNU GPL.

Preámbulo

Las licencias de la mayoría de los programas de cómputo están diseñadas para coartar la libertad de compartirlos y cambiarlos. Por el contrario, la Licencia Pública General GNU pretende garantizar esa libertad de compartir y cambiar Software Libre a fin de asegurar que el software sea libre para todos sus usuarios. Esta Licencia Pública General se aplica a la mayor parte del software de la Free Software Foundation y a cualquier otro programa cuyos autores se comprometan a usarla. (Algunos otros paquetes de software de la Free Software Foundation están protegidos bajo la Licencia Pública General de Librería GNU.) Esta última licencia también puede aplicarse a nuevos paquetes de software.

Cuando se hable de Software Libre, se hace referencia a libertad, no a precio. Las Licencias Públicas Generales GNU están diseñadas para asegurar que el usuario tenga libertad de distribuir copias de Software Libre (y de recibir una remuneración por este servicio, si así se desea), que ese mismo usuario reciba el código fuente o que tenga la posibilidad de recibirlo, si así lo desea, que pueda cambiar o modificar el software o utilice sólo partes del mismo en nuevos paquetes de Software Libre; y que dicho usuario tenga pleno conocimiento de estas facultades.

Con la finalidad de proteger los derechos antes mencionados, es necesario establecer restricciones que prohíban a cualquiera negar esos derechos o pedir la renuncia a los mismos. Estas restricciones se traducen en ciertas responsabilidades para el usuario que distribuye o modifica copias de software protegido bajo estas licencias.

Por ejemplo, si una persona distribuye copias de un paquete de Software Libre protegido bajo esta licencia, ya sea de manera gratuita o a cambio de una contraprestación, esa persona debe dar a los receptores de esa distribución todos y cada uno de los derechos que él o ella misma tenga. Asimismo, esa persona debe asegurarse que dichos receptores reciban o tengan la posibilidad de recibir el código fuente. De igual manera, debe mostrarles esta licencia a fin de que tengan conocimiento de los derechos de los que son titulares.

La protección que otorga la presente licencia se hace de dos maneras simultáneas: (1) se otorga protección al software bajo la ley de copyright, y (2) se ofrece la protección bajo esta licencia, la cual otorga permiso legal para copiar, distribuir y/o modificar el software.

Asimismo, a fin de proteger a cada uno de los autores y a los creadores mismos de esta licencia, es importante hacer notar y que todos entiendan que no existe ninguna garantía de cualquier paquete de Software Libre por la cual se deba responder. Esto es, si el software es modificado por alguna persona distinta del autor y distribuido con esas modificaciones, los receptores de esa distribución deben saber que lo que han recibido no es la obra original, y que por lo tanto, cualquier problema surgido de las modificaciones no se reflejará en la reputación del autor original.

Finalmente, cualquier programa de Software Libre es amenazado por patentes de Software. Esta licencia tiene la finalidad de evitar el peligro que representa que los redistribuidores de programas de Software Libre obtengan individualmente licencias de patentes, haciendo de esta forma, programas de Software Propietario. Para lograr esto, queda totalmente claro que cualquier patente debe otorgar licencias que permitan el uso libre del programa para todos o no otorgar licencia alguna.

Los términos y condiciones específicos para copiar, distribuir o modificar son los siguientes:

TÉRMINOS Y CONDICIONES PARA LA COPIA, DISTRIBUCIÓN Y MODIFICACIÓN

0.Esta licencia se aplica a cualquier programa u otra obra que contenga un aviso puesto por el titular de los derechos de autor en el que se establezca que el mismo puede ser distribuido bajo los términos de esta Licencia Pública General. El "Programa" se refiere a cualquier programa u obra, y "Obra basada en el Programa" se refiere por su parte, a, ya sea al "Programa" mismo a cualquier obra derivada del mismo según la ley de Derechos de Autor; esto es, una obra que contenga el "Programa" o una porción del mismo, ya sea que esta porción sea exactamente igual o modificada y/o traducida a otro idioma. (En adelante, una traducción se considerará de manera enunciativa, mas no limitativa, como una "modificación".)

Actividades distintas de copiar o distribuir no son abarcadas por esta licencia; están fuera de su alcance. El acto de correr el "Programa" no está restringido, y el producto que resulte del "Programa" está protegido sólo si su contenido constituye una "obra basada en el Programa" (independientemente de haber sido creado por el "Programa" que corre.) El que esto ocurra de esa manera depende de lo que el "Programa" haga.

1.Está permitido copiar y distribuir por cualquier medio copias fieles del código fuente del "Programa" tal y como fue recibido, siempre y cuando se publique en cada copia, de manera conspicua y apropiada, el aviso apropiado de derechos de autor y la renuncia a responder por la garantía correspondiente al "Programa", se mantengan intactos los avisos referentes a esta licencia y a la respectiva ausencia de cualquier garantía; y se entregue a los receptores del "Programa" una copia de esta licencia.

Exigir una remuneración por el acto físico de transferir una copia está permitido; asimismo, también está permitido ofrecer una garantía a cambio de una contraprestación.

2.Está permitido modificar la copia o copias del "Programa" o cualquier parte del mismo, creando de esta forma, una "Obra basada en el Programa." Asimismo, está permitido copiar y distribuir las modificaciones antes mencionadas o la obra misma bajo los términos de la Sección 1 mencionada anteriormente, y siempre y cuando se cumplan de igual manera las condiciones siguientes:

·**a)**Colocación de avisos, en la obra misma y por parte de quien realiza las modificaciones, en los que se informe que los archivos fueron modificados y la fecha de esas modificaciones.

·**b)** Otorgamiento de una licencia bajo los términos establecidos en esta Licencia Pública General que abarque la obra en su totalidad y sin cargo a terceras personas para el caso en el que se distribuya o publique una obra que contenga todo o parte del "Programa" o que constituya una obra derivada del mismo.

·c) Si el programa modificado normalmente lee comandos de manera interactiva cuando corre, cuando empiece a correr con dicho propósito interactivo, es necesario que aparezca un aviso que incluya la leyenda de derechos de autor correspondiente, así como la ausencia de responsabilidad por la garantía. Asimismo, dicho aviso deberá establecer que los usuarios de dicho programa tienen autorización para redistribuirlo bajo las mismas condiciones en las que les fue distribuido y les deberá informar cómo podrán tener acceso a una copia de esta licencia. (La excepción a esta condición tiene lugar cuando se trata de una "Obra basada en un Programa" que es en sí mismo interactivo, pero no envía normalmente un aviso.)

Las condiciones antes mencionadas se aplican a las obras modificadas como un todo. En el caso en el que las secciones de dicha obra que no se deriven del "Programa" sean identificables y razonablemente independientes y puedan separarse entre ellas, esta licencia y sus términos no se aplicarán a dichas secciones cuando éstas sean distribuidas como obras separadas. Sin embargo, cuando esas mismas secciones se distribuyan como parte de la "Obra basada en el Programa", dicha distribución deberá hacerse de acuerdo a los términos de esta licencia, cuyas autorizaciones para otros licenciatarios tendrán los mismos alcances, sin importar qué parte creó quién.

Por medio de esta sección no se pretende exigir derechos o impugnar los derechos originados de una obra creada en su totalidad por otra persona, sino más bien se tiene como finalidad ejercer el derecho de controlar la distribución de obras derivadas o colectivas basadas en el "Programa".

Asimismo, la sola inclusión de otra obra que no se base en el "Programa" aunada al "Programa" (o a una "Obra basada en el Programa") dentro de un medio de almacenamiento o distribución no provoca que dicha obra deba regirse por esta licencia.

3.Copiar y distribuir el "Programa" (o una "Obra basada en el Programa" de acuerdo a la sección 2), bajo los términos de las secciones 1 y 2 mencionadas anteriormente, ya sea en código objeto o en su forma ejecutable está permitido, siempre y cuando dicho "Programa" se acompañe también por cualquiera de los siguientes:

·a) El código fuente respectivo completo y leíble por una máquina, el cual debe ser distribuido bajo los términos establecidos en las secciones 1 y 2 mencionadas anteriormente y a través de un medio normalmente usado para el intercambio de software;

·**b)**Una oferta por escrito y con una validez mínima de tres años, de proporcionar a cualquier tercera persona, por una cuota que no exceda el costo del acto físico de distribuir, bajo los términos de las secciones 1 y 2 antes mencionadas; y a través de un medio normalmente usado para el intercambio de software; una copia del respectivo código fuente completo y leíble por una máquina; o,

·**c)**Toda la información recibida respecto a la oferta de distribución del código fuente correspondiente. (Esta alternativa está permitida únicamente para distribuciones no comerciales y siempre y cuando el "Programa" se haya recibido en código objeto o en forma ejecutable junto con esta oferta de acuerdo a la subsección b antes mencionada.)

El código fuente de una obra se refiere a la forma preferida para hacerle modificaciones. En una obra ejecutable, el código fuente completo se refiere a todo el código fuente de todos los módulos que contiene, además de cualquier archivo de definición de interfaz asociado y de los **scripts** utilizados para controlar la compilación e instalación del ejecutable. Sin embargo, como una excepción especial, el código fuente distribuido no debe incluir cualquier cosa que sea normalmente distribuida (ya sea en forma de binarios o de código fuente) con los principales componentes del sistema operativo (como compilador, kernel, etc.) sobre el cual el ejecutable corre, a menos que el mismo componente acompañe al ejecutable.

Si la distribución del ejecutable o del código objeto se lleva a cabo mediante el ofrecimiento de acceso a una copia en un lugar designado, el ofrecimiento de acceso al código fuente en el mismo lugar equivale a la distribución de dicho código fuente, aun cuando terceras personas no estén obligadas a copiar el código fuente junto con el código objeto.

4.El "Programa" no puede copiarse, modificarse, sublicenciarse ni distribuirse a menos que se haga bajo los términos y condiciones de esta licencia. Cualquier intento por hacer lo anterior de otra forma, será nulo y extinguirá automáticamente los derechos surgidos de esta licencia. Sin embargo, las licencias de las personas que hayan recibido copias o derechos bajo esta licencia, seguirán vigentes mientras dichas personas cumplan con sus obligaciones.

5.Mientras no se firme la presente licencia no existe obligación de aceptarla. Sin embargo, no existe autorización, y por lo tanto está legalmente prohibido, modificar o distribuir el "Programa" o una "Obra basada en el Programa" a menos que se acepten los términos y condiciones de la presente licencia. Por lo anterior, del acto de modificar o distribuir el "Programa" o una "Obra basada en el Programa" se presume la aceptación de los términos y condiciones de la presente licencia para copiar, distribuir o modificar dicho "Programa" u "Obra basada en el Programa".

6.Cada vez que se distribuya el "Programa" (o cualquier "Obra basada en el Programa"), quien recibe la copia del mismo recibe también, de manera automática una licencia de parte del licenciante original para copiar, distribuir o modificar el "Programa" bajo los términos y condiciones de esta licencia. No podrán imponerse más restricciones al ejercicio de los derechos del licenciatario que los establecidos en esta licencia. Quien distribuye el "Programa" no es responsable por el cumplimiento de la presente licencia por parte de terceras personas.

7.En el caso en el que como consecuencia de orden judicial o de las pretensiones demandadas por violación a una patente o por cualquier otra razón (de manera enunciativa, mas no limitativa) se imponen condiciones (ya sea por orden judicial, contrato o por otro medio) que se contradicen con las condiciones de esta licencia, estas últimas no se eximen de su cumplimiento. Como consecuencia de la imposibilidad de cumplir con ambas obligaciones mencionadas, el "Programa" no podrá distribuirse. Por ejemplo, si una licencia de una patente prohíbe la redistribución gratuita del "Programa" por parte de quienes reciben copias del mismo de manera directa o indirecta, entonces la única forma de cumplir con ambas licencias, ésta y la de la patente, será abstenerse de distribuir el "Programa".

En el caso en el que cualquier parte de esta sección sea declarada inválida o inexigible bajo cualquier circunstancia particular, el resto de la misma continuará surtiendo sus efectos para esa circunstancia, al igual que la sección en su totalidad para las demás circunstancias.

El propósito de esta sección no es inducir a la violación de patentes o del ejercicio de otros derechos intelectuales, como tampoco impugnar la validez de tales demandas por incumplimiento, sino mas bien, pretende proteger la integridad del sistema de distribución del Software Libre, el cual consiste en la práctica y uso de licencias públicas. Mucha gente ha hecho generosas contribuciones a paquetes de software distribuidos bajo este sistema confiando en la aplicación de dicho sistema; y es decisión del autor/donante distribuir el software a través de cualquier otro sistema sin que un licenciatario pueda interferir en esa decisión.

Esta sección pretende aclarar todo aquello que se considera consecuencia del resto de esta licencia.

8.En el caso en el que la distribución y/o uso del "Programa esté restringida en ciertos países, ya sea por patentes o interfases protegidas por el sistema de propiedad intelectual, el titular original de los derechos de autor del "Programa" que lo sujeta a esta licencia tiene la facultad de agregar una limitación de tipo geográfico a la distribución, por virtud de la cual se excluya a dichos países; de manera que la distribución del mismo se permita únicamente en los países no excluidos. En este caso, dicha limitación se tiene como parte integrante de esta licencia.

9.Es facultad de la Free Software Foundation publicar, en cualquier momento, tanto versiones revisadas como versiones de reciente creación, de la Licencia Pública General. Las versiones nuevas pueden diferir en detalles a fin de afrontar y resolver nuevos problemas o preocupaciones, pero conservando siempre el espíritu de la presente versión.

Cada versión tendrá asignado un número. En el caso en el que el "Programa" especifique un número de versión de esta licencia para su aplicación y además, incluya la frase "y cualquier versión posterior", el licenciatario podrá sujetarse, a su elección, a los términos y condiciones de la versión expresamente mencionada o de cualquiera de las versiones posteriores de la misma publicadas por la Free Software Foundation. Por otro lado, en el caso en el que el "programa" no especifique un número de versión de licencia, el licenciatario podrá elegir cualquier versión que haya sido publicada por la Free Software Foundation.

10. En el caso en el que se deseen incorporar partes del "Programa" a otros paquetes de Software Libre cuyas condiciones de distribución difieran a estas, es necesario solicitar permiso por escrito al autor. Cuando se trate de software cuyo titular de los de los derechos de autor correspondientes sea la Free Software Foundation, la solicitud de permiso deberá dirigirse a ésta última, quien en algunas ocasiones hace excepciones como esta. La decisión emitida por la Free Software Foundation se basará tomando en cuenta la finalidad de preservar el estatus libre de todos los derivados del Software Libre y de promocionar que se comparta y se reutilice el software en general.

EXCLUSIÓN DE GARANTÍA

11.COMO CONSECUENCIA DE QUE EL "PROGRAMA" SE LICENCIE COMO GRATUITO, EN LA MEDIDA EN QUE LA LEY APLICABLE LO PERMITA, NO EXISTIRÁ GARANTÍA ALGUNA POR LA QUE SE DEBA RESPONDER. SALVO DISPOSICIÓN ESCRITA EN CONTRARIO, LOS TITULARES DE LOS DERECHOS DE AUTOR RESPECTIVOS Y/U OTRAS PARTES PONEN A DISPOSICIÓN EL "PROGRAMA" SIN GARANTÍA DE NINGÚN TIPO, EXPRESA O IMPLÍCITA, INCLUYENDO DE MANERA ENUNCIATIVA MAS NO LIMITATIVA, LAS GARANTÍAS IMPLÍCITAS DE TIPO COMERCIAL U OTRAS INHERENTES A ALGÚN PROPÓSITO ESPECÍFICO. EL RIESGO DE QUE EL "PROGRAMA" ESTÉ EN PERFECTAS CONDICIONES Y FUNCIONE TAL Y COMO DEBE FUNCIONAR CORRE POR CUENTA DE QUIEN LO RECIBE, AL IGUAL QUE LOS GASTOS NECESARIOS PARA SU SERVICIO, REPARACIÓN O CORRECCIÓN EN EL DADO CASO EN EL QUE DICHO "PROGRAMA" CONTENGA DEFECTOS.

12.A MENOS QUE ASÍ LO DISPONGA LA LEY APLICABLE O EXISTA ACUERDO ESCRITO EN CONTRARIO, NINGÚN TITULAR DE LOS DERECHOS DE AUTOR O PERSONA FACULTADA, SEGÚN LAS SECCIONES ANTERIORES DE LA PRESENTE, PARA MODIFICAR Y/O DISTRIBUIR EL "PROGRAMA" SERÁ RESPONSABLE POR LOS DAÑOS YA SEAN GENERALES, ESPECIALES, INCIDENTALES O CONSECUENCIALES RESULTADO DEL USO O INCAPACIDAD DE USO DEL "PROGRAMA" (INCLUYENDO DE MANERA ENUNCIATIVA MAS NO LIMITATIVA LA PÉRDIDA DE INFORMACIÓN, INEXACTITUD EN LA INFORMACIÓN, PÉRDIDAS SUFRIDAS POR EL USUARIO DEL "PROGRAMA" O POR TERCERAS PERSONAS O LA INCAPACIDAD DEL "PROGRAMA" PARA OPERAR CON OTROS PROGRAMAS), AUN CUANDO DICHO TITULAR O CUALQUIER OTRA PERSONA HAYA ADVERTIDO DICHA POSIBILIDAD DE DAÑO.

FIN DE LOS TÉRMINOS Y CONDICIONES

Made with Booki

Visit http://software.booki.cc